한국과 오키나와

한국과 오키나와

초기 교류사 연구

윤용혁 지음

서경문화사

서문

동아시아 평화 세계의 회복을 꿈꾸며

한국의 서쪽에는 중국, 동쪽에는 일본이라는 나라가 있다. 그 두 나라 틈바구니에서 우리 역사는 이어져 왔다. 그런데 동서만이 아니고 북쪽에는 몽골이 있고, 남쪽에는 오키나와가 있다는 것도 기억해야 할 일이다. 그 동서남북의 나라 가운데 침략으로 한국을 괴롭히지 않은 것은 오키나와뿐이다. 오히려 오키나와의 류큐 왕국은 근, 현대사의 아픔을 함께 경험한 나라였다.

오키나와에서 출토되는 고려기와가 삼별초 세력의 이동과 연관된 것이 아닌가 하는 논문을 2009년에 발표한 것이 나의 오키나와와의 학문적 인연의 출발이다. 기와가 출토한 우라소에 구스크를 직접 답사하고 유물 자료를 현지에서 확인하고 싶은 욕구를 갖게 된 것은 당연한 일이었다. 2년 후 대학에서 안식년 명목의 1년 시간을 얻어 그 꿈을 실현하였다. 그리하여 2011년 6월부터 8월까지 일한교류기금의 지원을 받아 꼭 3개월의 시간을 류큐대학 고고학연구실에서 머무르게 된다.

나의 오키나와에서의 3개월은 두 가지 일로 채워졌다. 도서관에서의 문헌 자료 수집, 그리고 현장에 대한 답사가 그것이다. 도서관은 대학만이 아니고 지역의 작은 도서관도 여러 군데를 탐색하였다. 답사는 엄청나게 많은 양의 도보를 수반하였는데, 한여름 남양의 뜨거운 태양을 무릅쓴 무리한 노동이었다. 우라소에 구스크는 태평양전쟁으로 원상이 많이 파괴되었음에도 불구하고 역시 깊은 인상을 나에게 주었다. 귀국 직전 아카하치의 역사가 서린 이시가키지마(石垣島)와 NHK의 인기드라마 '츄라상'의 현장 고하마지마(小浜島)를 들르는 것으로 3개월은 마무리 되었다. 10년이 지난 지금, 그때의 장정(長征)은 아스라한 추억이 되어 있다. 이후 한국과 오키나와 교류사와 관련한 여러 편의 논문을 집필하였다. 그것을 모아 정리한 것이 이 책 〈한국과 오키나와, 초기 교류사 연구〉이다.

한국은 지리적으로 동아시아 세계의 중심에 위치해 있다. 근대, 일제의 침략으로 동아시아 세계는 크게 파괴되는 상처를 입었다. 그러나 이제 21세기에는 평화와 우호에 기반한 동아시아 세계의 회복에 서로 노력해야 하며, 특히 가장 큰 피해자였던 한국이 그 주도적 역할을 자임해야 한다는 것이 나의 생각이다. 이점에 있어서 오키나와 역사는 독특하고 유효한 가치를 갖는다. 오키나와를 방문하는 한국인 수는 어림잡아 연 3백만, 그 관광객들이 에메랄드빛 바다만이 아니고 오키나와의 역사에 대해서도 눈길을 주었으면 하는 것이 나의 바람이다.

류큐대학 체재 중 분주함을 무릅쓰고 많은 편의를 제공해준 이케다(池田榮史) 교수, 그리고 자료 열람에 도움을 준 우라소에시교육위원회, 류큐대학도서관, 국립목포대박물관, 국립제주박물관 등 여러 기관에 대해 특별한 감사를 드린다. 아내에게는 이 책을 결혼 40년이 되는 해의 선물로 대신하고 싶다.

2020. 7.

윤 용 혁

연표

	한국	오키나와	중국

한국
- 600 ▶ 백제 / 고구려
- 신라(~935)
- 고려(918~1392)
- 조선(1392~1910)
- 일제강점기(1910~1945)
- 대한민국(1948~현재)

오키나와
- 패총시대(신석기시대)
- 쿠스크시대(12~15세기)
- 삼산시대(三山時代, 14세기~1429)
- 제1상씨왕조(1406~1469)
- ·1609 시마즈 침입
- 제2상씨왕조(1470~1879)
- 오키나와현(1879 류큐처분)
- 미 군정(1945~1972)
- 일본병합(1972~현재)

중국
- 수(隋, 581~618)
- 당(唐, 618~907)
- 5대10국(五代十國, 907~960)
- 송(宋, 960~1279)
- 원(元, 1271~1368)
- 명(明, 1368~1644)
- 청(淸, 1636~1912)
- 중화민국(1912~1949)
- 중화인민공화국(1949~현재)

연도 눈금: 600 ▶ 700 ▶ 800 ▶ 900 ▶ 1000 ▶ 1100 ▶ 1200 ▶ 1300 ▶ 1400 ▶ 1500 ▶ 1600 ▶ 1700 ▶ 1800 ▶ 1900 ▶ 2000 ▶

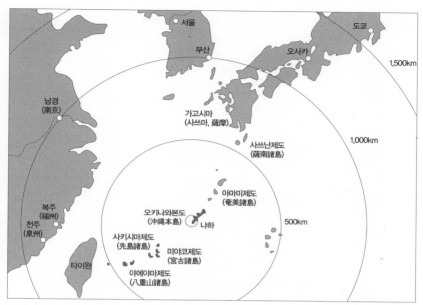

오키나와를 중심으로 본 '한·중·일' 동아시아 3국

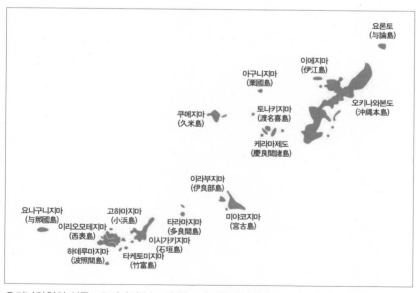

오키나와현의 섬들, 오키나와 본도와 선도제도(先島諸島)

7

목차

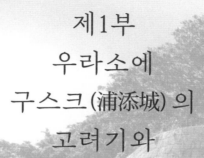

제1부
우라소에
구스크(浦添城)의
고려기와

제1장

오키나와 고려기와와 삼별초

머리말

2007년 7월 17일부터 1개월여 기간 동안 국립제주박물관에서는 〈탐라와 유구왕국〉이라는 주제의 특별전이 열렸다. 여기에서 특별히 주목을 끌었던 것은 오키나와에서 출토한 고려기와였다. 우라소에성(浦添城)에서 출토한 '癸酉年高麗瓦匠造(계유년고려와장조)', '大天(대천)' 등의 글자가 적힌 명문와, 그리고 같은 지역에서 출토한 연화문 와당 등이 그것이다.

문제의 '계유년명' 기와는 "계유년에 고려의 기와 기술자가 제작한 것"이라는 것으로서, 주로 오키나와의 우라소에성에서 다수 출토하여 이미 100년 전부터 주목되어온 자료이다.[1] 국내에서도 오래전에 자료

---

1) 伊波普猷, 『古琉球』, 青磁社, 1942. 伊波普猷의 이 책은 1911년 초판이 간행되었으며 浦添城에서 발견한 문제의 기와를 소개하였으나 고려기와라는 인식은 명확하지 않았다. 이에 대해서는 三島 格, 「琉球の高麗瓦など」『鏡山猛先生古稀記念古文化論攷』, 1980, pp.789-791 참조.

소개가 된 적이 있고,[2] 관련 논문이 발표된 적이 있지만[3] 큰 관심을 불러일으키지는 못하였다. 자료의 중요성과 흥미에도 불구하고 연구상의 진전이 이루어지지 못한 것은 자료의 실견이 어려운 연구 여건과 오키나와 역사에 대한 이해의 미흡, 고려측 자료의 정리 미흡 등 연구의 진전을 위한 제반 기초가 미약했던 때문이었던 것으로 생각된다. 국립제주박물관 특별전이 주목을 받은 것은 문제의 고려기와가 처음으로 국내에서 전시된 점도 있지만, 오키나와 출토 고려 와당이 특별히 진도 용장성 출토의 것과 매우 흡사하다는 것을 확인해 주었기 때문이다. 그리하여 문제의 '계유년' 고려기와의 와장이 진도에서 건너간 것이 아닌가 하는 의문을 불러일으키면서 삼별초의 오키나와 관련 가능성을 보다 구체적으로 제기시켰던 것이다.[4]

오키나와에서의 출토 기와는 고려계통, 일본계통(大和系), 중국계통(明朝系)으로 분류된다. 그리고 그 시기적 추이는 고려계로부터 시작되어, 일본계(大和系), 중국계(明朝系) 순으로 시기적인 변천을 한다.[5] 고려계 기

---

2)　이홍직, 「琉球에서 발견된 '고려와장' 재명와」 『고고미술』 9-7, 1968. 이 글은 大川 淸, 「琉球古瓦調査抄報」, 琉球政府文化財保護委員會(『文化財要覽』 1962年版, 1962)의 내용을 간략히 정리하여 소개한 것이다.

3)　이형구, 「고대 조선과 유구와의 문화교류」 『두산김택규박사 화갑기념 문화인류학논총』, 1989; 최규성, 「고려기와 제작기술의 유구전래」 『고문화』 52, 한국대학박물관협회, 1998.

4)　〈동아일보〉(2007.7.18., 이광표 기자)는 "삼별초가 日 유구왕국 기초 세웠다"는 제목 아래 명문 속의 계유년이 1273년임이 '확인되었다'고 소개한 바 있다.

5)　上原 靜, 「琉球の古瓦」 『月刊考古學 ジャーナル』 427, 1998(2월호), pp.11-12; 上原 靜, 「오키나와제도의 고려계 기와」 『탐라와 유구왕국』, 국립제주박물관, 2007, pp.212-214 참조. 한편 關口廣次는 고려기와의 편년을 1273년에 두고 大和系를 察度王統(1350~1406) 무렵, 그리고 명조계는 16세기 중엽

와의 출토는 우라소에성(浦添城)이 중심이 되고 있는데,[6] 이는 오키나와 역사발전에 있어서 가장 이른 시기의 기와라는 점에서 고려기와에 대한 해명은 고려와의 교류사로서만이 아니라 오키나와 고대 역사의 정리에 있어서도 매우 중요한 문제라 할 수 있다.

그동안 일본에서의 연구는 오키나와 고려계 기와의 연대를 검토하면서 1153년, 1273년, 1333년, 1393년 등이 제시되었고, 그 가운데 1273년과 1393년이 중점 논의되어 왔다. 본고에서는 오키나와의 고려기와에 대한 그동안 일본 및 한국에서의 연구 경과를 제시하면서, 문제의 '계유년'이 1273년이며, 역사적으로는 고려 삼별초와 연결될 가능성이 많다는 점을 강조하고자 한다. 본고에서의 논의는 결론 자체는 새로운 것이라 할 수 없지만, 근년의 자료를 포함한 기왕의 연구 내용을 좀 더 폭넓게 검토하는 한편, 결론 도출을 보완하는 몇 가지 새로운 제안을 포함하고 있다는 점에서 의미가 있다고 생각한다.

1. '계유년고려와장조'명 기와

원래 오키나와 출토의 고려계 기와는 9종류 32형식에 이르는 매우 다양한 양태를 보이고 있다.[7] 그 가운데 특별히 '계유년고려와장조' 명

도입되었다는 것으로 오키나와 출토 기와의 연대관을 정리하였다. 關口廣次, 「沖繩における造瓦技術の變遷とその間の事情 -勝連城本丸跡出土古瓦を中心として-」『考古學雜誌』62-3, 1976, p.222 참조.

6) 浦添城 이외에 勝連城, 首里城에서도 출토하고 있으며, 그 밖에 소량이지만 12개소의 출토 사례가 보고되어 있다. 下地安廣, 「高麗系古瓦について」『月刊考古學 ジャーナル』320, 1990년 6월, pp.19-20 참조.

7) 수막새 4종, 암막새 10종, 수키와 2종, 암키와 5종, 有段式 수키와 5종, 서까

문 기와는 '고려와장'이라는 제작자의 신원 및 '계유년'이라는 제작 시기를 밝힌 기년명 때문에 일찍부터 주목되고 논란이 되어왔다. 특히 명문의 이 '계유년'이 구체적으로 어느 연대를 지칭한 것인가에 대해서는 1153년, 1273년, 1333년, 1393년 등이 제시되었다. 그리고 그동안의 논의를 통하여 주로 고려 원종 14년(1273)과 조선 태조 2년(1393)의 두 가지 설이 논란 되었다.

우선 1273년 설은 오가와(大川 淸) 등이 기와에 대한 고찰을 기초로 주장하기 시작한 것으로, 그 후 출토지 우라소에성을 근거로 중산(中山)에 강대한 세력을 형성한 것이 류큐 왕국 영조왕(英祖王, 재위 1260~1299)의 치세라는 역사적 사실이 근거로 채택 되었다.[8] 여기에 세키구치(關口廣次)는 계유년 명문와와 14세기 전반 카츠렌성(勝連城)의 중심건물(本丸) 터 출토 기와와의 기술상의 연속성을 고려하는 관점에서 영조왕의 1273년 설을 지지한 바 있다.[9]

1393년 설을 주장한 대표적 연구자는 미시마(三島 格)이다. 씨는 『고려사』에 창왕 원년(1389)에야 비로소 류큐(琉球)·고려 간 교섭의 기록이 처

래 기와 1종, 귀면와 1종, 마루기와 1종 등이 그것이다. 이들 고려계 기와는 오키나와에 도래한 고려 장인에 의하여 처음 제작된 후 기술적 계승에 의하여 이루어진 것으로 보인다. 上原 靜, 「오키나와제도의 고려계 기와」 『탐라와 유구왕국』, 국립제주박물관, 2007, p.212 참조.

8) 松本雅明, 『沖繩の歷史と文化-國家の成立を中心として』, 近藤出版社, 1971, p.89. 류큐열도는 13세기 후반부터 대형 구스크(グスク, 城)가 조영되기 시작하는데, 浦添城은 이 시기의 가장 큰 규모의 대표 유적이다. 왕릉, 사원 등의 대형 건축물이 영조왕 년간에 집중적으로 조영되었다. 安里進 外, 『沖繩縣の歷史』, 山川出版社, 2004, pp.48-53 참조.

9) 關口廣次, 「沖繩における造瓦技術の變遷とその間の事情 -勝連城本丸跡出土古瓦を中心として-」 『考古學雜誌』 62-3, 1976.

01 '계유년고려와장조'명 기와 탁본(西谷 正)과 개념도(大川 淸)

음 등장하고 있다는 점과 고려 말 조선 초에 전개되는 양국 교섭을 중
시하여 문제의 계유년이 1393년이라는 입장을 취하였다.[10] 니시타니
(西谷 正) 교수는 큐슈대학(九州大學) 소장의 또 다른 계유년명 및 '대천' 명
문와 자료를 소개하면서 1273년 이전(1033년, 1093년, 1153년, 1213년)일 가
능성도 여지를 남겨두어야 한다고 하였지만, 1393년에 무게를 두었
다.[11] 이후 고려계 기와에 대한 기술적 특성을 고찰한 논문이 발표되었

---

10) 三島 格,「琉球の高麗瓦など」『鏡山猛先生古稀記念古文化論攷』, 1980, pp.789-
795.
11) 기와의 연대에 대해서는 "역사적 배경이나 중국 도자를 문제로 하는 한에 있

으나[12] 시기의 확정에는 이르지 못하였다.[13]

이같이 '계유년'명 고려기와의 연대를 둘러싸고 1273년과 1393년이라는 1세기 이상의 견해 차를 보여주는 단계에서, 그 중간 1333년(충숙왕 2)을 비롯한 다른 의견에 대해서도 유의하고자 한다. 가령 논산 개태사지의 기와를 면밀히 검토한 시미즈(淸水信行) 교수는 이 절에서 출토한 '皇慶癸丑三月(황경계축삼월)' 명문와(1313)와의 유사점에 착안하여 오키나와의 고려기와가 이에 가까운 시기인 1333년에 해당하는 것이라는 의견을 피력한 것이다.[14] 가장 이른 시기인 1153년 설은 연구 초기에는 많은 의견 제출이 있었던 연대이지만, 지금은 거의 논의되지 않는다.[15]

한편 계묘년 고려기와에 대한 일본에서의 다양한 연대관에 비하여, 국내에서는 이형구 교수가 1273년 설을 지지한 이래[16] 최규성 교수

　　어서는 1393년설이 보다 타당하다고 생각된다"는 의견을 피력한 바 있다. 西谷 正, 「高麗 · 朝鮮 兩王朝と琉球の交流-その考古學的研究序說」『九州文化史研究所紀要』 26, 九州大, 1981, pp.76-81 참조. 이 논문은 필자가 전문을 번역하여 충청문화재연구원, 『금강고고』 4, 2007에 게재한 바 있다.

12) 下地安廣, 「高麗系瓦の制作技法考察」『南島考古』 10, 1986; 下地安廣, 「高麗系古瓦について」『月刊考古學 ジャーナル』 6월호, 1990.

13) 下地安廣, 「朝鮮と琉球」『考古學による日本歷史』 10(對外交涉), 1997, pp.141-150.

14) 淸水 교수는 『浦添市史』(1986)에 제시된 것과 같이, 계유년 고려기와의 연대를 1333년으로 보고, 아울러 개태사지에서 함께 출토한 '己未年…造瓦…' 명문와의 연대 역시 비슷한 시기인 1319년으로 비정하였다. 이에 대해서는 淸水信行, 「개태사지출토 명문와에 대한 일고찰」『백제연구』 28, 1998, pp.381-382 참조.

15) 伊東忠太 · 謙倉芳太朗, 『南海古陶瓷』, 寶雲社, 1937; 田邊泰 · 巖谷不二, 『琉球建築』, 1935, p.49; 新城德祐, 『琉球歷史年表』, 1960.

16) "아마 이 시기에 제주도에서 연합군에 항거하던 삼별초와 그 가솔들이 유

가 역시 이 계묘년 고려기와를 삼별초와 연결하여 1273년 설을 강조하는 등[17] 거의 1273년 설이 큰 흐름을 이루고 있다는 점이 특기할 점이다. 오키나와 출토 고려기와의 연구를 위해서는 출토자료에 대한 조사기록, 이에 대한 그간의 논의 내용, 오키나와 역사와 출토지역 성곽사의 이해, 그리고 고려기와에 대한 충분한 연구가 뒷받침되지 않으면 안 된다. 이것은 퍽 다양한 자료의 검토를 요구하는 것이기는 하지만, 중세 고려의 대외관계에 대한 새로운 비밀의 창고라는 점에서 흥미 있는 주제인 것이 분명하다.

앞서 언급한 국립제주박물관 특별전에 대한 신문보도에서는 오키나와의 고려기와가 용장성 기와와의 비교의 관점에서 삼별초의 오키나와 진출을 입증하는 것으로 소개 되었다.[18] 그러나 정작 특별전의 도록에는 오키나와 기와를 1273년과 1393년 두 가지의 설을 모두 소개하고 유물의 연대를 '13~14세기'로 정리하고 있다. 이것은 현 단계에서 고려기와의 연대를 확정하기 어렵다는 기왕의 견해를 반영한 것이라 할 수 있다. 한편 도록에 게재된 글에서 우에하라(上原 靜)는 고려, 오키나와 양측의 기와가 "서로 다른 부분이 많고, 직접적으로 관련짓기가 매우 어려운 상황"이라 하여 삼별초와의 연결에 대해서는 오히려 회의적인 의

구 쪽으로 피난해 가지 않았는가 생각된다. 이때 來琉한 고려인들이 유구의 도성 조영사업에 참여하여 건축과 製瓦에 종사하였을 것으로 믿어진다."(이형구, 「고대 조선과 유구와의 문화교류」『琉中歷史關係論文集』, 1989, 那覇, p.621) 이 발표문은 같은 제목으로『두산김택규박사 화갑기념 문화인류학논총』, 1989에 게재 되었다.

17) 최규성, 「고려기와 제작기술의 유구전래」『고문화』52, 1998, pp.48-55.

18) 〈동아일보〉 2007.7.18.

견을 피력하였다.[19]

이상에서 언급한 것처럼 오키나와 고려기와의 연대문제는 1273년, 1333년, 1393년 가운데 아직 그 시기가 확정되어 있지 않은 가운데 미해결의 상태로 있는 것이다.

오키나와 고려기와의 연대문제는 아직 확실한 결론을 가져올 단계는 아니지만, 이 문제와 관련하여 특히 주목해야 할 점은 연대의 표기에 있어서 연호를 사용하지 않고 간지만 명기하였다는 점이라고 생각한다. 여기에서 연호를 쓰지 않은 점은 이 기와가 1333년 혹은 1393년이 되기 어려운 한 가지 근거가 된다는 것이다. 고려는 독자적인 연호 사용의 시기도 있기는 하였지만, 연대의 표기시 요, 금, 원 등 중국 왕조의 연호를 사용하는 것이 일반적이었다. 그리고 이같은 연대 표기는 기와 제작시에도 종종 시행되었다. 다음은 기와에 중국 연호를 채용하여 연대를 표기한 국내 출토의 사례이다.

고려시대의 연호명 평기와 자료[20]

번호	기년	명문	출토지	발굴기관
1	963	峻豊四年壬…	안성 봉업사지	경기도 박물관
2	965	乾德三年	평택 비파산성	경기도 박물관
3	967	乾德五年…/大○山[(白)士]	안성 봉업사지	경기도 박물관

---

19) "서로 다른 부분이 많고, 직접적으로 관련짓기가 매우 어려운 상황이다. 삼별초의 성이었던 다른 유적을 추적해볼 필요성을 통감한다."(上原 靜, 「오키나와제도의 고려계 기와」 『탐라와 유구왕국』, 국립제주박물관, 2007, p.215)

20) 이인숙, 「통일신라~조선전기 평기와 제작기법의 변천」 『한국고고학보』 54, 2004, p.67의 〈표1〉을 간략히 재정리하고, 일부 추가함. 추가한 항목은 부여 무량사(5, 16), 당진 안국사(14)의 자료이며 충남역사문화연구원의 보고서 (『부여 무량사 구지』 1, 2005; 『당진 안국사지』, 2006)에 의거하였다.

번호	기년	명문	출토지	발굴기관
4	968	乾德六年戊辰九月日	담양 읍내리유적	호남문화재연구원
5	971	乾德九年辛未四月十日无量寺	부여 무량사구지	충남역사문화원
6	980	彌勒藪龍泉房凡草/太平興國五年庚辰	익산 미륵사지	부여문화재연구소
7	982	太平興國七年壬午三月日/竹州瓦草匠水烏水院矣	안성 봉업사지, 영동읍성 등	경기도 박물관
8	976 ~983	太平興國/金生寺	충주 김생사지	충청대 박물관
9	983	興國八…	안성 봉업사지, 망이산성	경기도 박물관
10	984 ~987	…善凡/雍熙…	안성 봉업사지	경기도 박물관
11	1017	大中祥符十年	천안 홍경사지	충북대 박물관
12	1027	太平丁卯四月日四天(王寺金堂)	원주 금대리사지	관동대 박물관
13	1028	大平八年戊辰定林寺大藏當草	부여 정림사지	충남대 박물관
14	1030	大平十	당진 안국사지	충남역사문화원
15	1045	重熙十四年…/乙酉五月日…/…?	부여 부소산성	부여문화재연구소
16	1056	青寧丙申正月日作	부여 무량사구지	충남역사문화원
17	1089	大安五年	영월 흥년선원지	강원문화재연구소
18	1103	豆淡乙○○/(乾)統三年癸(未)	완도 법화사지	문화재연구소
19	1113	天慶三年癸巳四月日…	양양 진전사지	단국대 중앙박물관
20	1172	大定十二年壬寅四月日	충주 숭선사지	충주박물관
21	1192	明昌三年…/大院寺住持…/僧元明…	중원 미륵리사지	청주대 박물관
22	1192	明昌三年金堂改盖○○○/大院寺住持大師○瓦立/○○○○○○四月現造	중원 미륵리사지	청주대 박물관
23	1267	○(至)元四年	익산 미륵사지	부여문화재연구소
24	1279	至元六年己巳始重 十六年己卯畢	제주 법화사지	제주대 박물관
25	1297 ~1307	大德三年	양양 진전사지	단국대 중앙박물관
26	1313	皇慶癸丑三月	논산 개태사지	충남대 박물관
27	1317	延祐/四年/丁巳/彌力	익산 미륵사지	부여문화재연구소
28	1330	天曆三年庚午/年施主張介耳	익산 미륵사지	부여문화재연구소
29	1334	元統二年	경주 용장사지	영남대 박물관
30	1358	至正十八年三月十三日	인제 한계사	강원대 박물관

건축에 사용된 고려기와에 연대가 표시되고 이 경우 그 연대는 보통 중국의 연호가 채택되고 있었던 점을 확인해준다. 여기에서 사용된 옹희·대중상부·태평흥국은 송의 연호, 중희·청령·대평·대안·건통·천경은 요, 대정·명창은 금, 그리고 지원·황경·연우·천력·지정 등은 원의 연호이다. 기와 이외에 불상, 사경, 범종, 금구, 묘지 등 각종 유물의 경우에도 연대의 표시에는 요, 금, 원의 연호가 사용되었다. 따라서 연호 없이 간지만으로 표시한 것은 중국 왕조의 연호를 사용하지 않는 특정 시기의 것인 경우가 많다. 만일 '계유년'명 고려기와가 1333년(충숙 2)이었다면 원의 연호가 사용되고, 1393년이었다면 명의 연호가 사용되었을 것이다. 그리고 이 시기의 기술자 파견이라고 한다면 국가의 공식 교류의 일환이었다는 점에서 더욱 연호를 사용하지 않을 수 없는 측면이 있다. 이러한 점에서 필자는 간지만을 기재한 오키나와 기와의 연대는 1393년, 혹은 1333년으로 확정되기는 어렵다고 생각한다. 일본측에 보내진 삼별초의 서장에서 이들이 원의 연호를 쓰지 않고 간지만을 사용하였다는 '고려첩장불심조조'의 기록은 이점에서 있어서 참고가 된다. 간지 사용이란 것이 당해 주체의 정치적 성격을 반영하고 있기 때문이다.

문제의 계유년 기와가 삼별초와 관련되었을 가능성을 높여주는 것은 연화문 수막새기와(와당)의 조형적 유사성이다. 오키나와 우라소에 출토의 연화문와당은 삼별초의 거점이었던 진도 용장성의 수막새와 가장 유사하다는 점을 간과하기는 어렵다.

2. 우라소에성(浦添城)과 용장성의 연화문 와당

오키나와 고려기와를 면밀히 검토한 세키우치(關口廣次) 씨는 1273년으로 추정되는 계유년 기와가 기술적으로 "극히 고도의 기술을 구사하고 있는 점"에서 '와박사'와 같은 전문적 집단의 "국가적 수준의 교류"에 의하여 도입된 것이었다고 추정하였다.[21] 상시적 상황이라면 13세기의 국가적 교류가 두 지역간에 이루어진다는 것은 생각하기 어렵다. 그러나 전란이라는 특별한 상황에서 중앙정부 세력이 이동하였던 삼별초의 성격을 고려하면 이것이 "국가적 수준의 교류"에 상응하는 것일 수 있다. 이 가장 오랜 고와(古瓦)의 최초 사용지가 우라소에성(浦添城)이었다는 점에서 그 역사적 배경에 관심이 모아진다.

문제의 고려기와가 다수 출토한 우라소에성은 슈리성(首里城) 이전, 중산(中山) 왕조의 왕성이었던 곳이다. 성터는 태평양전쟁 때 미군의 집중적 포격으로 대파되어 거의 없어졌으나 성 북측 단애(斷崖) 아래의 '요도레'에 왕성의 형적이 일부 남아 있고, 영조왕(英祖王, 재위 1260~1299)과 상녕왕(尙寧王, 1589~1620)의 능묘가 있다. 요도레 앞에 있는 유적 가운데 13세기 함순(咸淳) 연간(1265~1274)에 조성되었다는 오키나와 최초의 불사(佛寺)인 극락사(極樂寺)의 터가 있는데[22] 이 절은 류큐에 표착한 선감(禪鑑)이라는 승려에 의하여 건립된 것이라 한다.[23] 즉 14세기 이후 류큐 왕

---

21) 關口廣次, 「沖繩における造瓦技術の變遷とその間の事情 -勝連城本丸跡出土古瓦を中心として-」『考古學雜誌』 62-3, 1976, p.231 참조.

22) 『琉球國由來記』 3, 墳墓.

23) '요도레(ようどれ)'는 '聖域', 혹은 '靈域'의 의미를 갖는 특별한 공간이다. 태평양전쟁 당시 우라소에성은 나하 북부의 교두보로서, 미군의 집중 포화로

국의 중심이 된 슈리성에 앞서, 그 전 단계에 우라소에성은 류큐 고대
왕국의 정치적 중심이었고 정전(正殿)의 건립을 비롯한 이 도성 건설에
고려와의 깊은 연관이 부정할 수 없는 사실로서 입증되고 있다. 그리고
그 시기는 '계유년' 기와에 의하여 1273년이 유력하게 된다.[24]

　국립제주박물관의 특별전에 출품된 자료 중 우라소에성의 연화문 수
막새기와는 용장성에서 출토한 수막새와 매우 흡사하다는 점에서 특별
한 관심을 끌었다. 은행알을 연상시키는 9잎의 연꽃잎이 중심문양으로
전개되고 중앙에는 뭉툭한 자방(子房)이 자리 잡았는데 자방과 연꽃 사
이에 돌선대(突線帶)의 테두리를 둘렸다. 9엽의 연꽃 외곽으로는 2조(條)
의 선대(線帶)를 두르고 선대 사이에 30여 알의 주문(珠文)을 장식한 형태
이다. 와당의 크기는 단축 16.0, 장축 21.0cm이다.[25] 이 와당의 존재에
대해서는 오가와(大川 淸) 등에 의하여 기왕에도 보고된 적이 있고,[26] 국

일본군 62사단 약 5천 명이 전사하는 치열한 전투장이었다고 한다. 1989년
국가사적으로 지정되고, 1997년부터 수차에 걸친 유적 조사 작업이 시행된
바 있다. 이에 대해서는 岡田輝雄, 『世界遺産, グスク紀行-古琉球の光と影』,
琉球新報社, 2000, pp.151-156 참고.

24) 安里 교수는 우라소에 요도레의 영조왕 조성의 왕릉이 "함순 9년(1273)경에
　　조성된 것이 확실시 되고" 있으며, "이 왕릉은 대량의 철기와 노동력을 투입
　　하여 거대한 동굴을 파고 그 안에 고려계 건물을 지었고, 건물 안에는 금도금
　　으로 장식한 朱漆의 廚子에 왕족의 유골을 넣었던 것으로 밝혀졌다"고 하였
　　다.(安里 進,「유구왕국의 역사와 문화」『탐라와 유구왕국』, 국립제주박물관,
　　2007, p.179)

25) 국립제주박물관, 『탐라와 유구왕국』, 2007, pp.134-135 사진 자료와 설명.

26) 大川 淸의 보고에 浦添城 출토의 같은 유형 연화문 와당의 탁본과 개념도가
　　실려 있고(大川 淸,「琉球古瓦調査抄報」琉球政府文化財保護委員會, 『文化財要
　　覽』 1962年版, 1962. 도면, 사진은 大川 淸, 『古代のかわら』, 窯業史博物館,
　　1996, p.289), 국립중앙박물관, 『井內功寄贈 瓦塼圖錄』, 1990에도 동일 유형

내에서도 소개되지 않은 것은 아니지만,[27] 자료의 실체가 명확히 알려진 것은 이것이 처음이라 할 수 있다. 특히 그것이 삼별초의 거점이었던 진도 용장성 출토 기와와 흡사하다는 것은 오키나와 고려와(高麗瓦)의 1273년 제작설과 맞물려 크게 흥미를 일으킬만한 것이었다.[28]

오키나와 우라소에 출토의 것을 용장성 출토 와당과 세밀히 비교한다면 우선 문양 면에서 양자가 동일한 것은 아니다. 용장성의 것이 8엽인데 대하여 오키나와 기와는 연꽃이 9엽이라는 점, 꽃잎의 형태가 용장성의 것이 좀 더 둥근 느낌을 주고, 테두리의 연주문도 용장성 쪽이 좀더 정리된 느낌을 준다는 점 등의 차이점들이 관찰되기 때문이다. 그

의 와당이 포함되어 있다.(No.947) 大川은 이 수막새 와당을 '鐙瓦 제1류'로 분류하고, 아울러 다음과 같은 설명을 가하였다. "색깔은 쥐색으로 燒成은 극히 양호하다. 문양면은 지름 약 15.5cm, 內區에 鰹節形을 한 花瓣 9개를 배치하고, 중앙에는 구멍이 있는 유방 모양의 蓮子 1개가 있다. 外區의 內緣에는 珠文을, 外緣에는 반원형의 管文을 돌렸다. 또 문양면에 가까운 筒部(숫키와)의 上緣에는 外緣에 돌린 管文보다 한 바퀴 큰 管文을 일렬로 조성하였다." (大川 淸, 앞의 보고서, 1962, p.106)

27) 이형구 교수는 浦添城 발굴조사보고서로부터 이 연화문 와당의 탁본자료를 인용한 바 있고(「고대 조선과 유구와의 문화교류」『두산김택규박사 화갑기념 문화인류학논총』, p.531), 최규성 교수는 大川의 책(『かわらの美』)으로부터 간략한 사진 탁본자료를 인용하고 "浦添城 출토의 '8엽소판연화문수키와'는 회색 경질와로 자방은 굵은 테를 둘러 구분하였고, 이 자방을 중심으로 끝이 갈라진 8엽의 복판연화문을 배치하고 周緣部에는 蓮珠文을 돌렸는데"라고 설명 하였다.(최규성, 「고려기와 제작기술의 유구전래」『고문화』52, 1998, p.54, p.58)

28) 이형구, 최규성 교수는 浦添城 출토의 연화문 와당을 소개하면서도 진도 용장성 출토 와당과 비교 검토에는 이르지 않았다. 이러한 점에서 2007년 제주박물관 특별전의 기획이 이들 자료를 상호 비교할 수 있는 구체적 기회를 처음 제공한 것이라 할 수 있다.

럼에도 불구하고 두 자료가 상당히 유사한 것이라는 점은 특기할만하다. 용장성 연화문 와당과 유사한 문양의 자료가 국내에서 거의 확인되지 않고 있는 점에서 더욱 그렇다.

용장성의 연화문 와당은 주로 두 가지 종류이다. 조사자는 이 두 유형을 8엽연화문 A와 B로 구분, 다음과 같이 설명하였다.[29]

> 8엽연화문 A: 가장 많이 출토된 문양이다. 자방은 원형돌기를 중심으로 외부에 11개의 주문(珠文)이 시문되어 있고 화판(花瓣)과의 사이에 돌선대(突線帶)가 있다. 화판은 자방(子房)과 평편하며 8엽의 연화문이 양각되어 있는데 내변과 외변이 모두 돌선대에 맞닿아 있다. 화판(花瓣)과 주연(周緣) 사이에도 돌선대가 있으며 주연(周緣)에는 대립(大粒)의 주문(珠文)이 시문되어 있다.
>
> 8엽연화문 B: A와 함께 가장 많이 출토 되었으며 문양도 거의 비슷하다. 자방(子房)은 원형 돌기가 양각되어 있으며 주문(珠文)이 없이 돌선대(突線帶)만 있다. 화판(花瓣)은 세장한 8엽의 연화문이 양각되어 있으며 외변 쪽에서 급격히 세장하고 있다. 주연은 돌선대로 구분되는데 소립(小粒)의 주문(珠文)이 시문되어 있다.

8엽의 연화문, 자방과 연화문에 돌선대를 돌렸고 돌선대의 사이에 주문(珠文)을 돌렸는데 전체적으로 양자는 거의 흡사한 형태이다. 다만 A가 주문을 자방의 외곽과 연화문의 외곽에 각각 돌린 것에 대해, B는 외곽 주연부(周緣部)에 1조의 주문만을 돌린 점이 차이가 있다. 이같은 차이 때문에 B가 A보다 연판(蓮瓣)을 배치한 구간(區間)의 폭이 약간 크고

---

29) 최성락, 『진도 용장성』, 목포대학교 박물관, 1990, pp.60-61.

02 용장성 출토 연화문 와당 A(좌), B(우)

03 우라소에성 출토 와당(우라소에시 교육위원회)

전체 크기는 A의 직경이 15.9~17.0cm, B가 14.8~15.3cm로서 대략
1cm 정도 크게 구성되어 있다. 주문(珠文)의 숫자는 보고서에 나와 있지
않으나 A의 경우 내측 11개, 주연부 약 32개인데 비하여, B는 외측 주
연부에 거의 60개 가깝게 잘게 주문을 배치하여 역시 차이점을 보여주
고 있다.

우라소에 고려 연화문와당은 진도 용장성의 것중 특히 자방 주변 연주문(連珠文)이 생략된 B류에 가장 흡사하다. 다만 연주문만은 30여 개로서 A에 가깝다. A든 B든 진도 용장성 연화문기와가 우라소에의 것과 특히 유사한 점은 '계유명' 기와와의 연관을 고려할 때 삼별초와의 연관 가능성을 더욱 높여주는 자료가 된다.

한편 우라소에성(浦添城) 혹은 용장성 연화문 와당의 유형이 고려의 다른 지역에서는 어떻게 나타나는지 검토할 필요가 있다. 이에 대하여 최규성 교수는 이케우치(井內 功) 기증유물 중에서 유사례를 발견하고, 만월대에서 출토하였다는 전언에 근거한 것인지 이 기와가 "고려 중앙지역에서 유행하던 양식과 도안"이라 하였다.[30] 또 동일문양은 아니지만

---

30) "고려에서 제작된 이와 유사한 양식을 가진 것은 井內功 기증유물도록 No.917의 개성만월대 출토 연화문와에서 찾아볼 수 있다. 이 만월대 출토 8엽연화문 수막새는 직경이 17.7cm로 浦添城 출토품에 비해 약간 크게 제작되었을 뿐 조각 모양이 거의 일치하여 동일계통의 와당임을 알 수 있다. 이 밖에도 浦添城 출토의 9엽소판연화문와와 유사한 문양이 시문된 고려기와로 井內功 기증유물도록 No.948 '연화문 수막새'를 찾아 볼 수 있다. 이 연화문 와당은 크기가 16.1cm로 포첨성 출토 '9엽소판연화문와'의 15.5cm와 비슷한 크기로 제작된 것을 알 수 있다. 이상의 두 고려기와들은 고려의 왕경이었던 개경 근처에서 제작 사용한 것인바 琉球에 소개된 연화문 와당은 그 제작기술이나 시문 수법으로 볼 때 고려 중앙지대에서 유행하던 양식과 도안이 전해졌던 사실을 알 수 있다."(최규성, 「고려기와 제작기술의 유구전래」 『고문화』 52, 1998, p.54) 국립중앙박물관, 『井內功 기증 와전도록』(1990)에 의하면 진도 용장성 출토 혹은 우라소에성 출토 연화문와당과 매우 유사한 와당이 No.947(井 974)에 소개되어 있다.(p.254) 한편 같은 책에는 이와 약간 차이는 있으나 기본 구도가 유사한 한 자료가 '고구려시대'의 것으로 분류되어 다음과 같이 소개되어 있다. "(No. 202 연화문 수막새, 井184) 직경 13.8cm. 회백색 경질와. 자방의 형태는 축소된 半球形이다. 막새면은 圓圈으로 나누고 안쪽에는 판육상으로 8엽의 단판연화문을 시문하였고, 외측에

괴산군 청천면 소재 공림사지(空林寺址) 9엽연화문와당을 유사례로 지목한 바 있다.[31] 이케우치(井內) 기증유물 중의 와당은 확실히 용장성 와당에 흡사한 자료이다. 일견하면 B류에 해당하는 용장성 와당이라 할 만하지만 유감스럽게도 출토지를 잘 알 수 없다. 주연부 일부가 약간 훼손되어 있는 이 와당은 직경 17.7cm 크기인데, 다음과 같은 간단한 설명이 붙어 있다.

> (연화문 수막새) 회갈색 경질와. 자방은 원권(圓圈)을 두른 평면형이다. 막새면에는 판단(瓣端)이 날카로운 8엽 단판연화문을 배치하였다. 주연부에는 막새면과 같은 평면으로 2조의 원권(圓圈)을 두고 그 안에 연주문을 장식하였다.[32]

그런데 사진상이기는 하지만 이 자료를 세밀히 관찰하면 용장성의 것과 차이점이 있다. 이 자료는 주연부에만 연주문이 있는 B류에 해당하는데, 주문(珠文)의 경우는 A류에 가깝다. 주연부 일부가 훼손되었기 때문에 주문의 정확한 숫자는 알기 어렵지만 대략 26개 정도로서, 용장성의 B류에 비하면 훨씬 적고, A보다도 적은 숫자이다. 직경은 17.7cm로 되어 있는데 이 역시 용장성의 것보다 적어도 1cm 이상 크고, B류

는 27개의 연속 珠文을 장식하였다. 주연부는 약간 높게 조성되었고 폭은 약 1.4cm 정도이다."(p.65) 그러나 이들 자료의 출토지에 대해서는 특별한 언급이 없어, 출토지 미상임을 알 수 있다.

31) 김풍식·이재준, 『충북의 기와』, 1979, No.100의 자료이다.(최규성, 「고려기와 제작기술의 유구전래」『고문화』 52, 1998, p.53, p.58)
32) 국립중앙박물관, 『井內功 기증 와전도록』, 1990, p.254, 도록번호 947.(井 974)

에 비하면 2cm 이상 크다. 이점은 이케우치(井內) 기증유물 중의 연화문 와당이, 용장성의 것과 극히 유사하기는 하지만 용장성 출토의 자료가 아니라는 점을 말해준다. 따라서 용장성 혹은 우라소에성(浦添城)의 연화문 와당에 유사한 자료가 용장성 이외의 지역에서 확인될 수 있음을 예측케 한다.

우라소에성(浦添城)과 용장성 연화문 와당의 문양상 큰 차이는 연판(蓮瓣)이 후자가 8엽인데 비하여 오키나와 우라소에의 것은 9엽이라는 점이다. 이 문제와 관련하여 우선 용장성에서 문양 형태는 다르지만 9엽의 연화문와당이 출토된 사실을 언급해두고자 한다.[33] 한편 '대평(太平) 10년'(1030) 명의 출토 기와와 공반하는 당진 안국사지(安國寺址) 수막새 기와의 자료는 우라소에의 고려와와 직결되는 것은 아니지만, 계통상으로는 연결되는 기와의 예로 생각되어 역시 소개해둔다. 안국사지에서 출토한 다량의 9엽연화문 와당은 연주문의 배치 방식은 차이가 있지만 9엽의 연화문 형태, 자방의 구성 등 기본 구도가 상당한 유사성을 가지고 있다.[34]

다음으로 오가와(大川 淸)에 의하여 우라소에성(浦添城)의 고려계 2류(1류는 앞의 연화문와당)로 분류된 와당에 대해서도 간단히 검토하고자 한다. '고려계 2류'의 와당은 8엽의 연화문으로 중앙의 자방은 앞과 비슷하나 꽃잎 끝부분(瓣端)이 각각 하트모양으로 갈라진 형태로 되어 있다.[35] 이 와

---

33) 최성락, 『진도 용장성』, 목포대학교 박물관, 1990, pp.61-62.

34) 충청남도 역사문화원, 『당진 안국사지』, 2006, pp.45-54 참조.

35) "문양면은 지름 약 16cm, 內區에는 先端이 둘로 나누어져 Y자형으로 된 花瓣이 여덟 개이다. 花瓣의 基部에는 반원형 管文이 1개씩 조성되어 있다. 중방에는 중앙에 구멍이 있는 커다란 蓮子가 한 개 있다. 外區 內緣에는 커다란

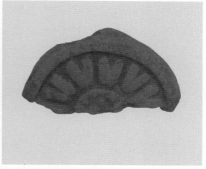

04 우라소에성의 '고려계 2류' 와당(좌)과 용장성 왕궁지(H-3) 출토 와당(우)

당과 차이는 있으나 연화문 파편이 안국사지에서 함께 출토하고 있는 점도 주목된다. 안국사지에서 출토한 2점의 파편이 이와 유사한 형태를 보이고 있다.[36] 이들 와당과 함께 출토한 암막새 기와도 오키나와 슈리성 남쪽 사키야마 우타키(崎山御嶽) 출토 기와와 인동문의 문양처리에 유사점이 있다. 기와중의 암막새는 막새 중앙에 작은 6엽 혹은 8엽의 연꽃이 있고 이를 중심으로 좌우로 인동넝쿨이 5~6회 정도 뻗어나간 형태이다.[37] 안국사 암막새는 중앙의 연꽃은 없지만 가운데 중심줄

珠文이 16개이고, 각각은 작은 선으로 연계되어 있다. 외연은 素文이다."(大川 清,「琉球古瓦調査抄報」琉球政府文化財保護委員會, 『文化財要覽』1962年版, 1962, p.106 참조)

36) 충청남도 역사문화원, 『당진 안국사지』, 2006, 도면 12-8, 15-2의 자료 참조. 한편 국립중앙박물관『井內功 기증 와전도록』(1990)에는 이 '고려계 2류'에 해당하는 와당의 '瓦范'이 포함되어 있다.(No.969)

37) 大川 清,「琉球古瓦調査抄報」, 琉球政府文化財保護委員會(『文化財要覽』1962年版, 1962), p.106, p.112 및 첨부도면 참조.

기에서 각각 좌우로 4~5회 뻗어가고 있어서 문양의 구도에 유사성이 인지된다.[38] 따라서 앞으로 국내 출토의 고려기와에서 유사한 계통의 자료를 좀더 탐색하여 이들 기와의 계보를 추적해 볼 필요가 있다.[39]

오키나와 고려기와의 편년과 성격 논의에 대해서는 이 자료가 고고학 자료라는 점에서 고고학의 발굴 성과와 상황이 핵심적 논의의 하나가 된다. 이와 관련하여 우라소에성 유적조사에 오랜 기간 간여해 왔던 아사토(安里 進)의 이에 대한 종합적 관견은 본고의 정리와 관련하여 많은 시사점을 준다.[40]

유구·유물과 방사성 탄소 연대로부터, 우라소에(浦添) 요도레 조영은 13세기라고 생각되는데, 이것은 우라소에 요도레가 함순년간(咸淳年間, 1265~1274)에 조영되었다는 『유구국유래기(琉球國由來記)』의 기사와도 모순되지 않는다. 특히 초기 우라소에 요도레 묘실 내의 건물에는 계유년명의 고려계 기와도 사용되고 있었음이 밝혀졌다. 이것은 우라소에 요도레가 13세기 후반의 계유년에 조영되었음을 시사하고 있는데, 함순 9년(1273)이 바로 계유년에 해당한다. 유구·유물·연대측정·문헌사료를 총합하면 우라소에 요도레의 조영 연대는 1273년에 특정(特定)할 수 있는 가능성이 대단

---

38) 충청남도역사문화원, 『당진 안국사지』, pp.57-73 참조.

39) 목포대학교 박물관에 의한 진도 용장성의 21013년도 조사에서는 H-3건물지에서 위에 언급한 하트형의 연화문 와당이 출토하였다. 자방의 구성에 차이가 있으나 우라소에성의 이른바 '고려계 2류'에 유사한 것이라는 점에서 흥미 있는 자료이다.

40) 1996년부터 2004년까지 浦添市敎育委員會에 의하여 진행된 발굴조사보고서 『浦添ようどれ I , 石積遺構編』, 2001; 『浦添ようどれ II , 瓦溜り遺構編』, 2001; 『浦添ようどれの石廚子と遺骨 -調査の中間報告』, 2005에 근거한 견해이다.

히 높다고 말할 수 있다.[41]

우라소에 요도레에 대한 고고학적 조사과정에서 특히 관심을 갖게 되는 것은 유적의 연대 문제인데, 이에 의하면 우리소에 출토유물의 이른 연대가 13세기이고,[42] 방사성탄소연대측정(AMS법)과 액체 신치레이션법의 연대측정 결과에서는 조영시의 금속공방 유구(遺構)가 13세기 전반~14세기 초, 기와 집적지의 연대는 13~15세기 전반이라는 연대를 얻었다는 것이다. 이에 의하여 유적의 조성 시기가 13세기 후반일 가능성이 매우 높아졌다는 설명이다.[43]

3. 삼별초의 오키나와 유입 가능성

기록에 의하면 류큐 왕국과 고려 간의 공식적 교류는 1389년(창왕 원년, 察度王 40년)의 8월의 일이다.

류큐(琉球國) 중산왕(中山王) 찰도(察度)가 옥지(玉之)를 파견하여 표(表)를 올리고 신하를 자청하였는데, 왜적에게 사로잡힌 사람들을 돌려보내고 유황 3백 근, 소목(蘇木) 6백 근, 후추 3백 근, 갑옷 20벌을 바쳤다. 이에 앞서 류큐(琉球) 국왕이 우리나라에서 대마도를 정벌한다는 소문을 듣고 파견한

---

41) 安里 進, 『琉球の王權とグスク』, 山川出版社, 2006, p.70.
42) 우라소에 요도레의 13세기대 유물로서는 白磁玉緣碗의 片, 묘실 내에 안치된 漆塗板 廚子의 裝飾金具에 사용된 花菱形 笠鋲을 예로 들었다. 安里 進, 위의 『琉球の王權とグスク』, p.68 참조.
43) 安里 進, 위의 책, pp.68-70.

사신이 순천부에 도착했다는 사실을 전라도 도관찰사(都觀察使)가 보고하자, 도당에서는 이에 대하여 이전에는 오지 않았다는 이유로 접대에 난색을 표하였다. 이에 창(왕)이 "먼 곳에서 조공하는 사람을 박대하는 것은 불가하지 않은가, 서울로 오게 하여 위로하여 보내는 것이 좋겠다"라고 하였다. 그리하여 전 판사(判事) 진의귀(陳義貴)를 영접사로 임명하였다.(『고려사』 50, 신우전 5, 창왕 원년 8월)

이에 의하면 1389년의 통교는 류큐로부터의 사신 파견에 의하여 이루어졌으며 당시 정부에서는 돌연한 사신 파견에 오히려 부담을 갖는 형편이었다. 즉 이때의 사신 파견은 류큐 왕국의 필요에 의하여 이루어진 것이었고, 여말선초의 대내외적 혼란기에 있던 고려로서는 이에 관심을 기울일만한 여유가 없었음을 알 수 있다. 그러나 창왕의 적극적 입장에 따라 류큐(琉球)에 대한 회답사가 곧이어 고려로부터 파견된다. 전객령(典客令) 김윤후(金允厚), 부령(副令) 김인용(金仁用)을 류큐에 파견하여 다음과 같은 답서를 보냈다.

우리나라와 귀국은 만리 바다에 격하여 있어서 일찍 왕래하지 못하였다. 이번에 일부러 사신을 파견하고 서신과 함께 귀한 선물을 보냄과 동시에 포로된 우리나라 사람을 돌려보내주니 말로 다하기 어렵다. 다만 귀국 사절을 충분히 접대하지 못한 것을 아쉽게 생각하는 바이다. 이제 전객령 김윤후 등을 파견하여 약간의 물건으로 뜻을 표하니 받아주기 바란다. 서신에 이르기를 "포로된 사람은 내년에 모두 고향으로 돌아가도록 하겠다" 하니, 더욱 고맙고 기쁘다. 바라기는 김윤후 등이 돌아오는 편에 함께 돌려보내 그들 부모 처자로 서로 만날 수 있도록 한다면 더욱 다행일 것이다.

중산왕조에 고려가 보낸 예물은 안장 2, 은그릇과 은수저 각 2, 은잔과 은배 각 1, 검은 마포(麻布) 20필, 호피 2장, 표피(豹皮) 1장, 만화석(滿花席) 4장, 화살 1백 개, 그림 병풍 1틀, 그림 족자 1쌍이었다.[44] 이것이 고려 말 류큐 왕국과의 통교에 대한 기록이며, 이에 의하여 그 관계는 조선조에 계승되었다.

오키나와 고려기와의 1393년 주장은 이 자료에 근거하여 류큐와 고려가 1389년 이전에 교류가 없었으며, 따라서 오키나와 기와는 고려 말 조선 건국기의 정치적 변환으로 인한 유민 발생, 혹은 고려(혹은 조선) 정부와의 교류에 의한 기술인력 지원의 결과라는 결론을 지지하고 있다.[45] 그러나 이에 대해서는 그것이 시간적으로 잘 맞지 않는다는 점, 기와의 형태적 변천 과정상으로도 맞지 않는다는 점이 지적되었다. 카츠렌성(勝連城)에서의 고고학적 정황으로 보아 13세기 후반이 적합하며, 따라서 이 시기의 와장(瓦匠)은 기록에 남겨지지 않은 초기의 국가간 교류, 사무역이나 표착 등 여러 가능성을 상정해 볼 수 있다는 것이다.[46]

---

44) 『고려사』 50, 신우전 5, 창왕 원년 8월.

45) 다음과 같은 설명이 그 예이다. "원격지 한반도로부터의 1153년 1273년 및 1333년 瓦匠의 등장은 이른바 배경 없는 무대에 돌연히 등장하는 것과 같다. 이러한 현상은 절대로 없다라고는 할 수 없지만 아무래도 당돌한 감이 있다. 그것을 비교적 자연스럽게 이해하기 위해서는 앞에서 언급한 동란과 고려 말기에 있어서 우리 琉球의 공식 교섭(1389)을 배경으로 두고, 琉球로부터 고려를 방문한 기사만 있고 고려로부터의 그것은 없더라도, 전란을 피한 고려인의 망명 도래가 想定될 수 있는 것은 아닐까."(三島 格, 「琉球の高麗瓦など」 『鏡山猛先生古稀記念古文化論攷』, 1980, p.793)

46) "이 답서(1390년 답서) 2년 후인 1392년에 고려가 멸망하는데, 그 다음해 (1393)의 계유에 '高麗瓦匠'이라고 쓴다는 것은 이상하다. 그러나 억지로 해석하면 그 이전에 온 瓦師, 혹은 고려 멸망과 함께 망명한 瓦師에 의하여 만

오키나와 기와의 1393년 설과 관련하여 좀 더 언급한다면, 1392년 조선 왕조 개창은 일부 정치 엘리트에 국한된 정치적 사건이었기 때문에 신왕조 개창에 의한 기술자 집단의 유민 발생 가능성은 대단히 희박하였다는 점을 지적하지 않을 수 없다. 또 만일 이 시기 정부 차원의 기술 인력 지원이 이루어진 것이라고 한다면 연호(명의 연호)를 쓰지 않고 왜 '계유'라는 간지만을 사용한 것인지에 대해서도 설명되지 않는다.[47] 1393년 설에서는 오키나와 나미노우에신사(波上宮)에 있던 고려종[48]도 이들에 의하여 오키나와에 반입 되었을 것으로 추정하였는데,[49] 이 역

들어졌다고도 생각할 수 있을 것이다. 그러나 망명의 이듬해 혹은 바로 그 해에 곧바로 축성한다는 것도 오키나와의 사정도 있을 것이므로 무리이고, 이후의 조선과의 관계에도 지장을 줄 것이다. 그런데 기와의 양식으로 보아 고려 말의 것으로 보기는 어렵다. 이 시대에는 수막새기와의 문양대는 삼각형으로 되어 내리는 것이 보통이기 때문이다. 이렇게 생각하면 中山에 처음으로 강국을 완성시킨 英祖 시대일 공산이 훨씬 많다. 다만 난점은 察度王 때 처음 遣使한 것으로 보이는 것인데 그것은 120년 전의 일이 잊혔던 탓인지, 사무역 혹은 漂着에 의하여 도래한 瓦師로 보는 것도 가능하다. 그것은 勝連城 戶口에서 남송 청자가 최하층으로부터 출토하여 남송과의 교섭이 상정되는 것으로도 증명된다."(松本雅明, 『沖縄の歴史と文化 -國家の成立を中心として』, 近藤出版社, 1971, p.89)

47) 1393년(태조 2)은 명 태조 홍무 26년에 해당한다. 고려 말 홍무년간 제작 寫經에서 홍무 연호로 연대를 기재하고 있음이 이에 참고된다.

48) 波上宮 舊藏의 고려종은 광종 7년(956) 제작의 경북 포항 흥해 소재 사원의 것으로, 명문의 존재로 인하여 일찍부터 주목되었던 것이며(藤田亮策, 「高麗鐘の銘文」『朝鮮學報』14, 1959) 2차대전 때 폭격으로 망실된 자료이다.

49) "나는 고려 종과 高麗瓦를 각각 구별해서 논하는 종래의 방법에 의하지 않고, 고려시대 琉球에 온 일괄 문물로서 취급하는 입장에 선다. 위에서 여러 번 언급한 것처럼 고려 말기에 있어서 琉球에서의 망명 루트 상에 전란을 피한 14세기 말 고려인의 도래를 想定하고 造瓦工 장인의 一團이 고려종 등까지 함께 도래했다는 것을 東恩納 씨 설(고려종이 1467년 琉球의 요청에 의하여 기증

시 고려 말 조선 건국기의 역사적 상황에 비추어 보면 전혀 억측이라 하지 않을 수 없다.[50] 반면 오키나와 기와가 1273년의 삼별초에 의한 것이라 한다면, 이것은 120년 전 비정부 차원의 교류였기 때문에 이것이 "전에 교류가 없었다"는 앞의 『고려사』 기록과도 상충하지 않는다.

이제 오키나와 고려기와를 염두에 두고 삼별초의 상황에 대하여 정리해보도록 한다. 1270년 6월 강화도를 출발하던 때 1천여 척의 배가 진도를 향하였다. 이 선단은 남녀의 인물과 군대 이외에 식량과 각종 화물을 적재한 것이어서 정확한 이동 인원을 확인할 수는 없다. 그러나 적어도 1만 5천 이상, 2만에 육박하는 인구 이동이 수반되었던 것으로 추측 된다.[51] 그 후 1271년 5월 진도가 함락되었을 때 개경 측은 진도

되었다는 주장)에 대한 대안 가설로서 제시한다. 渡來의 한 誘因으로서 고려 말기 이후의 척불흥유의 기운을 생각해도 좋을 것이다."(三島 格, 「琉球の高麗瓦など」『鏡山猛先生古稀記念古文化論攷』, 1980, p.797)

50) 波上宮 舊藏 고려종의 琉球 반입 시기는 琉球에서 불교가 진흥하고 조선에 대하여 대장경 외교를 적극 전개하였던 15세기를 유력하게 지목하지만, 범종이 갖는 法具로서의 독특한 성격을 감안한다면 실제로는 왜구의 창궐기나 임진왜란 등의 전란 속에서 반출된 자료일 가능성이 높다고 보아야 할 것이다. 범종의 원 소재지인 경북 포항 지역이 고려 우왕대 여러 차례 왜구의 침입이 있었던 점, 정유재란 때 인근 연해 지역에서 치열한 전투가 있었던 점도 유의되는 사항이다.

51) 개경 정부가 원에 보낸 표장에 의하면 삼별초군이 "以船十一隻 分載兵三百九十人 謀取慶尙全羅道漕船"(『고려사』27, 원종세가 13년 6월)이라 하여 당시 제주 삼별초가 390명 병력을 11척에 분승하였음을 전하고 있다. 이를 근거로 한다면 1척 당 평균 승선인원은 35.5명이다. 다만 삼별초 진도 남천시에는 각종 화물과 식량을 다량 적재하였을 것으로 보아야 하기 때문에 이를 일률적으로 적용할 수는 없고 만일 1천 척 중, 4백 척 만을 적용한다면 14,200이라는 이동 인원의 수치가 산출된다.

05 국립제주박물관의 류큐 특별전(2007)과 삼별초 특별전(2017)

에 적재된 4천 석의 식량과 함께 남녀 1만여 명을 포로로 하였다.[52] 마쓰모토(松本) 씨는 삼별초의 사실을 인지하지 못하였기 때문에 고려 와장의 오키나와 도래에 대해 '사무역 혹은 표착(漂着)' 가능성을 언급한 것이라 할 수 있다.

한편 진도의 삼별초가 몽골의 압력에 대응하는 방편으로 일본과의 공동전선을 구축하려 했다는 것은 잘 알려져 있는 사실이다. 이는 삼별초가 당시 국제정세의 추이를 예측하고 있었으며, 최후 생존의 방편을 일본이라는 존재를 통하여 모색하고 있었던 사실을 입증하는 것이다. 이 문제와 관련하여 근년에 알려진 또 하나의 사실은 진도정부 붕괴 이

---

52) "方慶見賊潰 追之 獲男女一萬餘人 戰艦十數餘 餘賊走耽羅 方慶入珍島 得米四千石 財寶器仗悉輸王京 其陷賊良民 皆令復業 凱還"(『고려사』 104, 김방경전)

후, 제주도 입거기(入居期)에도 삼별초에 의한 외교적 기도가 일본을 무대로 전개되고 있었다는 사실이다.

진도 삼별초가 붕괴되었던 바로 그해(1271년), 일본에 파견된 원사 조양필(趙良弼) 관련의 기록에서는 제주의 삼별초가 남송과 함께 조양필의 활동을 방해하고 나섰다는 사실이 지적되고 있다. 조양필이 초유사로 도착하자 "송인(宋人)과 고려 탐라가 함께 그 일을 방해하려 하였다"는 것이다.[53] 여기에서 언급한 '고려의 탐라'는 삼별초를 지칭하는 것임에 틀림없다. 이 삼별초 세력이 5월 이후 새로운 거점이 된 제주도와 연결된 것인지 혹시는 기왕에 진도로부터 파견된 삼별초의 사자인지는 분명하지 않지만, 이들이 남송 세력과 연대하여 일본에 대한 원의 외교적 시도를 저지하고 이를 봉쇄하였다는 것은 퍽 흥미로운 사실이다.

이상과 같은 삼별초의 대일 외교 활동을 감안할 때, 당시 삼별초의 진도 혹은 제주 세력은 유사시의 대책으로서 일본 열도와의 연대에 대하여 일정한 기대가 있었음을 짐작할 수 있다. 이러한 점에서 1271년 삼별초의 잔여 세력이 진도에서 제주로 이동할 때, 잔여 세력의 일부가 제주도나 국내의 다른 지역이 아닌 제3의 지역으로 분산하였을 가능성을 충분히 상정할 수 있다. 삼별초 잔여세력은 다시 고려의 남, 서 연안의 도서 혹은 본토지역으로 회귀하여 목숨을 부지한 경우도 있었겠지만, 한편으로는 보다 근본적으로 안전이 보장될 수 있는 일본 열도 등지로의 필사적 탈주 가능성도 충분히 상정할 수 있는 일이다. 여러 정황으로 볼 때 진도, 혹은 제주도에서의 삼별초 세력은 섬이 함락되는

---

53) "旣至 宋人·高麗聃羅 共沮撓其事"(『元朝名臣事略』「野齋李公撰墓碑」) 山本光朗, 「元使趙良弼について」『史流』40, 北海道教育大學 史學會, 2001, p.39.

시점을 전후하여 그 일부가 도외로 유출되었으며 그 일부 얼마간은 큐슈 혹은 오키나와 등지에 이동하였을 가능성은 충분히 있을 수 있는 일이었고 가능한 일이었다는 생각이다.

4. 오키나와 고려기와를 둘러싼 제문제

오키나와 고려기와 문제에 있어서 부수적 논의 사항의 하나는 기와의 생산지 문제이다. 현재까지 이 기와의 가마가 발견되지 않은 점 때문에 고려에서 생산한 기와를 선편으로 운송하였을 가능성을 상정한 것이다. 그러나 이 문제는 이미 오가와(大川 淸) 교수가 지적한 바와 같이,[54] 역시 고려에서 온 와장(瓦匠)이 오키나와 현지에서 제작한 것으로 보는 것이 당연할 것이다. 특히 중량과 부피가 큰 와류를 원양 항해를 무릅쓰고 운송한다는 것 자체가 무리한 것이며, 오키나와에 있어서 고려계 기와 문화의 다양한 전개가 이를 뒷받침한다고 할 수 있다.[55]

이상 오키나와 고려기와의 편년 문제를 중심으로 기와의 명문 '계유년'이 1273년일 가능성이 많다는 점을 중점적으로 논의하였다. 본고에

---

54) "琉球에 건너온 瓦匠이라면 자기들의 명예를 오래 전하고 싶은 인간 본래의 욕구가 작용한 것이며 특히 자기들은 고려의 와장이라는 프라이드를 가지고 있었기 때문일 것이다."(大川 淸, 「琉球古瓦調査抄報」 『文化財要覽』, 琉球政府 文化財保護委員會, 1962, p.115)

55) 고려기와가 오키나와에서 제작된 것으로 보는 것이 일반적이기는 하지만, 이를 여전히 확정적으로 정리하지 않는 경향이 있다. 가령 沖繩縣立博物館 전시 도록의 '고려기와'에 대한 설명에서 "고려 와장이 琉球에서 燒造 하였는지 朝鮮에서 燒造 하였는지 알 수 없다"고 한 것이 그 예이다.(沖繩縣立博物館, 『沖繩縣立博物館 綜合案內』, 1998, p.19)

06 고려기와가 출토된 우라소에 구스크(浦添城)의 복원 모습

서의 편년 논의는 주로 고려의 역사적 맥락과 기와 자료의 비교 등을 통하여 전개하였지만, 이 문제는 류큐 역사 자체의 맥락과 더욱 광범한 고고학적 자료의 종합적 검토를 필요로 하는 문제이다. 동시에 본고에서의 논의는 단순히 기와의 편년 문제로 끝나지 않고 그 편년 설정에 따라 류큐 역사의 전개의 큰 줄기 그리고 중세 동아시아 교류의 역사가 크게 좌우되는 것으로 논의가 옮겨가게 된다. 오키나와 기와의 논의에서 연대문제에 특별히 집착하게 되는 이유도 바로 이점 때문이라 할 수 있다.

오키나와에서 고려계 문물 유입의 가능성은 기와 문제에서 그치지 않고 도자기 문제, 구스크(城) 문제, 불교의 유입 문제 등으로 향후 주제가 확산될 필요가 있다. 오키나와의 토기인 가뮈야키(カムイヤキ)의 생산에 고려 토기의 기술적 영향이 인정되고 있고[56] 류큐 최초로 영조왕 연

---

56) 西谷 正,「高麗·朝鮮 兩王朝と琉球の交流-その考古學的研究序說」『九州文化

간에 조영된 것으로 알려져 있는 우라소에 요도레의 사원 극락사(極樂寺)의 창건에 간여한 승 선감(禪鑑)이 고려의 승이었을 가능성이 논의된 바 있기 때문이다.[57) 류큐 왕국의 대표적 유적이라 할 거대한 석축의 구스크(城)도 13세기가 성립기에 해당한다. 구스크의 출현은 외부와 연관을 갖지 않은 오키나와에서의 자발적 발전이나 일본열도로부터의 기원을 생각할 수 없다는 점에서 고려 성곽 문화와의 연관이 검토될 만한 사안이다.[58)

1274년 일본이 여몽연합군의 침입을 받고난 이후, 큐슈에서는 몽골군의 공격 대상이 되는 하카타(후쿠오카) 해안 일대에 20km 길이의 대규모 장성, 이른바 원구방루(元寇防壘)를 구축하였다. 해안에 석축의 장성을 쌓아 적을 막는다는 이 아이디어는 환해장성(環海長城)을 쌓은 제주도 삼별초와 관련이 있을 수 있다는 의견을 필자는 가지고 있다. 오키나와의 구스크 유적은 원구방루와는 성격이 다르지만 기원과 발전에 있어서 오랜 전란을 거치면서 석축의 산성을 발전시킨 고려로부터의 영향이 없었는지, 가능성을 검토하는 것은 의미 있는 연구가 될 것이다. 이러한

史研究所紀要』 26, 九州大, 1981, pp.81-86; 下地安廣, 「朝鮮と琉球」『考古學による日本歷史』 10(對外交涉), 1997, p.146; 吉岡康暢, 「南島の中世須惠器」『國立歷史民俗博物館硏究報告』 94, 2002, p.426; 赤司善彦, 「高麗時代の陶磁器と九州および南島」『東アジアの古代文化』 130, 2007; 池田榮史, 「고려 조선과 류큐의 물질문화 교류」『대구사학』 91, 2008, pp.49-52.

57) 多和田眞淳, 「琉球列島に於ける遺跡の土器・須惠器・磁器・瓦の時代區分」『文化財要覽』, 琉球政府文化財保護委員會, 1961, p.219; 三島 格, 「琉球の高麗瓦など」『鏡山猛先生古稀記念古文化論攷』, 1980, p.793.

58) 名嘉正八郎, 「東アジアから見た沖繩の城」『歷史讀本』 7, 1979에서도 이러한 견해가 피력된 바 있다.

문제가 모두 오키나와 고려기와의 문제를 검토하는 데 있어서도 연관이 있는 것으로 생각된다.

맺는말

본고는 오키나와 우라소에 출토의 고려기와를 중심으로 고려 삼별초의 연관 가능성을 검토하였다. 우라소에 출토의 고려와는 '계유년 고려와장조'라는 연대와 제작자의 명기로 인하여 일찍부터 주목되어 왔던 자료였으나, 문제의 계유년이 1273년인지, 1393년인지, 아니면 다른 시기의 계유년인지 아직 확정되어 있지 않은 상태에 있다.

오키나와의 고려계 기와 문제는 2007년 국립제주박물관에서의 특별전 전시를 계기로 국내에서 많은 관심을 끌게 되었다. 특히 우라소에의 고려계 연화문 와당이 진도 용장성 출토 와당과 매우 흡사하다는 사실이 주목됨으로써 삼별초와의 관련성 및 1273년 설이 다시 힘을 받고 있는 실정인 것이다. 이같은 시점에서 필자는 1271년 혹은 1273년 삼별초의 진도 및 제주도로부터 일본열도 혹은 오키나와에의 해외 이동 가능성을 논하고 '계유년'의 연대가 1273년일 가능성이 매우 높다는 점을 논의하였다.

1273년, 1333년, 1393년이라는 계유년의 연대 중 1273년이 가장 가능성 높은 시점이라는 점은 현 단계에서 부정하기 어려울 것으로 생각된다. 특히 문제의 고려기와가 출토된 우라소에 요도레 유적의 고고학적 편년이, 발굴조사의 결과에 의하여 13세기 후반설이 더욱 힘을 얻어가는 사실은 이곳에 조성된 고려계 건축물 및 고려기와의 연대 설정에 보다 확고한 기반이 되고 있다. 따라서 이를 더 구체적으로 확증하기 위해서는 앞으로 기와 제작의 기술적 측면과 이들 유물 출토의 고고학적 상황에 대한 검토, 그리고 고려계 기와 이외에 고려 청자류, 도기류의 오키나와에서의 분포상 분석 등이 보완될 필요가 있다고 생각된다. 동시에 오키나와 출토의 여러 고려계 기와에 대한 계통을 국내의 고려기와 자료를 통하여 보다 넓게 검색함으로써 비교 검토해야 할 필요성도 높아졌다.

오키나와 고려기와에 대한 해명은 고려와의 교류사로서만이 아니라 기록에 거의 남겨져 있지 않은 오키나와 고대 역사 자체의 정리에 있어서도 매우 중대한 문제이다. 한편 용장성, 항파두성 등 진도와 제주도의 항몽 유적은 오키나와 고려기와 문제를 해결하는 한 가지 중요한 열쇠가 되고 있다. 이러한 점에서 이들 유적이 갖는 의미는 단순한 전쟁사의 차원을 넘어서는 중세 동아시아 교류의 국제적 측면에 접근하는 것이다. 따라서 여전히 기초적 조사가 미흡한 상태에 있는 이들 유적에 대하여, 앞으로 보다 본격적 조사와 탐구가 중요하다는 점을 강조하고 싶다.[59]

* 본고는 「오키나와 출토의 고려기와와 삼별초」 『한국사연구』 147, 한국사연구회, 2009의 원고를 수정한 것임.

59) 본고를 작성하는데 참고한 일본 간행 자료의 많은 부분에서 西谷 正 선생(현재 宗像市立博物館 명예관장)과 國士館大學 戶田有二 교수(2014년 작고)의 도움이 있었다. 한편 본고의 발표 이후에 많은 분들의 긍정적 의견이 있었다. 그 가운데 임영진 교수는 「오키나와 구스크의 축조 배경」(『호남문화연구』 52, 2012), 「오키나와 구스크와 삼별초」(『계간 한국의 고고학』 47, 2020) 등의 논고를 통하여 필자보다 더 적극적인 견해를 제기하고 있다.

제2장
우라소에성(浦添城)과
고려 · 류큐의 교류사

머리말

류큐(琉球) 왕조의 역사에서 가장 인상적인 것 중의 하나가 구스크(城)의 존재이다. 오키나와 역사는 수 천년에 걸치는 패총시대에서 대략 12세기에 구스크시대로 옮겨간다. 구스크시대는 농업, 수공업의 생산경제와 교역의 전개라는 새로운 경제적 단계를 배경으로 하면서 구스크라고 하는 일종의 성새적(城塞的) 거점을 중심으로 정치권력의 존재가 부각된 오키나와 역사의 특징을 보여주는 대목이다.

구스크시대는 13세기 이후 대형 구스크(グスク, 城)가 조영되기 시작하는데, 우라소에성(浦添城)은 이 시기의 가장 큰 규모의 대표 유적으로 추정되고 있다. 이 시기는 비록 후대의 것이기는 하지만 역사기록이 남겨지는 초기 역사의 시대이기도 하다. 초기 중산왕통의 거점이었던 우라소에성(浦添城)은 말하자면 오키나와 초기 역사시대의 공간적 중심으로서 주목되는 지역인 곳이다. 이곳에서는 고려 와장이 제작한 기와가 오래 전부터 확인되었고, 따라서 이에 대한 종종의 논의가 진행되었다. 근년 이에 대한 발굴조사가 수년에 걸쳐 진행되어 고고학적 자료가 더욱 축적되게 되었다.

이같은 학문적 성과를 바탕으로 본고에서는 우라소에성(浦添城) 출토 고려기와의 성격과 연대 문제에 대한 논의를 보완함으로써, 초기 류큐 왕국과 고려 왕조와의 교류사 문제를 제안하고자 한다.

류큐 왕국과 한국의 역사적 교류의 시초는 문헌상으로는 고려 말 1389년(창왕 1)이 그 시초에 해당한다.[1] 우라소에성(浦添城) 유적의 고고학적 자료는 바로 그 교류의 기원을 보다 소급할 수 있는 명확한 자료이기도 하다. 그럼에도 불구하고 자료의 연대적 불확실성으로 실제 한·류 교류사 어디에 이를 위치 시켜야 하는지가 모호한 상태로서 그 역사적 위치 설정이 보류된 채 유효한 자료로 활용되지 못하고 있는 것이 현재까지의 실정인 것이다. 이러한 점에서 본고는 한국·오키나와 교류사의 시발점과 관련, 우라소에 출토의 자료를 교류사의 위치 설정에 보다 적극적으로 활용할 것을 추구하는 것이라 할 수 있다.

1. 우라소에성(浦添城)에 대한 조사

11세기 이후 동아시아는 송, 고려, 일본의 정립에 의한 다소 안정된 국제정세를 유지하게 되었고 그 가운데 송상을 중심으로 한 활발한 경제적 교역이 진행되었다. 이 시기 류큐열도에서는 석와(石鍋)와, 카뮈야키(カムィヤキ)에 이어 12세기에는 중국 도자기라는 새로운 문물이 유통함으로써 교역경제시대로 접어든 류큐열도의 변화를 입증하고 있다.

---

1) "琉球國中山王察度 遣玉之 奉表稱臣歸我 被倭賊虜掠人口 獻方物 硫黃三百斤 蘇木六百斤 胡椒三百斤 甲二十部"(고려사 50, 신우전 5, 창왕 원년 8월)

석와는 큐슈에서 제작된 물품들이 류큐열도 일대에 유통된 것이고, 신기술의 도기인 카뮈야키는 토쿠노시마(德之島)에서 요적(窯跡)이 조사됨으로써 오키나와 도기로서의 성격을 입증하게 되었다. 석와(石鍋)는 큐슈와의 지역적 연관성이 크고, 카뮈야키는 일본본토 혹은 고려 도기와의 기술적 친연성이 논란되고 있어서 11세기 이후 류큐열도가 동아시아 세계와의 교류와 접촉 속에서 변화해가는 점을 입증하는 자료가 되

01 오키나와의 주요 구스크와 우라소에 성의 위치

고 있는 것이다. 13세기 대형 구스크(城)의 출현 및 각 지역 아지(按司)들의 정치권력이 충돌하는 것은 이같은 생산과 교역의 경제적 배경 하에서 이루어진 것이었다.

문제의 고려기와가 다수 출토한 우라소에성(浦添城)은 슈리성 이전, 바로 이 시기 중산왕조(中山王朝)의 왕성(王城)으로 오키나와에서 가장 이른 시기의 대형 구스크 유적이다. 우라소에성(浦添城)에서 출토한 '계유년고려와장조(癸酉年高麗瓦匠造)' 등의 글자가 적힌 명문와, 그리고 같은 지역에서 출토한 연화문 와당 등이 그것이다. "계유년에 고려의 기와 기술자가 제작한 것"이라는 문제의 '계유년명' 기와는 주로 오키나와의 우라소에성과 슈리성 등지에서 다수 출토하여 이미 100년 전부터 주목되어온 자료로서,[2] 1930년대에는 관련 자료가 정식으로 학계에 보고되었다. 『류큐건축(琉球建築)』[3]과 『남해고도자(南海古陶瓷)』[4]가 그것이다. 1945년

---

2) 伊波普猷, 『古琉球』, 靑磁社, 1942(초판 1911년)에서는 권두의 화보 가운데 "浦添城趾에서 발굴한 古瓦"라 하여 처음으로 자료가 소개되었으나, 이에 대한 구체적 설명은 제시되어 있지 않다. '沖繩學의 아버지'로 불리는 伊波普猷(1876~1947)는 '浦添考' 등의 논고로 首里 이전 도성으로서의 浦添城의 역사성을 처음 제기한 인물이며, 浦添城에 그의 묘소가 있다.

3) 여기에서는 '계유년고려와장조' 명문와의 탁본을 싣고 그 설명을 "琉球 最古의 瓦"라고 하였다. 다만 계유년의 연대에 대해서는 '仁平 3년' 즉 1153년을 상정하고 있고, 고려기와의 출처를 수입품으로 생각하고 있다. 이에 대해서는 田邊泰·巖谷不二雄, 『琉球建築』, 座右寶刊行會, 1935, p.49 참조.

4) 伊東忠太·鎌倉芳太郎의 『南海古陶瓷』(寶雲舍, 1937)에는 1936년 12월부터 이듬해 1월에 걸치는 14일간의 오키나와 여러 지역에서의 간단한 시굴의 일부로서 浦添城址의 조사가 포함되어 있다. 조사지역은 우라소에성(浦添城)의 동남부 외곽지대로서 원래 성벽이 있었다고 추정되는 지점이다. 고려기와는 매립된 상태에서 노출되어 이를 조사한 것인데 '大天'명, 연화문 와당, 암막새 등과 함께 '계유년' 명와가 다수 출토되었다. 자료에 대한 검토에서 '계유년'

오키나와 전투에서 우라소에성 일대는 사령부가 있는 슈리(首里)의 교두보였던 탓으로 미군의 집중 포화에 의하여 유적이 크게 훼손되었다. 그후 유적의 학술적 중요성이 인정되어 이에 의하여 유적의 복원이 추진되었다. 1997년부터 수차에 걸쳐 요도레를 중심으로 집중적인 유적 조사 작업은 유적 복원을 목표로 한 일련의 조사 작업이었다.

원래 고려기와가 사용된 우라소에성 안의 요도레(ようどれ)는 석회암벽의 벼랑에 동서 2기의 동굴을 파내고 조성하였다. 그중 서측(향우측)의 것이 영조왕(英祖王, 재위 1260~1299)의 묘실이고, 동측(향좌측)의 다른 하나는 1620년에 조성된 상녕왕(尙寧王)의 묘실로 알려져 있다.[5] 즉 요도레는 처음 중산왕조 영조대에 조성된 후 1620년 상녕왕대 묘실 조성을 위해

의 연대는 1393년과 1273년의 두 연대가 함께 제시되었다. 전자는 察都王代의 양국 교류, 후자는 영조대 浦添城에의 극락사 조영에 대한 문헌 기록을 유의한 것이다.(『南海古陶瓷』, pp.37-41) 유사한 고려기와는 이때 슈리성 서쪽 西노아자에서도 출토하였다.(『南海古陶瓷』, pp.41-43)

5) 요도레 서측의 묘실이 英祖王, 동측이 尙寧王의 것으로 되어 있지만, 安里 進은 오히려 반대일 가능성이 많다는 의견을 제시하였다. 東室의 床面이 西室보다 1m 정도 높게 시설되어 있고, 류큐의 전통적 방위관에서는 동쪽이 서쪽보다 우위라는 것이 그 근거이다. 玉陵의 경우도 동실이 서실보다 1단 높고, 동실에 왕과 왕비, 서실에 왕족의 주자(관)를 안치하였다는 것이다. 대단히 중요한 지적이라고 생각된다. 그러나 한편으로 필자는 요도레가 원래는 동서 兩室이 아니고 單室로 조영하였을 가능성도 고려할 필요가 있다고 생각한다. 즉 영조왕대에는 서실만 조영한 것인데, 후대에 동실을 묘실로 새로 조성하여 동서 양실이 되었을 가능성에 대한 문제이다. 동, 서실의 지형조건을 외관으로 관찰할 경우 서실이 중심 위치라는 점이 그 이유이다. 또 현재로서 동실도 서실과 같이 瓦葺 건물이 있었는지가 확인되어 있지 않다. 瓦葺 건물의 유무도 동, 서실의 관계에 대한 중요한 포인트이다. 동실에 대한 고고학적 조사가 이루어진다면 요도레에 대한 보다 많은 의문이 해소될 수 있을 것이다.

크게 수축한 것인데, 묘실은 처음부터 2개를 마련한 것으로 보고 있다. 서실(西室)의 경우 굴삭한 평면적이 123㎡, 천장 높이는 3.6m인데 사람 머리 크기의 돌을 1m 정도 메워서 상면(床面)을 조성하였기 때문에 실제 파낸 높이는 5m에 가깝다. 처음 요도레를 만들 때는 동굴 안에 초석에 기와를 얹은 건축물을 건립하였는데 그 기와가 바로 고려 기술자에 의하여 제작된 것이다. 이 건물에 도금(鍍金)의 금구(金具)를 장식한 칠판(漆板)의 주자(廚子, 棺) 수 기를 안치하였다.[6] 원래 안치되었던 주자(廚子)는 묘실 개축시에 제거되었으나, 발굴된 주자(廚子)의 칠판편(漆板片), 부속 금구(金具) 등에 근거하여 모양을 복원해냈다.[7]

우라소에성 유적에 대한 첫 발굴조사는 1982년부터 1984년에 걸쳐 처음 이루어졌다. 이에 의하여 성(구스크)의 조영 시기는 일단 13세기 말에서 14세기 초로 추정되었다.[8] 1989년 국가사적으로 지정되었고, 이후 우라소에성 복원정비 사업이 추진되어 이를 위한 요도레 유적 발굴조사가 1997년부터 시작되어 2004년까지 진행되었고, 그 결과에 의하

---

6) 安里 進, 『琉球の王權とグスク』, 山川出版社, 2006, pp.76-77.

7) 安里 進 · 宮里信勇 · 木下秋海, 「琉球中山王陵 · 浦添ようどれ出土の漆器關係遺物-唐櫃形漆龕の復元」『向王家と琉球の美展』, MOA美術館, 2001, pp.121-122.

8) 우라소에성에 대한 발굴조사는 1차 1982년 6월부터 3개월, 2차 1983년 6월부터 3개월, 1984년 6월부터 2개월간 각각 이루어졌으며 주로 성안의 유구에 대한 조사가 중심이 되었다. 이 조사에 의하여 우라소에의 역사는 대략 5기로 구분되었다. 그 가운데 제1기(13세기 말~14세기 초) 구스크의 초기 단계, 제2기(14~15세기 초) 성의 규모가 확대되고 瓦葺 건물이 등장하는 시기로 설정하여 고려계 기와 건물의 조성이 제2기에 해당하는 것으로 정리하였다. 이에 대해서는 浦添市敎育委員會, 『浦添城跡發掘調査報告書』, 1985, pp.158-162 참고.

여 요도레는 2005년 3월 복원 공사를 일단 완료하였다. 발굴조사의 경과를 표로 정리하여 간략히 소개하면 다음과 같다.[9]

우라소에 요도레의 조사(1997~2004, 浦添市教育委員會)

순서	조사 일정	작업 상황	확인 자료
1차	1997.1.10 ~3.28	1番庭, 2番庭을 중심으로 시굴, 石積 상태 예상보다 잘 남아 있음을 확인	요도레의 석적 존재 확인 2番庭 西石積 서측에서 鍛冶遺構 확인
2차	1997.8.4 ~1998. 3.13	석적 유구 확장 조사, 대량 와류를 처분하여 메운 토갱 확인, '기와구덩이'로 이름	고려계, 大和系 와류 다양 확인. 古瓦 이외에 철정.銅釘. 도금의 脚先金具 발견. 鍛冶遺構의 범위 확인
3차	1998.9.16 ~1999.3.4	1番庭 北石積, 북 옹벽 등 확인을 위한 트렌치 조사. 기와구덩이 조사 속행	와류 다량 확인
4차	1999.7.5 ~2000.3.28	1番庭 北石積, 확인을 위한 트렌치 조사. 기와구덩이 조사 속행	북석적에서 석적의 기초 출토. 기와구덩이 기와는 사용후 폐기한 것임을 확인. 기와구덩이, 단야유구 자료에 대한 C14 연대측정
5차	2000.5.30 ~2001.2.26	北石積, 鍛冶遺構, 기와구덩이 조사	1番庭 北石積, 북옹벽, 외주북옹벽의 위치 관계 확인. 鍛冶遺構(金屬工房跡)에서 철제품 이외 동제품 확인. 기와와 함께 주칠의 塗膜片 확인
6차	2001.5.24 ~2002.3.28	金屬工房跡 토갱 조사	鍛冶관련 유물포함층이 기와구덩이 하위에 있는 것을 확인
7차	2002.5.13 ~2003.3.25	요도레의 묘실조사	
8차	2003.8.21 ~2004.2.13	요도레의 묘실조사	
9차	2004.5.24 ~7.21	金屬工房跡 조사 완료	토갱 내와 B지점 출토 탄화재에 대한 C14 연대측정

---

9)   浦添市教育委員會의 발굴조사 보고서에 의거하여 필자가 정리함.

우라소에 요도레 복원정비 사업을 위한 조사의 결과는 우라소에시
교육위원회(浦添市教育委員會)에 의하여 2011년까지 도합 4책의 보고서로
간행되었는데,[10] 한편 요도레 복원 이후에도 우라소에성에 대한 역사
공원 정비사업이 진행되어 그 과정에서 추가 조사가 이루어지고 있다.
요도레 복원 이후 성벽복원 등을 추가조사 보고서도 3책이 간행되었
다.[11]

요도레에 대한 발굴 조사에 의하여 이 유적이 13세기 후반 조성 이
후 상녕왕대(尙寧王代)의 개축 사이에 한 차례 대대적 개수(改修)가 있었던
것이 확인되었다. 그리고 그 시기는 대략 15세기 쇼하시왕대(尙巴志王代,
1422~1439)의 가능성이 높은 것으로 정리되었다. 아울러 이 1차 개수에
의하여 묘실 내의 건축물, 칠도판(漆塗板) 주자(廚子, 棺)를 철거하고 묘실
내에는 새로 중국 천주산(泉州産) 청석(靑石)으로 만든 대형 석주자(石廚子)
를 설치하고 여기에 유골을 옮겼다고 보고, 1620년 상녕왕에 의한 제
2차 개수 공사에서 동실 내에 상녕왕족의 류큐석회암 석주자 4기를 추
가 설치한 것으로 각각 분석 정리되었다.[12]

10) 浦添市教育委員會,『浦添ようどれI, 石積遺構編』, 2001;『浦添ようどれ
   II, 瓦溜り遺構編』, 2005;『浦添ようどれの石廚子と遺骨-調査の中間報告』,
   2005;『浦添ようどれ III, 金屬工房跡編』, 2007.

11) 浦添市教育委員會,『浦添城跡-內郭西地區·西側城壁』, 2009;『浦添城跡平成
   21年度發掘調査·城壁復元槪報』, 2010;『浦添城跡 -外郭西地區·外郭南地
   區』, 2011.

12) 安里 進·宮里信勇·木下秋海,「浦添ようどれの石廚子と遺骨の調査成果の
   檢討」『浦添ようどれの石廚子と遺骨 -調査の中間報告』, 浦添市教育委員會,
   2005, pp.7-15.

2. 우라소에성 출토의 고려기와

수년에 걸친 우라소에 요도레의 발굴의 가장 큰 성과는 논란이 많던 영조왕(英祖王)의 실재를 역사적 사실로서 입증하였다는 점이다. 『유구국유래기(琉球國由來記)』를 비롯한 후대 역사서를 종합하면 영조왕은 1229년 출생하여 1260년부터 1299년까지 40년간을 재위한 임금이다. 그의 왕통은 5대 90년간을 지나 1349년 찰도(察度)에 의하여 왕통이 바뀌었다. 영조왕 이전에는 순천왕통(舜天王統)이 기록되어 있으나 신화적 존재로 간주되고 있기 때문에 영조왕은 실질적인 류큐 왕국의 왕통을 연 인물이라 할 수 있다. 사서에는 그의 재위중 전야(田野)를 둘러싼 경계의 정리, 서북 여러 섬과 북의 대도(大島)로부터의 입공(入貢), 공관(公館)과 공창(公倉)의 창건, 극락산에 묘실(요도레) 조영과 극락사(極樂寺) 창건 등이 그 치적으로 정리되어 있다.[13] 영조왕의 실재가 입증된다면 이같은 사서의 내용도 상당 부분 역사적 사실로서의 개연성이 높아질 뿐 아니라, 15세기 쇼하시(尙巴志)의 통일왕국 이전 정치권력의 성격에 대해서도 재검토가 이루어질 수 밖에 없다. 이러한 점에서 우라소에 요도레의 발굴은 영조왕의 역사적 실재를 뒷받침하였다는 점에서 그 의미가 큰 것이다.

우라소에 요도레의 발굴 결과는 종래 편년에 많은 논란을 야기하였던 고려기와의 연대 문제에 대하여 그 시기를 특정할 수 있는 근거를 제공했다는 점도 큰 의미가 있다. 아울러 금속공방 유구가 주변에서 발굴됨으로써 요도레 조영에 필요한 수준 높은 각종 재료를 현지에서 직접 제작하여 사용하였다는 사실을 확인함으로써 13세기 후반 류큐 왕

---

13) 安里進 外, 『沖繩縣の歷史』, 山川出版社, 2004, pp.60-66 참조.

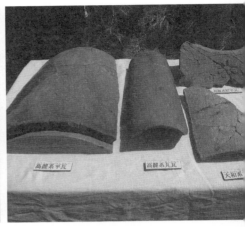

02 우라소에 성벽 기저부(좌)와 출토 고려계 기와(우)(우측 앞 기와는 大和系)

조의 경제적 기술적 수준을 보여주는 것이기도 하다.

우선 계유년명(癸酉年銘) 고려와는 어골문의 타날판 중앙부에 2조의 병렬한 명이 들어 있는 기와로, 명문은 역문자(逆文字)로 좌측에서부터 '癸酉年高(계유년고)' 우측에 '麗瓦匠造(려와장조)'라고 되어 있다. 계유년명 이외에 '天(천)' 혹은 '大天(대천)' 등의 명문와도 다수 발견되었으며 계유년명 고려와의 복원 크기는, 가로 31cm, 세로 45cm, 두께 평균 1.5cm 정도로서[14] 우라소에성에서 함께 나오는 야마토계(大和系)의 기와에 비하여 크기가 현저히 큰 특징을 가지고 있다.

한편 우라소에성의 연화문 수막새기와는 은행알을 연상시키는 9엽의 연꽃잎이 중심문양으로 전개되고 중앙에는 뭉툭한 자방(子房)이 자리

---

14) 크기는 기와에 따라 차이가 있는데 요도레 발굴품의 예는 길이 46.5cm, 너비 31.7~28.2cm, 두께 1.9cm로 계측되었다. 浦添市教育委員會, 『浦添ようどれⅡ, 瓦溜り遺構編』, 2005, p.33.

잡았는데 자방과 연꽃 사이에 돌선대(突線帶)의 테두리를 둘렀다. 이 와당의 존재에 대해서는 오가와(大川 淸) 등에 의하여 기왕에도 보고된 적이 있는데[15] 우에하라(上原)는 연화문1류로 분류한 이 수막새 와당(軒丸瓦)을 다음과 같이 설명하였다.[16]

> 9엽소판연화문(九葉素瓣蓮華文)이다. 와당의 중앙에는 1조(條)의 권선(圈線)을 가진 원추대상(圓錐台狀)의 중방(中房)이 붙어 있다. 이 중방은 내구의 꽃잎이나 외연에 비하여 현저히 돌출(약 1cm)하고 극히 강조된 감이 있다. 중방 주변에는 방추형(方錘形, 연꽃봉우리 모양)의 꽃잎이 9개 배치되어 있다. 외구(外區)와 내연(內緣)에는 2개의 권선(圈線)이 있고, 그 사이에 약 31개의 주문(珠文)이 돌려져 있다. (이하 생략)

오키나와 우라소에 요도레(ようどれ) 출토 와당은 용장성 출토의 것과 비슷하다. 용장성의 것이 8엽(八葉)인데 대하여 오키나와 기와가 9엽이라는 점, 꽃잎의 형태가 용장성의 것이 좀 더 둥근 느낌을 주고, 테두리의 연주문도 용장성 쪽이 좀 더 정리된 느낌을 준다는 점 등의 차이점이 있다. 그럼에도 불구하고 두 자료가 상당히 유사한 것이라는 점은 특기할만하다. 특히 용장성 연화문 와당과 유사한 문양의 자료가 국내에서 거의 확인되지 않고 있는 점에서 더욱 그렇다.

용장성의 연화문 와당은 주로 두 가지 종류이다. 조사자는 이 두 유

---

15) 大川 淸,「琉球古瓦調査抄報」『文化財要覽』1962年版, 琉球政府文化財保護委員會 : 大川 淸,『古代のかわら』, 窯業史博物館, 1996, p.289.

16) 上原 靜,「高麗瓦と琉球史」『南島考古學』, 1989, pp.117-118.

형을 8엽연화문 A와 B로 구분하여 설명하였다.[17] 우라소에 고려 연화
문와당은 진도 용장성의 것 중 자방 주변 연주문(連珠文)이 생략된 B류에
가깝다. 그러나 연주문의 수, 혹은 전체적 느낌은 A에 가깝다.

3. 고려기와의 '계유년'에 대한 논의

오키나와 출토의 고려계 기와는 9종류 32형식에 이르는 매우 다양
한 양태를 보인다.[18] 현재까지 조사된 고려계 기와의 출토 범위는 우라
소에성(浦添城)과 슈리성(首里城)을 포함하여 무려 42개소에 이른다. 그 가
운데는 오키나와 본도 이외에 구메지마(久米島, 具志川 구스크)와 미야코지마
(宮古島, 上比屋山유적)와 같은 먼 섬에서도 자료가 확인된 바 있다.[19] 고려
기와는 제작된 상품이 수입되었을 가능성이 한동안 논의되었으나 근년
오키나와 현지 제작이 거의 확실한 것으로 굳어지고 있다.[20] 대량의 수

---

17) 최성락, 『진도 용장성』, 목포대학교 박물관, 1990, pp.60-61.

18) 수막새 4종, 암막새 10종, 수키와 2종, 암키와 5종, 有段式 수키와 5종, 서까
래 기와 1종, 귀면와 1종, 마루기와 1종 등이 그것이다. 이들 고려계 기와는
오키나와에 도래한 고려 장인에 의하여 처음 제작된 후 기술적 계승에 의하
여 이루어진 것으로 보인다. 上原 靜, 「高麗瓦と琉球史」『南島考古學』, 1989,
p.116; 上原 靜, 「沖繩諸島出土の高麗系瓦について」『讀谷村立歷史民俗資料
館紀要』 26, 2002, p.25; 上原 靜, 「오키나와제도의 고려계 기와」『탐라와 유
구왕국』, 국립제주박물관, 2007, p.212 참조.

19) 고려계와는 勝連城에서 10,080점, 浦添요도레에서 1,190점, 首里城跡에서
13,665점 등 3유적에서 전체량의 약 90%를 점하고 있다고 한다. 山本正昭,
「沖繩本島における高麗系·大和系瓦の生産と需要について」〈第41回 琉球大
學史學會發表要旨集〉(2008.12.13)

20) 名護市 宇茂佐古島遺跡에서 다량으로 출토한 고려계 기와 중 불량품으로 간

03 우라소에성 출토 고려기와, '癸酉年'명(좌)과 '大天'명(우)

요, 혹은 무게감 등 기와가 가지고 있는 특성상 와장의 도래에 의한 제
작이 역시 상식에 맞는 것이고. '고려와장'이라는 명문을 구태여 넣은
점도 고려 기술자의 오키나와 도래를 뒷받침하는 것이라 할 수 있다.

고려기와 가운데 특별히 '계유년고려와장조' 명문와는 이 '계유년'이
구체적으로 어느 연대를 지칭한 것인가에 대한 문제가 여전히 중요한
문제로 되어 있다. 그동안의 논의에 의하면 이 '계유년'은 고려 원종 14
년(1273), 충숙왕 복위2년(1333), 조선 태조 2년(1393)의 세 가지 설이 주

주되는 물품이 혼재된 점에 근거하여 현지생산설이 힘을 얻었고(名護市教育
委員會, 『宇茂佐古島遺跡』, 1992, p.102), 우라소에성 출토 고려와에 대한 태
토분석 결과는 고려계 기와가 大和系와 그 지질적 특성이 크게 다르지 않다
는 점이 확인됨으로써 오키나와 출토 고려계와 야마토계가 모두 현지 제
작의 것임이 더욱 확실하게 되었다. 태토의 지질적 특성에 의하면 運天 부근
의 本部半島 북부, 羽地 부근의 本部半島 頸部, 名護市 이남의 태평양 연안, 그
리고 특히 沖繩市로부터 北谷町 부근에 이르는 일대가 동일한 지질적 특성을
가진 지역으로 꼽히고 있다. 기와의 산지가 沖繩 중북부 이북 지역일 것임을
암시하는 것이라 할 수 있다. 이에 대해서는 浦添市教育委員會, 『浦添ようど
れⅡ, 瓦溜り遺構編』, 2005, pp.94-98 참고.

로 논란 되었다.[21] 먼저 논의의 대략을 간략히 정리하여 소개하고자 한다.[22]

1) 1273년

1273년 설이 처음 제기된 것은 1930년대 이토(伊東忠太) 등에 의해서이다. 우라소에성에 대한 영조왕의 극락사와 요도레 조영의 기록을 자료와 연결한 것인데, 그러나 이를 1393년의 가능성과 함께 제시하여 1273년의 연대를 확정하지는 않았다.[23]

1273년 연대가 적극적으로 개진된 것은 1960년대로서, 다와다(多和田眞淳)는 우라소에성(浦添城), 슈리성(首里城), 카츠렌성(勝連城), 사키야마우타키(崎山御嶽) 출토 기와의 양상에 대하여 간략히 언급하면서, "고려 와 장조의 계유년은 영조왕대인 1273년일 것이다"라는 결론을 제안하였다.[24] 이 견해를 구체적으로 전개한 것이 오가와(大川 淸)이다. 그는 와세다대학 야에야마(八重山) 학술조사단의 일원으로 1960년 8월 하순 다와

---

21) 1153년 설은 田邊泰·巖谷不二雄, 『琉球建築』, 1935, p.49; 新城德祐, 『琉球歷史年表』, 1960 등 연구의 초기단계에 언급된 바는 있으나, 류큐 연구가 진전되면서부터는 거의 논의되지 않았다.

22) 고려와의 분류 및 연대에 대한 논의로서 가장 최근의 논문으로서는 池田榮史, 「沖繩における高麗瓦硏究と今後の展望」 『13세기 동아시아 세계와 진도 삼별초』, 목포대학교 박물관, 2010, pp.127-142을 들 수 있다. 특히 기와의 제작 기술적 측면에 대한 분류와 논의의 전개 과정이 잘 정리되어 있기 때문에 본고와 관련하여 매우 유용한 논문이다.

23) 伊東忠太·謙倉芳太朗, 『南海古陶瓷』, 寶雲社, 1937, p.40.

24) 아울러 浦添城의 '大天'명와는 그와 구별하여 14세기 전반으로 시기를 비정하였다. 多和田眞淳, 「琉球列島における遺跡の土器.須惠器.磁器. 瓦の時代區分」 『文化財要覽』, 琉球政府文化財保護委員會, 1961.

다(多和田)와 함께 우라소에성(浦添城)을 비롯한 오키나와 출토의 기와를 조사하고, 그 결과를 토대로 제작연대는 1273년, 류큐에 건너온 고려 기술자에 의하여 류큐에서 제작된 것이라는 결론과 함께 오키나와의 고려계 기와에 대한 형식분류안을 제시하였다.[25]

세키구치(關口廣次)는 계유년 명문와와 14세기 전반 카츠렌성(勝連城) 혼마루(本丸)터 출토 고와(古瓦)와의 기술상의 연속성 내지 계승성을 고려하는 관점에서 영조왕의 1273년 설을 지지하였다.[26] 이케다(池田榮史) 역시 오키나와 고려기와의 1273년 제작설에 대하여 긍정적으로 언급하였다.[27] 이러한 연구의 진전에 의하여 우라소에성을 근거로 중산(中山)에 강대한 세력을 형성한 것이 류큐 왕국 영조왕(英祖王, 재위 1260~1299)의 치세라는 역사적 사실에 대한 근거로 고려와의 자료가 채택되기 시작하였다.[28]

---

25) 大川 淸, 「琉球古瓦調査抄報」『文化財要覽』1962年版, 琉球政府文化財保護委員會, 1962. 이같은 그의 견해는 이후 계속 유지되고 있다. 大川 淸, 『古代のかわら』, 窯業史博物館, 1996 참조.

26) 關口廣次, 「沖繩における造瓦技術の變遷とその間の事情 -勝連城本丸跡出土古瓦を中心として-」『考古學雜誌』62-3, 1976. 關口는 1273년으로 추정되는 계유년 기와가 기술적으로 "극히 고도의 기술을 구사하고 있는 점"에서 '와박사'와 같은 전문적 집단의 "국가적 수준의 교류"에 의하여 도입된 것이었다고 추정하였다

27) 池田榮史, 「물질문화상으로 본 한국제주도와 유구열도의 교류」『탐라문화』 19, 1999, pp.94-97; 「고려·조선과 琉球의 물질문화 교류」『대구사학』 91, 2008, pp.52-53.

28) 松本雅明, 『沖繩の歷史と文化 -國家の成立を中心として』, 近藤出版社, 1971, p.89.

2) 1333년

계유년을 1333년(충숙왕 복위2)으로 보는 견해이다. 논산 개태사지의 기와를 면밀히 검토한 시미즈(淸水信行)는 이 절에서 출토한 '皇慶癸丑三月(황경계축삼월)' 명문와(1313)와의 유사점에 착안하여 오키나와의 고려기와가 이에 가까운 시기인 1333년에 해당하는 것이라는 의견을 피력한 것이다. 시미즈(淸水)는 『우라소에시사(浦添市史)』(1986)에 제시된 것과 같이, 계유년 고려기와의 연대를 1333년으로 보고, 아울러 개태사지에서 함께 출토한 '己未年(기미년) … 造瓦(조와) …' 명문와의 연대 역시 비슷한 시기인 1319년으로 비정하였다.[29]

1986년에 간행된 『우라소에시사(浦添市史)』는 그동안 조사된 우라소에 발굴 결과를 부분적으로 참고하여, "공반하는 여러 종류의 유물로 보더라도 14세기 중엽경으로 생각된다"고 하였다.[30] 14세기 중엽이라면 1333년을 의미한다. 『우라소에시사(浦添市史)』에서 14세기 중엽을 설정한 것은 직전 성 내의 발굴 결과를 근거로 한 것이다. 즉 성의 변천을 1기에서 5기까지로 구분하고, 14세기 후반에서 15세기 초에 이르는 제2기가 계유년명 고려와의 해당시기로 본 것이다.[31]

가장 최근에 14세기 중반설을 지지한 이는 야마자키(山崎信二)이다. 그는 1273년 설이나 1393년 설이 기와 자체의 분석에 초점이 있지 않고 역사적 정황이나, 공반되는 유물을 가지고 논하는 것이라는 점에서 적

---

29) 淸水信行, 「개태사지 출토 명문와에 대한 일고찰」 『백제연구』 28, 1998, pp.381-382.

30) 浦添市教育委員會, 『浦添市史』 6, 1986, p.185.

31) 浦添市教育委員會, 위의 책, pp.170-171 참고. 이 서술은 浦添市教育委員會, 『浦添城跡發掘調査報告書』, 1985에 근거한 것임.

절하지 않다고 보고, 기와의 분석을 토대로 한 시미즈(清水)의 설을 지지하였다. 아울러 전형적 어골문의 문양이 지금까지 한국의 발굴자료에서 1350년 이후에는 나오지 않는다는 시미즈(清水)의 주장을 들어 1393년 가능성에 대해서는 부정적 의견을 피력하였다.[32]

3) 1393년

1393년 설이 처음 제기된 것은 1930년대 이토(伊東忠太) 등에 의해서이다. 그러나 여기에서는 1393년을 확정한 것은 아니고, 문헌 자료에 근거하여 1273년의 가능성을 함께 제시한 것이었다.[33]

1393년 설을 체계적으로 주장한 것은 미시마(三島 格)이다. 씨는 『고려사』에 창왕 원년(1389)에야 비로소 류큐·고려 간 교섭의 기록이 처음 등장하고 있다는 점, 『조선왕조실록』에 보여지는 류큐왕(琉球王)의 고려에의 망명설 등 고려 말 조선 초에 있어서 양국 교섭을 중시하여 문제의 계유년이 1393년이라는 입장을 취하였다.[34] 이후 고려계 기와에 대한 기술적 특성을 고찰한 논문이 발표되었으나[35] 시기의 확정에는 이

---

32) 山崎信二,「九州·沖繩·その他の瓦」『中世瓦の研究』, 奈良國立文化財硏究所, 2000, pp.405-406.

32) 山崎信二,「九州·沖繩·その他の瓦」『中世瓦の研究』, 奈良國立文化財硏究所, 2000, pp.405-406.

33) 『南海古陶瓷』에서는 1273년 가능성을 배제하지 않았지만, 1393년에 더 무게가 두어지고 있다.(伊東忠太·謙倉芳太朗,『南海古陶瓷』, 寶雲社, 1937, p.9) 흥미 있는 것은 1393년에서는 고려에서 도망한 와장의 오키나와 제작 가능성을, 1273년에서는 완제품이 유입되었을 가능성으로 각각 다르게 연결한 점이다.

34) 三島 格,「琉球の高麗瓦など」『鏡山猛先生古稀記念古文化論攷』, 1980, pp.789-795.

35) 下地安廣,「高麗系瓦の制作技法考察」『南島考古』10, 1986; 下地安廣,「高麗系古瓦について」『月刊考古學 ジャーナル』6月號, 1990.

제1부 제2장 우라소에성(浦添城)과 고려·류큐의 교류사 61

르지 못하였다.[36]

4. 우라소에 요도레 발굴의 연대관

오키나와 고려기와의 편년과 성격 논의에 대해서는 이 자료가 고고
학 자료라는 점에서 고고학의 발굴 결과와 분석이 중요하다. 기왕의 주
장에서도 발굴 자료를 근거로 한 고고학적 논의가 이용되기는 하였지
만, 제한된 일부 자료의 이용을 통한 결론이었다는 점에서 일정한 한계
가 있었다. 현재로서는 우라소에성, 특히 수년에 걸친 요도레의 전면 발
굴 결과 자료가 가장 중요한 근거가 된다고 할 수 있다.

우라소에 요도레 발굴에서 특히 의미 있는 결과는 출토유물과 유구
에 대한 과학적 방법에 의한 연대분석 자료를 다수 확보하였다는 점이
다. 기와구덩이(瓦溜り遺構) 등의 출토 탄화재에 대한 방사성탄소연대측정
과 고와(古瓦)의 태토 분석,[37] 금속공방적(金屬工房跡) 자료에 대한 이화학
적 분석[38] 등이 그것이다. 시료 4점에 대한 분석 결과는 보고서에 다음
과 같이 종합 정리되어 있다.

---

36) 下地安廣, 「朝鮮と琉球」『考古學による日本歷史』10(對外交涉), 雄山閣,
1997, pp.141-150. 한편 上原 靜은 "근년의 도자기 연구의 연대관에 의하면
14~15세기에 비정된다"고하여, 1333년 혹은 1393년의 가능성을 암시하였
다. 上原 靜, 「沖繩諸島出土の高麗系瓦について」『讀谷村立歷史民俗資料館紀
要』26, 2002, p.23.
37) 浦添市敎育委員會, 『浦添ようどれⅡ, 瓦溜り遺構編』, 2001.
38) 浦添市敎育委員會, 『浦添ようどれⅢ, 金屬工房跡編』, 2007.

초기 우라소에(浦添) 요도레 조영시의 금속공방적의 토갱은 3점이 역년(曆年) 갱정연대(更正年代)로 13~14세기 초반을 나타내고, 1점이 11~13세기 전반이었다. (중략) 11~13세기 전반의 의미에 대해서는 앞으로의 검토를 요하지만 13~14세기 초반이 우라소에 요도레 조영연대가 된다. (중략) 기와구덩이 연대는 13~15세기 전반에 걸쳐 있다. 기와구덩이의 탄화재는 초기 우라소에 요도레의 시설목재의 연대, 조영시의 연대, 사용연대, 폐기연대 등이 혼재되어 있다고 생각된다.[39]

이상의 고찰을 간명하게 정리한 것이 우라소에성(浦添城) 유적조사를 사실상 주도해 왔던 아사토(安里 進)의 이에 대한 종합적 관견이다.

유구·유물과 방사성 탄소 연대로부터, 우라소에(浦添) 요도레 조영은 13세기라고 생각되는데, 이것은 우라소에(浦添) 요도레가 함순년간(咸淳年間, 1265~1274)에 조영되었다는 『유구국유래기(琉球國由來記)』의 기사와도 모순되지 않는다. 특히 초기 우라소에 요도레 묘실 내의 건물에는 계유년명의 고려계 기와도 사용되고 있었음이 밝혀졌다. 이것은 우라소에 요도레가 13세기 후반의 계유년에 조영되었음을 시사하고 있는데, 함순 9년(1273)이 바로 계유년에 해당한다. 유구·유물·연대측정·문헌사료를 총합하면 우라소에(浦添) 요도레의 조영 연대는 1273년에 특정(特定)할 수 있는 가능성이 대단히 높다고 말할 수 있다.[40]

---

39) 浦添市教育委員會, 『浦添ようどれⅡ, 瓦溜り遺構編』, 2001, p.115. 이에 대한 보다 상세한 설명은 安里 進·宮里信勇·木下秋海, 「浦添ようどれの石廚子と遺骨の調査成果の檢討」『浦添ようどれの石廚子と遺骨-調査の中間報告』, 浦添市教育委員會, 2005, pp.9-12에 제시되어 있다.

40) 安里 進, 『琉球の王權とグスク』, 山川出版社, 2006, p.70. 이는 발굴보고서인 浦添市教育委員會, 『浦添ようどれⅡ, 瓦溜り遺構編』, 2001, pp.115-116. 종

04 우라소에 요도레의 영조왕릉

다시 정리하면 우리소에 출토유물의 이른 연대가 13세기이고,[41] 방사성탄소연대측정(AMS법)과 액체 신치레이션법에 의한 β선(線) 연대측정 결과에서는 조영시의 금속공방 유구(遺構)가 13세기 전반~14세기초, 기와 집적지의 연대는 13~15세기 전반이라는 연대를 얻었는데, 이에 의하여 유적의 조성 시기가 13세기 후반일 가능성이 매우 높아졌다는 결론이다.[42] 물론 이것으로 오키나와 고려기와의 연대가 확정되는

합결론 부분(安里 進 집필)에 정리된 내용을 좀 더 명확히 언급한 것이다.

41) 우라소에 요도레의 13세기대 유물로서는 白磁玉緣碗의 片, 묘실 내에 안치된 漆塗板 廚子의 금동제 裝飾金具, 그리고 여기에 사용된 花菱形 笠鋲 3점 등을 예로 들었다. 浦添市敎育委員會, 『浦添ようどれII, 瓦溜り遺構編』, 2001, p.115; 安里 進, 「英祖王陵浦添ようどれの造營と改修の年代」『第11回琉中歷史關係國際學術會議論文集』, 2007, p.206 참조.

42) 安里 進, 『琉球の王權とグスク』, 山川出版社, 2006, pp.68-70.

것은 아니지만, 문제의 '계유년'의 연대가 1273년일 가능성은 매우 높아진 것이 사실이다. 이러한 점에서 향후 한국에서의 삼별초 관련 유적 및 고려기와에 대한 고고학적 조사와 연구의 진전이 중요한 관건으로 제기된다.[43]

맺는말: 우라소에성을 통해본 고려·류큐의 교류사

류큐 왕국에 대한 기록이 한국 역사기록에 처음 등장하는 것은 고려시대 말(창왕 원년, 1389)이다. 당시 오키나와는 우리의 삼국시대처럼 중산(中山), 북산(北山), 남산(南山)의 세 나라로 나누어져 있었는데 중산국의 왕 찰도(察度, 재위 1350~1395)가 고려에 사신을 보냈다. 그는 왜구에 납치되어 온 류큐의 고려인을 송환하면서 고려와의 통교를 희망하였다. 이 시기 찰도(察度) 왕통의 중산국은 명과의 조공관계를 성립시키고 해외 무역으로 발전을 이룩하였는데 그 왕통이 무령왕(武寧王)에 이어진 것이다. 오키나와의 무령왕은 처음으로 명으로부터 책봉을 받은 임금이다. 그러나 책봉도 무위로, 그로부터 2년 만에 왕조는 무너지고 말았다.

지금까지 한국과 류큐 왕조의 교류는 공식적으로는 고려 1389년을 그 시작으로 잡고 있다. 따라서 실질적으로 조선조와의 교류만이 일반적으로 인정되어 왔다. 고려 왕조와의 교류는 그 이전 시기의 문헌 자료가 없을 뿐만 아니라 우라소에(浦添) 출토의 고려기와의 경우도 그 시기가 13세기인지, 14세기인지, 고려인지 혹은 조선인지 명확하지 않아

---

43) 池田榮史, 「沖繩における高麗瓦硏究と今後の展望」 『13세기 동아시아 세계와 진도 삼별초』, 목포대학교 박물관, 2010, pp.139-140.

한·류(韓琉) 교류사의 일부로 편년되기 어려운 난점을 가지고 있었다.

니시타니(西谷 正)는 일찍이 한반도와 류큐의 교류에 대하여 3단계 전개설을 제시한 바 있다.[44] 즉 제1단계(11~13세기) 남도(南島) 스에키(須惠器)의 생산, 계유년명 기와 등에 근거한 한반도에서의 인적 이동, 제2단계(14세기) 도자기류와 문헌사료와의 관련, 피로인과 문물의 교류시대, 그리고 제3단계(15세기) 표착민의 송환을 통한 교류, 등의 흐름이 그것이다. 이러한 개념을 적용할 경우 본 연구는 류큐·고려의 교류사 제1단계에 해당하는 13세기의 관계를 우라소에성(浦添城)을 중심으로 검토한 것이 된다.

우라소에(浦添) 요도레 출토의 고려기와의 연대는 1273년, 1333년, 1393년의 세 가지 연대가 논의되었다. 수년에 걸친 요도레의 발굴조사 결과는 두 가지 점에서 중요한 의미를 담고 있다. 우선 영조왕통의 역사성과 관련 문헌 사료의 객관성을 크게 높여준 것이다. 그동안 영조대의 역사성에 대해서는 의문을 갖는 견해도 적지 않았지만, 상당한 정도의 정치권력의 구심점을 형성한 13세기 후반 영조왕의 역사적 존재에 대해서는 더 이상 의심하기 어렵다는 근거를 제공한 것이라 할 수 있다. 둘째는 영조왕의 역사적 존재와 함께 고려기와의 연대는 1273년의 가능성이 높다는 점을 입증하였다는 점이다. 따라서 현재로서는 1273년 가능성이 높다는 과학적 결론에 입각하여 앞으로 그 근거를 더욱 보완하고, 문제를 전체적으로 해석, 정리할 필요가 있다.

고려기와의 1273년 설 입장에서 필자는 이것이 삼별초와 연관될 가

---

44) 西谷 正,「高麗·朝鮮兩王朝と琉球の交涉」『九州文化硏究所紀要』26, 九州大, 1981.

능성이 높다는 점을 논의한 바 있다.[45] 현재로서 1273년 영조왕대 고려 와장(瓦匠)의 등장은 단회적(單回的) 교류의 성격이 높아 보인다. 일정한 교류의 맥락 속에서 이러한 사업이 이루어졌다는 증거가 아직 없기 때문이다. 그렇다면 영조왕대 고려 와장의 존재는 이 시기의 특별한 국제 정세하에서 가능한 것이었다고 보아야 하고 그것은 몽골 침략하의 고려 정세에서 비롯된 것이 아닐까. 다만 삼별초와 고려 와장을 연결할 보다 결정적인 자료의 한계 때문에 오키나와에 있어서의 삼별초 문제는 여전히 가설 단계에 머물고 있다.[46]

1273년으로 시점이 모아지는 고려기와의 기원에 있어서 삼별초와의 연계가 우선적 가능성을 갖는 것으로 필자는 생각한다. 그러나 그것이 확정되어 있지 않은 현재로서 그 이외의 다른 다양한 가능성에 대해서도 논의를 제한할 필요는 없는 것으로 본다.[47]

* 본고는 한국사학회,『사학연구』105, 2012 게재 논문임.

---

45) 윤용혁,「오키나와 출토의 고려기와와 삼별초」『한국사연구』147, 2009.
46) 가령 오키나와의 고려계 기와를 폭넓게 검토한 上原 靜은 이를 제주도의 것과 비교한 결과 항파두리 삼별초유적 출토기와와의 기술적 연관성이 많지 않다고 판단하였다. 上原 靜,「沖繩諸島における高麗瓦の系譜-韓國濟州島出土の高麗瓦との比較」『南島文化』24, 沖繩國際大學南島文化研究所, 2002, pp.56-58 참조.
47) 본 연구에 있어서의 자료 이용은 琉球大學 圖書館, 沖繩縣立埋藏文化財센터, 浦添市敎育委員會, 浦添市立圖書館 등의 도움을 받았다.

제3장
오키나와 불교전래 문제와 고려

머리말

초기 중산왕통(中山王統)의 거점이었던 오키나와 우라소에성(浦添城)에서 주로 출토하고 있는 고려기와는 그동안 여러 가지 논의를 불러 일으켰다. 특히 '계유년'이라는 연대가 1273년으로 해석될 수 있다는 점, 그리고 고려기와의 와당 연화문이 진도 용장성의 것과 매우 흡사하다는 점에서 삼별초와의 연관성이 끊임 없이 제기된 것이다.[1] 필자도 13세기 후반 삼별초의 오키나와 유입 가능성을 본격 논의한 바 있거니와,[2] 오키나와 관련 유물의 실견(實見) 및 우라소에성에 대한 확인 등 현지에서의 학습의 필요성을 절감하여 2011년에 3개월(7~9월) 동안 류큐대학(池田榮史 고고학연구실)에 체재하는 경험을 가지게 되었다.

---

1) 이형구, 「고대 조선과 유구와의 문화교류」 『두산김택규박사 화갑기념 문화인류학논총』, 1989; 최규성, 「고려기와 제작기술의 유구전래」 『고문화』 52, 한국대학박물관협회, 1998.
2) 윤용혁, 「오키나와의 고려기와와 삼별초」 『한국사연구』 147, 2009.

잘 알려진 바와 같이 우라소에성(浦添城)은 중산 왕통을 확립한 영조왕(英祖王, 재위 1260~1299)에 의하여 조성된 거성(居城)이고, 동시에 영조왕의 묘실(요도레)이 조성된 곳이기도 하다. 문제의 고려기와도 바로 이 영조왕의 묘실 건축에 처음 사용된 것이었다. 그런데 영조왕 재위 기간 중 중대한 변화의 하나가 바로 이 우라소에성(浦添城)에 '극락사(極樂寺)'라는 절이 건립된 것이었고, 이것이 바로 오키나와 불교의 초전(初傳)으로 알려져 있다. 불교의 전래가 왕권과의 관련 하에서 국가 차원의 문화에 어떤 영향을 미치는가에 대해서는 고대 한국 혹은 일본의 경우에서 여실히 입증된 바와 같다. 영조왕대 불교가 오키나와에 유입되고 사원이 처음 건립되었다는 것은 주목할 만한 사건인 것이다.

문제의 '계유년' 기와가 우리의 주장과 같이 1273년 영조왕대의 것이라 한다면, 이 시기 불교유입 및 극락사라는 이름의 사원 건립도 상호 밀접한 연관성이 있는 사건일 가능성이 많다. 이러한 점에서 본고는 오키나와 고려기와 문제를 계기로 하여, 극락사의 건립 및 오키나와 불교의 초전 문제를 검토하고자 한다. 그리고 이 오키나와 초기 불교사에서 고려와의 관련 가능성을 확인하려고 한다.

1. 영조왕의 극락사 건축

우라소에 요도레가 처음 조성된 1273년의 시점과 역사적으로 겹치는 사건이 불교의 초전(初傳) 문제이다. 13세기 후반 영조왕은 자신의 묘실인 우라소에 요도레의 조성 이외에도 류큐 역사에서 불교를 처음 받아들인 왕으로 기록되어 있다. 선감(禪鑑)이라는 스님을 맞아들여 극락사라는 절을 성안에 지어 거주하게 하였다는 것이다. 이에 대해서는

『유구국유래기(琉球國由來記)』에 다음과 같이 적혀 있다.

> 함순(咸淳) 연간에 선감(禪鑑)이라는 선사(禪師)가 있었는데 어디에서 온
> 사람인지는 알지 못한다. 일찍이 한 척 때(葦)로 만든 가벼운 배를 타고 표
> 연히 소나하진(小那覇津)에 이르렀는데, 세상에서는 그 이름을 칭하지 않고
> 다만 보타락승이라고만 하였다. 조선인인지, 일본인(扶桑人)인지 오래된 일
> 이라 알 수가 없다. 왕이 그 도와 덕이 훌륭함을 듣고 불러들였다. (중략)
> 우라소에성 서쪽에 절(精舍)을 지어 그곳에 거처하게 하였다는데, 이르기를
> 보타락산 극락사(極樂寺)라 하였다. 이것이 우리나라 불교의 시작이다.(『琉球
> 國由來記』10, 諸寺舊記 序)

승 선감의 도래 연대로 제시된 함순(咸淳) 연간(1265~1274)이라고 하면
바로 영조왕대(1260~1299)에 해당한다. 채온(蔡溫) 개정의 『중산세보(中山世
譜)』부(附, 1726 편집)에도 비슷한 기록이 있는데, 약간 다르게 정리한 점도
있다. 선감이라는 스님이 표착한 곳을 '나하'라 하였고, 선감의 출신지
에 대해서는 "어느 곳 사람인지는 모른다"고 하였다.[3]

우선 불교의 초전과 관련하여, 영조대의 극락사 조영은 오키나와에
있어서 최초의 불교 전래로 정리되어 있다. 불교에 대한 첫 기록일 뿐만
아니라 앞에 인용한 『유구국유래기(琉球國由來記)』에서 "이것이 우리나라
불교의 시작"이라고 명시하고 있기 때문이다. 그러나 이와 다른 견해도

---

3) "함순년간에 왕이 輔臣에게 명하여 浦添城의 서쪽에 절을 짓게 하여 이름을
極樂이라 하였다. 이에 앞서 선감이라는 한 스님이 어느 곳 사람인지는 모르
지만 배를 타고 나하에 흘러왔다. 왕이 浦添에 절(精舍)을 짓도록 명하고 이
름을 극락사라 하고 선감선사로 하여금 거하게 하였다. 이것이 우리나라 佛
僧의 시초이다."

01 우라소에 요도레와 영조왕릉(고지도에 의하여 작성된 그림)

있다. 영조왕이 극락사라는 사원 조영을 추진한 것은 그 이전에 이미 불교와 절에 대한 이해가 있었기 때문에 가능한 것으로 보아야 한다는 것이다.[4] 오키나와 불교사를 정리한 치나(知名)도 이러한 견해에 동감을 표한 바 있지만,[5] 그럼에도 불구하고 영조의 극락사 조영이 류큐 초기 불교사의 중요한 전기(轉機)라는 점은 이견이 있을 수 없다.

오키나와 최초의 사원이라 할 극락사에 대해서는 두 가지 문제가 있다. 하나는 절의 위치 문제이고, 다른 하나는 이를 초창(初創)한 승 선감

---

4) 名幸芳章,『沖繩佛教史』, 護國社, 1968, p.7.
5) 知名定寬,『琉球佛教史の研究』, 榕樹書林, 2008, p.39.

(禪鑑)에 대한 문제이다. 특히 선감의 국적에 대한 것인데, 이것은 이 극락사의 초기 불교가 어디에서 전래된 것인가 하는 문제와 직접 연결되어 있다는 점에서 중요한 문제이다.

극락사의 절터 위치에 대해서는 '우라소에성의 서쪽'으로 되어 있는데, 『유구국유래기(琉球國由來記)』의 편자는 절의 '옛터가 지금도 있다'고 적으면서 아울러 그 위치가 "암석이 아아(峨峨)하고 준판험로(峻坂險路)하여 왕래하기가 매우 어려웠다"고 하고, 이 때문에 "세월이 많이 지나자 절이 황폐"되어 결국 자리를 옮기게 되었다고 하였다.[6] 13세기 함순(咸淳) 연간(1265~1274)에 조성되었다는 오키나와 최초의 불사(佛寺)인 극락사(極樂寺)의 터에 대해서 아사토(安里)는 우라소에 요도레의 서북측 아래로, 그 위치를 구체적으로 추정하였다.[7] 극락사는 후대 상원왕(尙圓王) 성화(成化) 연간(1465~1487)에 절을 성 남쪽으로 옮기고 '용복사(龍福寺)'라는 이름으로 바뀌게 된다.[8] 현재로서 이 극락사의 위치에 대해서 이와 배치되는 다른 의견은 없는 것 같다. 치나(知名)는 비정된 위치가 서쪽이 아니고 북쪽이라는 점에서 부합하지 않는다는 점을 지적하였지만, 비정된 위치 자체를 부정하지는 않았다.[9]

극락사의 위치를 우라소에성의 서측에서 찾는다면, 아사토(安里)가 비

6) "王始見之重之 營精舍於浦添城西 號極樂寺(舊址尙存) … 其居岩石峨峨 峻坂嶮路甚苦往來也 旣歷年久 而殆逮荒廢乎 今寺前谷上有一藪 再移營於焉也 蓋又稱舊號也乎"(『琉球國由來記』 10, 天德山龍福寺記)

7) 安里 進,「首里城以前の王城, 浦添城の調査」『日本歷史』585, 1997, p.111; 安里 進,『琉球の王權とグスク』, 2006, pp.26-28.

8) 『琉球國由來記』 10, 天德山龍福寺記.

9) 知名定寬,『琉球佛敎史の硏究』, 榕樹書林, 2008, pp.35-36.

정한 위의 장소가 비교적 부합한 것처럼 생각된다. 또 비정된 지점의 위치가 북쪽인데 사서(史書)에는 서쪽이라 적혀 있다는 지적도 있지만, 기록이 틀렸다고 할 수는 없다. 비정된 지점이 요도레를 기준으로 보면 북쪽에 가깝지만, 구스크 전체를 기준으로 보면 '서쪽'이라는 표현이 잘못된 것은 아니기 때문이다. 다만 1945년의 치열한 전투와 이후의 무분별한 채석(採石)으로 지형은 크게 변형되었고, 지금은 그 흔적을 확인할 수 없는 상태가 되었다. 흔적을 찾지 못한 것은 여전히 미심한 점을 남기고 있는 것이라 말할 수도 있다.

극락사의 위치 문제와 관련하여 본고에서는 두 가지 점을 지적해두고 싶다. 첫째는 "암석이 아아(峨峨)하고 준판험로(峻坂險路)하여 왕래하기가 매우 어려웠다(甚苦)"는 입지에 대한 기록이다. 이 기록은 절의 입지가 매우 평범하지 않은 곳이었고, 현저히 접근성이 떨어진 곳이었음을 말하고 있다. 이 점에 있어서 비정된 극락사의 위치가 정확히 부합하는 것인지에 대한 의문이 있다. 오히려 우라소에 성 안이야말로 '암석이 아아(峨峨)하고 준판험로(峻坂險路)' 하다는 표현에 들어맞는 것처럼 생각되기 때문이다. 또 한 가지 문제는 극락사에 대한 『유구국유래기』의 기록은 극락사에서 용복사로 넘어가기 전, 어느 시기에 바로 이 접근성 문제 때문에 이미 절이 한번 옮겨진 것으로 되어 있다는 점이다.

지금 절의 앞 계곡 위에 숲 하나가 있어 다시 옮겼는데 절의 이름은 그대로 칭하였다. 그 후에 화재를 만나서 스님의 계급과 절의 기록은 모두 불타버렸고 세월이 아주 오래되어 그 연혁은 알 수가 없다.(절터는 지금도 남아 있다) 이곳도 역시 조금 좁은 곳이어서 건물을 짓는 것이 적당하지 않았다.

02 극락사 추정지(좌)와 용복사 터로 추정되는 우라소에 중학교

　이전된 극락사지의 위치에 대해서는 '지금 절 앞 계곡 위(今寺前谷上)'라 하였고, 이 역시 절터로서는 다소 좁고 적당하지 않았다고 말하고 있다. 절이 옮겨진 시점, 그리고 이 절에 화재가 난 시점은 모두 명확하지 않다. 극락사의 이전은 원래 극락사의 입지가 가지고 있었던 접근성의 문제를 완화하려는 것이었는데, 이전된 극락사의 터 역시 절의 입지로서는 좋은 평을 받지 못하였던 것이다. 결국 화재 이후로 이를 재건하지 않고 아예 접근성이 좋은 입지로 옮기게 되었으며 절 이름도 '용복사(龍福寺)'라는 이름을 칭하게 되었다는 것이다.

　이상과 같은 절 이전의 과정으로 보아 옮긴 극락사 역시 우라소에성 주변, 원래의 극락사지에서 멀지 않은 위치였던 것임을 짐작할 수 있다. 따라서 우라소에성 일대에는 2개의 극락사지가 있었던 셈이 된다. 이같은 제반 정황을 검토하면, 요도레 서북측에 비정된 극락사지는 원래의 사지라기보다는 옮겨진 제2차 극락사지에 해당하는 것이 아닐까 하는 생각도 든다. 원래의 사지를 우라소에 성 쪽으로 가정하고, 이를 기준으로 보면 '지금 절 앞의 골짜기 위(今寺前谷上)'라는 표현이 크게 모순되는 것 같지 않기 때문이다. 여하튼 그 사실 여부와 관계없이 우라소에 성 일대에서 또 하나의 극락사지가 있었다는 것은 틀림없는 일이며, 극락사지의 문제는 2개의 극락사지로 정리되어야만 문제가 해결된다는 점에서 여전히 검토의 여지를 남기고 있다고 할 수 있다.

다음으로 극락사의 이전(移轉)은 어느 시기에 이루어졌을까. 『유구국유래기』10, 천덕산용복사기(天德山龍福寺記)에 의하면 용복사(龍福寺)의 성립은 15세기 후반 상원왕(尙圓王) 성화(成化) 연간(1465~1487)의 일이다. 따라서 13세기 후반 극락사가 건립된 이후 일단 폐사된 상태에서 극락사의 1차 재건이 이루어졌고 이 절이 화재가 난 후 15세기 후반 상원왕대에 용복사로의 이전이 이루어진 것이다. 이 극락사의 이전 시기에 대하여는 우라소에 요도레 석축의 발굴 결과에 의하여 15세기 쇼하시왕대(尙巴志王代, 1422~1439)라는 견해가 제시된 바 있다. 피폐한 요도레의 석실과 주변 환경을 정비하고 아울러 요도레를 보호하는 석축을 쌓는 등의 대대적인 사업을 전개한 것이 바로 쇼하시왕대(尙巴志王代)의 일로 확인되었기 때문이다.[10]

쇼하시왕(尙巴志王)이 요도레를 대대적으로 정비한 것은 결국 이 정권이 과거의 정권을 정당하게 계승한 것이라는 정통성과 상징성을 보여주기 위한 것이었다고 할 수 있다. 바로 15세기 전반 이 요도레의 복원 정비 사업의 일부로서 극락사는 자리를 옮겨 재건되었다가, 15세기 후반 화재 사건 이후의 어느 시점에 용복사로 전환되었던 것임을 알 수 있다.

---

10) 浦添市教育委員會, 『浦添ようどれⅡ, 瓦溜り遺構編』, 2001, p.116.

2. 승 선감(禪鑑)의 국적을 둘러싼 논의

다음으로 불교를 처음으로 전했다는 승 선감(禪鑑)의 국적 문제이다. 이에 대해서는 그동안 세 갈래의 견해가 제기되어 있다. 현재로서는 어느 것도 사실로서 확정하기 어려운 상태에 있는데, 제기된 국적은 류큐왕국의 주변국가 일본, 중국, 그리고 '조선'이다. 그 가운데 가장 줄기차게 제기되어 온 것은 역시 선감이 일본 가마쿠라(鎌倉)의 승려라는 주장이다.

나코(名幸)는 승 선감이 '보타락승(補陀落僧)'이라 한 것에 근거하여 선감을 "기주(紀州) 나지산(那智山)의 보타락산사로부터 도해(渡海)해온 천태종의 보타락승"이라 하였다. 일본에서 관음보살을 본존으로 모신 사원의 산 이름은 거의 보타락산(補陀落山)이라고 칭하고 있는 곳이 많고 그 가운데 특히 유명한 것이 기주(紀州) 나지산(那智山)에 있는 보타락사(補陀落寺)라는 전제에 근거한 것이다.[11]

승 선감이 가마쿠라(鎌倉)의 선승일 것이라는 점을 적극적으로 주장한 것은 마키시(眞喜志)이다. 그는 가마쿠라(鎌倉)의 불교사에서 〈율종혈맥(律宗血脈)〉에 기재된 '선관율사(禪觀律師)'라는 인물이 바로 선감이 아닐까 추정하고,[12] 나아가 '선관(禪觀)'이 극락사를 건립한 것은 몽골의 일본 침입 이후 가마쿠라 막부의 이국 퇴산(異國 退散) 기도를 위한 국분사(國分寺) 재흥, 혹은 대몽 방어의 거점을 구축하기 위한 것은 아닐까라고 추정하였

---

11) 名幸芳章,『沖繩佛敎史』, 護國社, 1968, pp.4-5.

12) 眞喜志瑤子,「琉球極樂寺と圓覺寺の建立について」(1)『南島史學』27, 1986, pp.31-34.

다.[13] 그런가 하면 선감(禪鑑)이라는 동일 법명의 14세기 일본승을 오키나와의 선감과 연결해보는 시도도 제기되었다.[14]

한편 네이(根井)는 일본 불교사에 나타나는 보타락 신앙에 대한 자료를 광범히 수집하여 이를 연구한 결과를 단행본으로 간행하였다. 그 가운데 오키나와 불교 및 선감에 대해서는 '보타락 도해승(渡海僧)'의 한 사람으로 파악하였다. 특히 승 선감이 '위주(葦舟)'(혹은 '鴦舟')라 불리는 배를 타고 오키나와에 표착 했다는 기록에 주목, 초기의 보타락 도해선이 '우츠호주(舟)' '일엽(一葉)의 주(舟)' '환목주(丸木舟)'로 나타나는 것과 궤를 같이 하는 것으로 보았다. 동시에 영조왕릉 석관의 조각이 구마노(熊野)의 아미타, 약사, 관음의 3존(尊)에 연관이 있다는 등의 자료를 근거로 마키시(眞喜志)의 견해에 동감을 표시하고 있다.[15] 지금까지의 논의를 종합하여 보면, '보타락승'이라는 문구에 집착하여 선감을 일본 가마쿠라(鎌倉)의 승으로 보려는 견해가 주류를 형성한 감이 있다.

다음은 승 선감을 중국 출신으로 보는 의견이다. 일찍이 이하후유(伊波普猷)는 '송승(宋僧) 선감(禪鑑)'이라 하여 선감을 남송 출신 승려로 보았다.[16] 그러나 이에 대한 근거에 대해서는 별로 언급되지 않았다. 그러한 가운데 류큐의 불교사를 체계적으로 정리한 치나(知名定寬)가 '송승 선감'의 견해를 다양한 근거에서 논의하였다. 그는 무엇보다 선감이 가마쿠라(鎌倉)의 승이라는 일반적 견해에 회의적이다. 대신 중국 출신일 가

---

13) 위의 논문, pp.35-36.

14) 多田孝正, 「沖繩佛教の周邊」『沖繩の宗教と民俗』, 第一書房, 1988, pp.248-249.

15) 根井 淨, 『補陀落渡海史』, 法藏館, 2001, pp.320-322.

16) 伊波普猷, 「淨土眞宗沖繩開教前史」『伊波普猷全集』9, p.234.

능성을 제기하고 있는데, 문헌적 역사가 불분명한 이 시기 오키나와의 고고유적에서 중국 도자가 많이 출토하고 있는 점에 근거하여 선감이 일본보다는 중국에 연결될 가능성이 크다는 관점을 기본적으로 가지고 있다.[17]

선감의 국적 문제와 관련하여 치나(知名)가 많은 지면을 할애한 것은 우라소에 요도레의 중국산 석재의 석주자(石廚子, 석관)에 새겨진 불상조각에 대한 문제이다. 요도레에는 동서 2개의 묘실이 있는데, 동실에 7기, 서실(추정 英祖王墓)에 3기의 석주자가 있다. 1~4호 석주자에 아미타삼존이 조각되어 있는데 이 조각은 기본적으로 중국의 것이고 따라서 15세기 석주자의 제작자는 류큐에 정착해 있는 중국의 도래계인이었을 것으로 추정하였다.[18] 한편 선감의 국적을 동일하게 중국으로 보는 입장에서, 12세기 복주(福州) 고산(鼓山)을 근거로 활동한 송승(宋僧) 선감선사 체순(体淳)을 극락사의 선감과 동일인으로 보고자하는 의견도 제안된 바 있다. 이는 특히 '선감'이라는 이름의 일치에 착안하여 논의한 견해이다.[19]

이제 여기에서 선감의 국적에 대한 일본 혹은 중국 주장의 문제점을 언급하고자 한다. 선감이 가마쿠라(鎌倉)의 승이었을 것으로 주장한 마키시(眞喜志)의 주장에 대해서는 이미 치나(知名)가 조목조목 비판한 바 있다. 해류(海流) 여건상 일본열도 구마노(熊野)의 나지(那智)에서부터의 표착이 불가능하다는 점, 가마쿠라 이국 퇴산(異國 退散) 기도를 위한 불교적

---

17) 知名定寬, 『琉球佛教史の研究』, 榕樹書林, 2008, pp.40-41.

18) 위의 책, pp.59-69.

19) 多田孝正, 「沖繩佛教の周邊 -禪鑑禪師をめぐって」 『沖繩の宗教と民俗』, 第一書房, 1988, pp.250-260.

전략 등의 가설은 당시로서 있을 수 없는 이야기라는 것이다.[20] 일본 불교사 사적(史籍)을 뒤져 선관(禪觀)이라는 이름을 발견하고, 승 선감(禪鑑)을 그와 동일인으로 추정한 것도[21] 논리적 근거를 결여하고 있다. 선감(禪鑑)과 선관(禪觀)은 글자도 다르고, 일본어에서의 발음이 같다는 것뿐이기 때문이다. 우라소에성(浦添城) 출토의 고려계 기와를 일본 계통으로 보고 극락사와 가마쿠라를 연결한 해석도 물론 성립되지 않는 주장이다. 한편 나코(名幸芳章)는 선감이 가마쿠라(鎌倉)의 승(僧)이라는 자신의 주장을 뒷받침하기 위하여 우라소에성(浦添城) 출토와(出土瓦)에 대한 히가

03 우라소에 영조왕릉 내부의 석주자(석관)(복원품)

---

20) 知名定寛, 『琉球佛教史の硏究』, 榕樹書林, 2008, pp.38-40.
21) 眞喜志瑤子, 「琉球極樂寺と圓覺寺の建立について」『南島史學』27, 1986.

시온나(東恩納寬淳)의 견해를 인용하여 논의하였는데, 히가시온나(東恩納)의 언급은 우라소에 출토와(出土瓦)가 무역에 의하여 일본에서 유입된 것으로 본다는 기와 이야기였고,[22] 선감의 국적 문제와는 무관한 것이었다. 도리어 그는 선감이 중국 출신일 가능성에 무게를 두고 있었다.

불교의 초전(初傳) 문제를 중국과 연결하면서 요도레 석주자(石廚子)를 면밀히 검토한 견해가 있다.[23] 특히 석주자가 중국산의 청석(靑石)이라는 점은 중국과의 연관성을 높여주는 것처럼 생각된다. 그러나 이 석주자(석관)를 13세기의 요도레 혹은 극락사와 연관 짓기는 어렵다. 요도레 조영 당시의 것이 아니고, 이것은 15세기 쇼하시왕대(尙巴志王代) 우라소에 요도레를 개수하면서 새로 조성된 것으로 확인되었기 때문이다. 발굴조사 결과에 의하면 요도레에는 원래 주칠도판(朱漆塗板)의 주자(廚子)가 안치되어 있었던 것이 15세기대에 이르러 석주자(石廚子)로의 전면적 교체와 정비가 이루어진 것이었다.[24] 선감의 기착지에 대해서도 『중산세보(中山世譜)』에서는 '나하(那覇)'라고 하였지만, 이전에 편찬된 『유구국유래기(琉球國由來記)』의 기문에서는 '소나하(小那覇)'라 하였다. '소나하(小那覇)'라고 하면, 현재의 니시하라정(西原町) 지역으로 중국 항로와는 반대 방향인 동쪽 해안이 된다는 문제점이 야기된다.

---

22) 東恩納寬淳, 『大日本地名辭書 續篇』第二 琉球, 富山房, 1967, '浦添城址'

23) 知名定寬, 『琉球佛教史の研究』, 2008, pp.59-68.

24) 安里 進 · 宮里信勇 · 木下秋海, 「浦添ようどれの石廚子と遺骨の調査成果の 檢討」『浦添ようどれの石廚子と遺骨-調査の中間報告』, 浦添市教育委員會, 2005, pp.15-16 및 安里 進, 「英祖王陵浦添ようどれの造營と改修の年代」 『第11回琉中歷史關係國際學術會議論文集』, 2007, pp.202-205 참조.

3. 오키나와 불교전래와 고려

선감(禪鑑)의 국적 문제를 논의 하는데 있어서 많은 영향을 준 것이 '보타락(補陀落)'이라는 단어이다. 특히 선감을 '보타락승(補陀落僧)'이라 칭한 것에 깊이 집착하여, 일본 구마노(熊野)의 나지산(那智山), 혹은 중국 주산열도(舟山列島)의 보타산(補陀山) 등을 상정하는 경향이 많다. 『유구국유래기』에는 '보타락산' 혹은 '보타락승'이라는 단어가 각각 등장하고 있다. 영조왕대 조영된 극락사의 이름이 '보타락산 극락사'였다는 것이고, 승 선감을 '보타락승'이라 칭하였다는 것이다. '보타락'이라는 것은 일종의 불교적 이상세계를 상징하는 것이어서 이것을 특정의 지리적 위치를 표현한 개념으로 해석하기는 어렵다. 더욱이 '보타락승'이라면, 바다멀리 '보타락'을 찾아 떠난 스님을 의미하는 것이어서 이 '보타락'이 출발지인 일본의 특정 지역을 말하는 것은 아니라고 보아야 할 것이다.

승 '선감'의 이름에 집착하여 이를 일본 혹은 중국의 선감과 동일인물로 해석하려는 시도[25] 역시 지지하기 어려운 주장이다. 일본의 승 선감은 14세기의 인물, 중국 송승 선감은 12세기의 인물로서 13세기 후반 영조왕대와는 일치하지 않기 때문이다. 이러한 점에서 승 선감의 중국, 혹은 일본 국적론에 대하여 쉽게 동의하기 어렵고, 따라서 또 하나의 가능성을 가지고 있는 조선(고려)에 대하여 주목하게 된다.

승 선감을 한반도에서 건너온 승일 가능성을 언급한 의견이 없었던 것은 아니다. 영조왕대 선감의 극락사 건립을 언급한 『유구국유래기』

---

25) 多田孝正,「沖繩佛敎の周邊 –禪鑑禪師をめぐって」『沖繩の宗敎と民俗』, 第一書房, 1988.

(10, 諸寺舊記 序)에, 이미 승 선감의 국적을 "조선인인지, 일본인(扶桑人)인지 오래된 일이라 알 수가 없다"고 하여, 고려인일 가능성을 처음부터 암시한 바 있다. 적극적 의견 개진은 아니지만, 일단 중국을 배제하고 일본보다 '조선'을 첫 번째로 거론한 점이 주목되는 것이다. 한편 다와다(多和田眞淳)는 우라소에 고려기와의 계유년이 영조왕대인 1273년일 것이라는 의견을[26] 확장하여, 우라소에 조영은 "극락사의 승 선감의 진언에 의한 것일 것이다. 그렇다면 선감은 고려승이었을 가능성이 많다"고 언급한 바 있다. 우라소에성의 고려와장을 초빙한 것도 이 선감이었을 것이라는 생각이다.[27] 그러나 이후 우라소에의 고려기와 및 불교전래를 묶어 생각하는 이같은 견해에 대해서는 아무도 주의를 기울이지 않았다.

승 선감의 고려와의 연계 가능성을 보여주는 가장 적극적 자료는 요도레와의 관계이다. 영조왕의 요도레 조영에는 고려 기술자가 깊이 간여한 것이 확실하다. 그리고 함순년간(1265~1274)이라는 그 시기는 영조왕대(1260~1299) 극락사의 조영 시기와 부합하고 있다. 승 선감과 영조왕, 극락사와 요도레의 상호 관계를 전제로 할 때, 극락사의 조영을 맡은 승 선감이 요도레의 조영과도 깊은 연관을 가졌을 것이라는 추정은 자연스러운 연결이다. 즉 요도레의 건축과 극락사의 조영이 일정한 연관이 있다면 승 선감과 고려와의 연관 가능성이 높아지는 것이다. 이러한 점에서 앞의 『유구국유래기(琉球國由來記)』의 편자가 선감에 대하여

---

26) 多和田眞淳,「琉球列島にける遺跡の土器.須惠器.瓷器瓦の時代區分」『文化財要覽』, 琉球政府文化財保護委員會, 1961.

27) 多和田眞淳,「古都首里と古圖」『古稀記念 多和田眞淳選集』, 1980, p.219 참조.

"조선인인지, 일본인(扶桑人)인지"라고 하여 '조선(고려)'의 가능성을 강조한 의미를 이해할 수 있게 된다.

극락사의 위치를 왜 구태여 왕래가 불편한 장소를 선정하였는가. 그것은 역시 요도레와의 관계를 우선하였기 때문이었다. 즉 극락사는 영조왕과 영조왕통의 원찰과 같은 성격의 것이었고, 원래부터 요도레와 절이 함께 입지하는 별도의 성역으로 기획된 것이었다. 이 공간을 '극락산'(혹은 '보타락산')이라 칭한 것은 그러한 하나의 공간으로서의 성격을 상징하는 것이다. 이렇게 보면 극락사는 영조왕통 묘실로서의 요도레와 깊은 연관이 있었던 것이라 할 수 있다. 요도레의 건축에 고려 기술자가 투입된 것이 사실이고, 같은 시기 선감은 그 부근에 극락사를 지었다. 영조왕대(1260~1299) 극락사의 건립 및 요도레의 조영은 '계유년' 고려기와의 연대가 1273년일 가능성을 더욱 높여주는 것이기도 하다.

맺는말

우라소에(浦添) 요도레 출토의 고려기와의 연대는 1273년, 1333년, 1393년의 세 가지 연대가 논의되었다. 수년에 걸친 요도레의 발굴조사 결과는 두 가지 점에서 중요한 의미를 담고 있다. 첫째는 영조왕통의 역사성과 관련 문헌 사료의 객관성을 크게 높여주었다는 점이다. 그동안 영조대의 역사성에 대해서는 의문을 갖는 견해도 적지 않았지만, 상당한 정도의 정치권력의 구심점을 형성한 13세기 후반 영조왕의 역사적 존재에 대해서는 더 이상 의심하기 어렵다는 근거를 제공한 것이라 할 수 있다. 둘째는 영조왕의 역사적 존재와 함께 고려기와의 연대는 1273년의 가능성이 높다는 점을 입증하였다는 점이다. 따라서 현재로서는 1273년 가능성이 높다는 과학적 결론에 입각하여 앞으로 그 근거를 더욱 보완하고, 문제를 전체적으로 해석, 정리할 필요가 있다.

본고에서는 오키나와의 불교 전래와 관련하여 영조왕대 우라소에성(浦添城)에 건립한 극락사(極樂寺)에 대하여 주목하였다. 그리하여 영조왕의 뜻에 따라 극락사를 조영한 승 선감이 고려 출신일 가능성이 많다는 점을 제기하였다. 영조왕대(1260~1299) 이루어진 요도레의 조영과 승 선감에 의한 극락사 조영은 서로 밀접하게 연관되어 있다. 극락사와 요도레는 모두 우라소에 성 안에 가까이 위치하며 영조왕통의 권위를 뒷받침하고 있는 두 기둥인 것이다. 이 두 사업에 모두 요구된 것이 기와였다는 점에서도, '계유년' 고려기와의 연대가 1273년일 가능성을 높여주고 있다고 할 수 있다.

* 본고는 「우라소에성과 고려·류큐의 교류사」(『사학연구』 105, 한국사학회, 2012)에 포함된 원고의 일부를 나누어서 보완한 것임.

제2부
오키나와,
문물교류와
한반도

제1장
경주 분황사 탑의 오키나와 산 조개

머리말

오키나와는 역사적으로 한반도와 일정한 교류를 가졌던 지역의 하나이다. 오키나와 지역과 한반도의 직접적 교류관계의 성립은 '계유년 고려와장조'의 명문 기와 자료가 최초이다. 계유년의 시점에 대해서는 1273년과 1333년으로 연대관이 갈리고 있지만, 이 시기는 구스크 시대를 맞은 오키나와의 역사의 변화를 그 배경으로 하고 있다. 중산왕조의 찰도왕(察度王)이 고려에 사신을 파견하여 교류의 문을 연 것은 1389년의 일이었다.

이처럼 바다를 격하고 있는 두 지역의 교류는 퍽 늦은 시기에 시작되었지만, 이미 고대 이래로 오키나와의 물산은 한반도에 유입되고 있었다. 신라, 가야, 백제 등 고대유적에서 오키나와 열도 산의 조개류 유물이 출토하고 있는 것이 이러한 관계를 말해준다.

634년(선덕여왕 3) 건축된 경주의 유명한 삼국시대 석탑인 분황사 탑 사리공양구 유물 중 오키나와 열도 산으로 추정되는 조개, 이모가이(芋貝, イモガイ)가 포함되어 있다는 것은 100년도 넘은 1915년에 알려진 사

실이고,[1] 일찍부터 관심의 대상이 되어왔다.[2] 그러나 그 내용은 국내에서 아직 충분히 논의되지 않은 상태이고, 이 유물이 갖는 교류사적 의미에 대해서도 그다지 주목되지 못하였다. 한반도와 오키나와 열도의 공식적 교류 관계가 성립하기 이전 물품의 유입에 의한 간접 교류의 역사는 동아시아 국제교류사에 있어서 그 나름 흥미 있는 요소를 포함하고 있다.

본고에서는 분황사 탑 내 유물과 함께 확인된 이모가이에 대하여 특히 그 봉안 시기 문제에 대하여 관심을 가지고 검토하는 것이지만, 이 문제와 관련하여 한반도 고대유적에서 출토한 오키나와 산 조개류에 대한 내용을 포괄적으로 정리 소개하는 것을 겸하고자 하였다. 이에 의하여 한반도와 오키나와의 초기 교류의 역사에 대한 지식을 보완하는 동시에 오키나와와의 교류 역사에 대한 관심을 환기하는 계기가 되었으면 하는 바람을 갖는다.

1. 경주 분황사 탑의 이모가이

오키나와 산 조개 이모가이가 경주 분황사 탑 내 사리장엄 자료와 함께 발견된 것은 지금으로부터 백 년도 더 지난 1915년 수리 작업 때의 일이다.

삼국시대 신라 탑의 유일한 실물자료인 분황사 탑은 신라 석탑의 시원 양식으로 일컬어져 일찍부터 주목된 자료이다. 모전석탑으로 많이

---

1) 朝鮮總督府, 『朝鮮古蹟圖譜』 第3冊, 1916.
2) 三島 格, 「韓國慶州芬皇寺のイモガイ」 『アジア文化』 11-13, 1975.

알려져 있지만, 근년의 연구에서 그것이 잘못된 것임이 지적되기도 하였다.[3] 1915년 일제하에서 대대적 보수가 이루어졌고, 1991년부터 이듬해에 걸쳐서는 문화재관리국에 의한 실측작업이 이루어졌다. 분황사 탑은 안산암 석재로 만들어진 석탑으로서, 634년 분황사의 창건시의 완공이라고 하면 645년 황룡사 9층탑보다 10여 년 일찍 건립된 탑이기도 하다.

단층의 기단은 1변 13m, 기단의 네 모퉁이에는 돌사자가 올려져 있다. 1층의 탑신부에는 4면에 출입구를 만들고 각 2쪽의 문을 달아 놓고 있다. 문 양 옆에는 생동감 넘치는 인왕상이 조각되어 있다. 현재 남아 있는 것은 3층(높이 9.3m)이지만, 『동경잡기』에 의하면 이 탑은 원래 9층이었던 것으로 되어 있다. 이외에도 3층으로부터 5층, 7층, 9층 등 다양한 의견이 제기되었다.[4] 바로 인근 황룡사 9층탑의 예와 비례를 어림하면, 9층이었다는 것도 수긍이 된다. 박경식 교수는 분황사 탑이 9층탑이었다는 추정의 근거로서 백제 미륵사 탑이 9층이었다는 점, 석탑의

---

3) 분황사 탑은 전탑과 무관하게 건축된 것이며, 판석 축적성, 순수 형태적 단순성이라는 점에서 인도 스투파와 상통하는 개념이라 하였다. 이희봉, 「신라 분황사 탑의 '모전석탑 설'에 대한 문제 제기와 고찰」『건축역사연구』 20-2, 2011, pp.45-50 참조.

4) 고유섭은 분황사 탑의 '9층' 기록을 황룡사 탑으로 인한 혼동에서 비롯된 것으로 생각하여, 탑의 원래 층수는 3층 내지 5층일 것으로 파악하였다.(고유섭, 『한국탑파의 연구』, 을유문화사, 1948) 이와 관련, 분황사 탑이 3층탑이라는 기록도 있다. 崔齊巖(생몰년 미상)의 '분황사 古塔'이라는 시에서 '大野中 三層甓塔'이라 한 것이 그것이다.(고고미술동인회, 『경주고적 시문록』, 1962; 박경식, 「분황사 모전석탑에 대한 고찰」, p.179에서 재인용) 그러나 여기에서의 '3층'은 훼손된 이후의 모습을 말하는 것일 것이다.

실측조사에서 확인된 잔존부재의 량 등을 들었다.[5] 실제 실측조사 당시 작성된 추정복원도는 17.016m의 9층탑으로 묘사되어 있다.

현재 모습의 분황사 탑은 1915년에 수리가 이루어진 이후 정리된 것이다. 수리 작업 중 2층과 3층 사이에서 사리장엄구가 들어 있는 석함이 출토하였다. 사각형 수장 공간이 조성된 석함 위에 역시 같은 크기 사각형 홈이 조성된 덮개돌들 잘 맞추어 덮는 형태이다.[6] 봉안된 사리기 및 공양구 유물은, 유리병, 은제 합(안에 綾片과 사리 5개), 원반형 수정, 원형 패제품(貝製品, 나선형 무늬), 패류(2, 오키나와 산), 곡옥(18), 재료불명의 부정형(8), 기타 옥·도제 장식품(6), 수정옥(11, 球形 및 不定形), 관형(管形) 유리(1), 금속제(동제?) 소령(小鈴, 3), 금제 이식(두 짝), 유리제 각종 장식구, 은제 실패형(形, 同心圓層으로 구성됨, 한 짝),[7] 유리제 침통(1),[8] 청동 침통(1), 금, 은침

---

5) 박경식, 「분황사 모전석탑에 대한 고찰」『신라문화제 학술발표회 논문집』 20-1, 1999, pp.179-182.

6) 석함에는 사각의 수장 공간이 조성되어 있고 역시 사각 홈이 있는 덮개돌을 덮으면 사각의 수장 공간이 만들어진다. 덮개돌은 2.10×2.08척의 방형에 0.5척 깊이의 홈이 파여 있고, 석함의 몸체는 2.52×2.35척 크기의 돌에 0.65척 사각 홈이 마련되어 있다.(朝鮮總督府, 『朝鮮古蹟圖譜』 제3책, 1916, p.320 참조)

7) 실패 모양의 물건에 대해서 주경미는 '귓불에 구멍을 내어 끼워 넣는 일종의 귀걸이 형식의 장신구'인 '銀製 耳栓(원판형 이식)'이라 하였다. 주경미, 「한국 고대 이식의 착장방식 연구」『역사민속학』 17, 2003, pp.31-54.

8) 주경미는 '은제 칠보침통'이라 하였다. "이제까지는 녹유리제로 알려져 있었지만, 실제로는 녹유리제가 아니라 은제이다. 은편을 말아서 원통형 용기를 만들고, 그 위에 초록색 유리를 녹여 붙인 것"이라는 것이다. 주경미, 「분황사 석탑 출토 사리장엄구의 재검토」『시각문화의 전통과 해석』(김리나교수 정년퇴임기념 미술사논문집), 예경, 2007, p.293 참조.

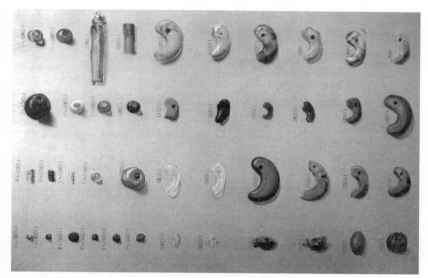

01 분황사 탑 내 사리장엄 관련 유물(부분, 『조선고적도보』3)

각 1개(2), 동제 가위(1), 각종 둥근 옥류·유리구슬(약 700개), 금동금구(약 10편, 완형은 5개), 연제품(練製品, 3), 소형 금구(金具, 6), 청동제 족집게(1), 용도 불명 청동제품(6), 상평오수전(1), 숭녕중보(1), 도합 103개(+구슬류 약 700개) 이다.[9] 실패형 장식(銀製 耳栓), 동제 가위와 은제 침통 및 금은침은 분황 사를 창건한 선덕여왕의 물건으로 추정되고 있다.[10]

석함 안에 포함된 3건의 패류는 오키나와 산 이모가이 조개이다. 이 모가이(芋貝)의 크기는 1개체가 6.0×9.5cm이고, 그중 한 개체는 원반

9) 유물의 내역은 강우방, 「불사리장엄론」 『법공과 장엄』, 열화당, 2000, p.387 에 의함.

10) 신대현, 「한국 고대 사리장엄의 양식」 『한국의 사리장엄』, 혜안, 2003, p.206; 주경미, 앞의 「분황사석탑 출토 사리장엄구의 재검토」, pp.291-293.

모양의 각정부(殼頂部, 螺塔部)만, 그리고 다른 하나는 각정부가 결실된 상태로 확인되었다.[11]

미시마(三島 格)는 분황사 탑 내 발견 이모가이 3건에 대해, 사진을 통한 자료 관찰 결과를 다음과 같이 기록한 바 있다.[12]

(994) 권패(卷貝)의 각정부(殼頂部)를 원반상(圓盤狀)으로 정형한 제품이다. 지름 약 4.2cm, 두께 0.5~0.6cm, 4mm 정도 크기의 천공(穿孔)이 보이지만 세부에 대해서는 확인하기 어렵다.

(995) 각정부(殼頂部)와 구순부(口脣部)를 결실(缺失)하고 부정형한 파쇄면이 확인된다. 현존 길이 약 8cm, 지름 약 5.7cm의 비교적 대형의 권패(卷貝)이다. 세부에 가공이 있었는지 여부는 사진으로는 판정할 수 없다.

(996) (995)와 같은 모양의 조개인데 유존 상태는 상당히 양호하고 각정부(殼頂部)가 잘 갖추어져 있다. 구순부는 다소 손상된 점이 있지만 전자에 비하여 직선 형태를 보여주고 있다. 이것이 의도적인 연마에 의한 것인지 판단하기 어렵다. 현존 길이 약 7.4cm, 지름 4.9cm이다.[13]

---

11) 朝鮮總督府, 『朝鮮古蹟圖譜』 第3冊, 1916에는 (994), (995), (996) 3점의 이모가이가 기록되어 있다. (995)는 윗 부분이 파손된 것이고, (994)는 殼頂部(螺塔部)의 원반모양 파편이다. 원래는 2개체인데 파손으로 인하여 (995)와 (994)가 분리된 것이 아닌가하는 의심도 들지만, 殼頂部가 잘 마모되어 있고 중앙부에 구멍이 뚫려 있는 등 가공 흔적이 분명하여, 별개의 것으로 판단된다. 이모가이의 원반형 殼頂部는 馬具의 雲珠 등에 사용하기 위하여 가공하는 형태이기도 하다.

12) 三島 格, 「韓國慶州芬皇寺石塔のイモガイ -南島と朝鮮の交渉史」 『貝をめぐる考古學』, 學生社, 1977, pp.208-209.

13) 설명 중의 실측 수치는 실제 계측치가 아니고 사진에 근거한 三島의 관찰 결과이기 때문에 실제와는 약간 차이가 있는 것이다.

02 분황사 탑 내에 봉안된 이모가이(국립경주박물관 자료)

분황사의 이모가이는 일종의 백화 현상이 일어나, 이모가이 특유의
검은 반점이 명확하지 않다. 고분 출토의 여러 자료와는 달리, 거의 가
공이 이루어지지 않은 소재를 직접 탑 안에 봉안한 것이었다는 점에서
한국에서 이와 유사한 예를 찾을 수 없다. 고분 출토례가 대개 6세기까
지의 유행이었다는 점에서, 분황사의 경우는 상대적으로는 시기가 늦
은 자료이기도 하다. 신라의 대표적 불탑이라 할 탑 안의 공양품으로
이모가이를 봉안했다는 것은 이모가이에 대한 이 시기 사람들의 특별
한 인식을 보여주는 것으로 인식되고 있다. 가령 미시마(三島 格)는 법륭
사오층탑 사리장엄구 가운데 진주조개가 하나 있는 것에 견주어, "주술
적 보기(寶器)로서 원래(遠來)의 이 조개는 진귀하게 여겨졌을 것"이라 하
였다.[14] 옥류(玉類)와 같은 의미의 상징성을 생각한 것 같다.

---

14) 三島 格, 「韓國慶州芬皇寺のイモガイ」 『アジア文化』 11-13, 1975, p.210.

분황사는 634년에 창건되었다.[15] 이에 근거하여 분황사 탑의 건립 연대도 634년으로 인정되고 있다. 그렇다면 탑 안에 발견된 이모가이도 이 때 봉안된 것이었다고 할 수 있다.[16] 그런데 문제는 석함 안에서 상평오수와 함께 발견된 송대 화폐 '숭녕중보'[17]의 존재이다. 2매의 중국 화폐 중 상평오수전(常平五銖錢)은 북제(北齊) 문선제(文宣帝) 천보(天保) 4년(553) 정월에 처음 화폐를 만들고, 뒤에 민간에서 사주(私鑄) 하였다고 한다.[18] 분황사 탑의 창건 당시에 넣어진 것으로 인식되는 것이다. 그런데 또 하나의 화폐 숭녕중보(崇寧重寶)는 송 휘종 숭녕년간(1102~1106)에 숭녕통보와 함께 발행되었다. 상평오수와의 시간적 간격이 매우 커서 이 때문에 상평오수는 신라 창건시에, 그리고 숭녕중보는 고려시대 보수 과정에서 각각 봉안한 것으로 가정하게 되는 것이다. 석함 내 사리 장엄의 상태와 관련, 사리 5과는 비단에 싸여 있었고 유리병은 깨진 채

---

15) "(春正月) 改元仁平 芬皇寺成"(『삼국사기』 5, 신라본기 선덕왕 3년)

16) 주경미는 분황사 탑의 건립이 634년경이라는 것을 동의하면서도 사리장엄의 봉안 시기는 慈藏이 당에서 귀국한 643년 직후의 일로 추정하였다. 분황사의 사리장엄은 자장을 통해 전해진 수, 당대 사리장엄 방식이라는 것이다.(주경미, 「분황사석탑 출토 사리장엄구의 재검토」『시각문화의 전통과 해석』(김리나교수 정년퇴임기념 미술사논문집), 예경, 2007, pp.290-291) 그러나 634년 건축된 탑을 10년만인 643년 직후에 다시 재개축하고, 사리의 재봉안이 이루어졌다는 것은 자연스럽지 않은 것 같다.

17) '숭녕통보'로 기재한 문헌도 있으나 이는 '숭녕중보'를 잘못 읽은 것이다. 숭녕중보는 일반적인 동전보다 크기가 커서 '大錢'으로 분류된다. 진도 용장성 출토의 경우 보존 처리 후 중량이 9.20g, 직경 3.6cm로서, 대략 3g대, 2.5cm 전후가 일반적인 다른 동전과 대비된다. 마한문화연구원, 「2016 진도 용장성 왕궁지 8차 조사 금속유물 보존처리」『진도 용장성 왕궁지 발굴조사보고서』, 목포대학교 박물관, 2019, pp.509-511 참조.

18) 鄭福保, 『歷代古錢圖說』, 齊魯書社, 2006, p.128.

누워 있었다. 당연히 이 숭녕중보는 12세기 이후 사리 장엄의 재봉안 사실을 입증하는 자료로 해석되어진다.[19]

여기에서 한 가지 확인해두어야 할 것은, 숭녕중보(1102~1106)에 의하여 분황사 탑의 중수가 반드시 '12세기'의 일이었다고 단정할 수는 없다는 점이다. 송대 화폐는 훨씬 후대까지 일반적으로 통용되었기 때문이다. 1270년 삼별초의 거점이었던 진도 용장성의 L지구와 R지구에서 각 1매의 숭녕중보가 출토한 바 있다. 특히 2016년도 조사에서는 26종 116점의 중국동전이 출토하였는데, 그 가운데는 숭녕중보 이외에 오수전(B.C.2세기~A.D.7세기) 1점과 10점의 개원통보가 포함되어 있다.[20] 116매 중 89%를 점하는 103매가 북송대 전(錢)이어서 남송대의 전은 불과 3점, 가장 최신의 전 소희원보(紹熙元寶, 1193년)도 1271년과는 80여 년의 시간차가 있다.[21] 1388년 원주 영전사지 삼층석탑에서 1039년 북송대의 황송통보가 출토하였고, 1323년 침몰한 신안선의 동전은 화폐의 통용에 거의 유통기한의 제한이 없었음을 보여준다. 이러한 점을 고려하면 숭녕중보가 말해주는 분황사의 중수 시기는 12세기라고 한정하기

---

19) 신대현은 고려시대 이미 사리병이 깨져 있다는 점에서, 사리를 비단에 싸서 이 시기 재봉안한 것으로 추측하였다. 신대현, 「한국 고대 사리장엄의 양식」 『한국의 사리장엄』, 혜안, 2003, p.206 참조.

20) 목포대학교 박물관, 『진도 용장성 왕궁지 발굴조사보고서』, 2019, pp.354-355 참조. 시기를 특정하기는 어렵지만, 진도 명량 해역에서도 12~13세기 주조 송대 화폐 7종이 출수 되었는데 그 가운데 숭녕중보가 포함되어 있다.(국립해양문화재연구소, 『진도 명량대첩로 해역 수중발굴조사 보고서』, 2015, p.424)

21) 이승일, 「용장성 R지구 건물지 일괄출토전에 대한 고찰」 『진도 용장성 왕궁지 발굴조사보고서』, 목포대학교 박물관, 2019, pp.455-456.

보다는 12세기에서 더 넓게, 14세기까지 열어두는 것이 필요한 것으로 생각한다. 동시에 6세기의 상평오수전도 그것이 반드시 분황사 탑의 초창시에 봉안한 것이라고 확정할 수는 없다.

석탑 내에 사리장엄과 함께 화폐를 넣는 것은 흔한 일은 아니다. 신라 말 855년(大中 9) 건립의 경주 창림사지(昌林寺址) 삼층석탑(경주시 내남면 탑리) 금동개원통보 1점, 고려시대 공주 신원사 삼층석탑(공주시 계룡면 양화리)에서 개원통보 · 함평원보(咸平元寶, 998~1003) · 황송통보(皇宋通寶, 1039),[22] 고려 말 1388년(홍무 21) 원주 영전사지(令傳寺址) 삼층석탑(普濟尊者 西浮屠, 원주시 본부면)의 황송통보 1점 등이 그 예이다.[23] 이에 비하면 634년의 분황사 탑은 시기적인 비교에서 돌출한 느낌이 없지 않다.

탑의 경우와는 다르지만, 고려시대 분묘 중에는 종종 중국의 화폐가 부장된다. 능묘에의 동전 부장은 1122년 축조된 예종 유릉(裕陵)이 가장 빠른 시기로 보고되어 있어 대략 12세기 이후의 관습으로 인식되고 있다.[24] 1237년 조성된 강화도 순경태후(원종 비)의 가릉에서는 19종 86점, 곤릉(강종 비)에서는 11종 21점의 동전이 출토되었는데, 10세기 후반~12세기 초 주조된 북송대 동전이 대부분이었다. 그러나 그중에는 당대(621)부터 주조된 개원통보도 8점(가릉), 3점(곤릉)이 각각 포함되어 있

---

22) 김영배, 「신원사석탑 사리구」『백제문화』 10, 1977, p.48.

23) 황송통보는 洪武 21년명 塔誌石, 銀盒 2, 은제 鍍金六角小龕, 은제 원형사리기, 丸玉, 裂裟片 등과 함께 발견되었다. 椎本杜人, 「日本上代寺院の舍利莊嚴具について」『朝鮮の考古學』, 同朋舍出版, 1980, pp.293-294; 국립중앙박물관, 『불사리장엄』, 1991, pp.90-91, p.123.

24) 이상준, 「강화 고려왕릉의 구조와 성격」『고려 강도의 공간구조와 고고유적』(학술회의 발표자료집), 인천광역시립박물관 · 강화고려역사재단, 2016, pp.184-185.

다.[25] 매납 시기의 편차가 매우 큰 것을 보여준다. 1323년 침몰된 신안선에 적재된 중국화폐의 내용을 보면 송대 혹은 남송대 화폐가 대부분이다. 화천(A.D.14)이나 후한시대(25~219) 혹은 남조시대의 오수전으로부터 원 지대통보(至大通寶, 1310)에까지 시간 폭이 매우 크다는 점을 유의하지 않으면 안된다.[26] 따라서 분황사 탑의 경우, 상평오수와 숭녕중보의 시간적 간격이 크기는 하지만 중수시 함께 봉안되었을 가능성을 배제할 수 없다고 생각된다.[27]

고려 강종비 곤릉 유적에서는 조선 세종, 인종 때 주조된 조선통보가 확인되었다. 조선시대 고려 왕릉에 대한 일정한 관리가 있었던 것을 감안, 곤릉을 수축, 보수할 때 유입된 것으로 추측된바 있다.[28] 화폐의 투입이 보수, 개축의 표시로 종종 사용되었을 가능성을 보여주는 것이고, 분황사 탑의 경우도 고려시대 보수의 증거로서 화폐가 더해진 것으로 추측할 수 있는 것이다.

---

25) 가릉에서는 元豊通寶, 元祐通寶, 咸平元寶, 熙寧元寶, 至和元寶, 祥符元寶, 景德元寶, 至道元寶, 皇宋通寶, 聖宋元寶, 天聖元寶, 天禧通寶, 紹聖元寶, 明道元寶, 淳化元寶, 嘉祐元寶, 嘉祐通寶, 政和通寶, 곤릉에서는 熙寧元寶, 元豊通寶, 天禧通寶, 天聖通寶, 皇宋通寶, 元祐通寶, 聖宋元寶, 嘉祐元寶, 至和元寶 등의 북송대 동전이 출토하였다. 국립문화재연구소, 『강화 고려왕릉 -가릉 · 곤릉 · 능내리석실분』, 2007, pp.84-93, pp.244-245.

26) 국립해양유물전시관, 『신안선(본문)』, 2006, pp.203-206 참조. 신안선에서 출토한 화폐의 양은 28,018kg, 총 800만 개 정도로 추산된다.

27) 사리용기로 사용된 은합과 함께 상평오수, 숭녕중보 두 동전이 고려시대 중수시에 추가된 자료라는 의견은 이미 개진한 바 있다. 최응천 · 김연수, 『금속공예』, 솔, 2003, p.200 참조.

28) 인천광역시립박물관, 『강도 고려왕릉전』, 2018, pp.154-155.

2. 오키나와의 패류와 이모가이

본고에서 주목하는 것은 경주 분황사 탑 내에서 오키나와 산 이모가이(芋貝, イモガイ) 조개가 발견된 사실이다. 따라서 이모가이에 대한 논의의 배경으로서 오키나와 조개에 대한 지식을 정리해야 할 필요성이 있다. 대양상(大洋上)의 열도인 오키나와는 대륙에 비하여 문명이 뒤늦게 출발하였다. 그리하여 대략 11세기까지가 길고 긴 선사시대로 분류되며, 조개의 다양한 사용에 주목하여 이를 '패총시대'로 이름하고 있다. 이후 구스크(グスク)시대로 이행하는 과도기적 과정(原 구스크시대)을 거쳐 고려기와가 제작되기도 한 13세기 '대형 구스크시대'로 이행하는 것이다.[29]

산호초가 발달한 오키나와에 있어서 조개는 우선 사람들의 중요한 식량 공급원이었다. 그리고 이들 패류는 장신구나 도구로서도 다양하게 활용되었다. 공급량이 많고 비교적 가공에 용이한 재료라는 점은 조개의 다양한 이용을 가능하게 한 것이다.

패총시대 오키나와에서 사용된 조개의 종류는 1백을 헤아린다고 하는데, 그중에 고호우라(ゴホウラ), 이모가이, 야광패(夜光貝, ヤコウガイ), 샤코가이(シャコウガイ), 스이지카이(スイジガイ) 등이 대표적인 종류에 속한다. 고호우라는 산호초 수심 10m쯤에 서식하는 큰 조개로서 패각이 무겁고 두터워 주로 어깨 팔찌(腕輪)의 제작에 많이 사용되었다. 이모가이(芋貝, conidae)는 류큐열도 일대에만 200종이 있을 정도로 많은 종류가 있다. 크기도 1cm 미만의 소형에서 13cm의 대형에 이르기까지 다

---

29) 安里 進,「琉球文化の基層」『沖繩縣の歷史』, 山川出版社, 2004, pp.16-18.

양하다. 패 제품으로 사용된 이모가이는 대개 쿠로후모도키(クロフモドキ, Conus leopardus), 안봉쿠로자메(アンボンクロザメ, Conus litteratus), 다이묘이모(ダイミョウイモ, Conus betulinus) 등의 종류로 작은 당근 모양, 백색 바탕에 사각형 반점(斑點)이 규칙적으로 찍혀 있다. 분황사 탑에 봉안된 이모가이도 이에 속한다. 야광패(夜光貝 : ヤコウガイ, Turbo marmorata)는 껍질 표면에 녹색 바탕 갈색 운모와 백반(白斑)이 있다. 오키나와에서는 주로 수저 모양 용기로 많이 사용되었는데, 8세기 이후 큐슈, 일본 등지에서 나전의 재료로 선호되었다.[30]

도구로의 사용은 화살촉, 낚시바늘, 어망추, 칼, 접시, 사발, 수저, 국자, 도끼 등이었으며, 팔찌, 반지와 같은 장신구나 부장용 명기, 주술적 목적의 용도로도 널리 이용되었다. 뿐만 아니라 조개는 오키나와 토산의 교역품으로도 널리 사용되었다.[31] 고호우라는 팔찌, 이모가이는 팔찌 및 각종 장신구, 야광패는 수저, 스이지카이는 날(刃)을 가진 도구, 샤코가이는 도끼 · 접시 · 어망추에 많이 사용되었다.[32]

교역품으로서의 오키나와 조개는 큐슈에서 야요이시대 수장이나 사제층이 오키나와의 고호라, 이모가이 등의 조개로 팔찌를 만들어 장착하는 습속이 유행함으로써 교역품으로서의 가치를 갖게 되었다. 고호

---

30) 木下尚子,「韓半島の琉球列島産貝製品 -1-7世紀を對象に」『韓半島考古學論叢』(西谷 正 編), すずさわ書店, 2002, p.537 및 久保弘文 外,『沖繩の海の貝 · 陸の貝』, 沖繩出版, 1995 참고.
31) 安里嗣淳,「오키나와 선사시대 조개문화」『한국-일본 오키나와의 조개제품을 통한 선사시대 문화의 재발견』, 국립제주박물관, 2005, pp.188-195.
32) 국립제주박물관,『한국-일본 오키나와의 조개제품을 통한 선사시대 문화의 재발견』, 2005, pp.54-57.

03 오키나와의 이모가이(좌)와 야코가이 조개(우)

우라는 남성이, 이모가이는 여성이 선호하였다는 것이다. 이 때문에 이들 패류를 오키나와에서는 채집 비축하는 경향이 있었다. 특히 고호우라는 연안에 서식하지 않고 외해 깊이 10m 전후의 모래 속에 서식하는 것이어서, 이들 조개가 교역용으로 의도적으로 채집되었음을 암시한다. 조개를 제공하는 대신에 오키나와인들이 얻은 것은 철기, 청동기와 같은 문명 제품이었다. 이러한 교역은 대략 7세기경까지 지속된 것으로 보고 있다.[33]

오키나와에는 그동안의 조사를 통하여, 패총 유적과 다수의 조개류 출토 유적이 보고되고 있다.[34] 고호우라 또는 이모가이가 정연하게 집

---

33) 安里嗣淳, 앞의 논문, pp.198-199.

34) 국립제주박물관의 특별전 도록 『한국-일본 오키나와의 조개제품을 통한 선사시대 문화의 재발견』, 2005(pp.260-291)에는 오키나와 조개류 출토 유적으로 다음과 같은 도합 31개 유적을 소개하고 있다. 具志川島遺跡群(伊是名村), 具志原貝塚(伊江村), 長間底遺跡(城辺町), 中川原遺跡(讀谷村), 野國貝塚群B地點遺跡(嘉手納町), 西底原遺跡(渡名喜村), 渡具知東原遺跡(讀谷村), 室川

적(集積)된 이른바 '조개 집적 유구'도 다수 확인되었다.[35] 이들 집적 유구는 오키나와의 조개가 교역의 상품으로서 가치를 가지고 있었으며 큐슈 일대 야요이 문화와도 밀접한 관계를 형성하고 있었음을 말해주는 것이다.[36]

큐슈는 이러한 조개 무역과 가공의 거점이었다. 큐슈 남단 가고시마현 타네가시마(種子島)의 히로다(廣田) 유적은 오키나와 조개가 어떻게 유통되고 있는지를 잘 보여 준다. 1950년대 3차에 걸친 조사를 통하여 89개소의 매장유구와 153개체분의 인골이 발견되었는데 여기에서 많은 양의 조개 장신구가 출토하였다. 이들 조개 장신구는 대부분 인체에 착용한 상태였다.[37] 장신구로 사용된 조개의 종류도 다양한데, 그 가운데 대형 이모가이는 조개 호신부, 용모양 장신구, 구멍이 뚫린 원반상 제품, 구멍이 뚫린 판상 제품을 만드는 데 이용되었다. 그 가운데 일부

　　貝塚(沖繩市), 시누구堂遺跡(與那國町), 下田原貝塚(竹富町), 清水貝塚(具知川村), 阿良貝塚(伊江村), 아카잔가貝塚(具知川市), 大久保原遺跡(讀谷村), 浦底遺跡(城边町), 宇佐浜B貝塚(國頭村), 宇堅貝塚(具知川市), 伊武部貝塚(恩納村), 津堅기가貝塚(勝連町), 地荒原貝塚(具知川市), 神野貝塚(鹿兒島縣 知名町), 嘉門貝塚B(浦添市), 古我知原遺跡(石川市), 쿠마야동굴유적(北谷町), 久里原貝塚(伊平屋村), 瀧川原貝塚(伊平屋村), 투우구루浜 遺跡(與那國町), 浜屋原貝塚(讀谷村), 平敷屋토우바루遺跡(勝連町), 古座間味貝塚(座間味村), 吹出原遺跡(讀谷村)

35) 岸本義彦·島弘,「沖繩における貝の集積遺構 -ゴホウラ·イモガイを中心に」『沖繩縣教育委員會文化課紀要』2, 1985, pp.49-68에서는 도합 13개소, 23기의 집적 유구가 소개되고 있다.

36) 池田榮史,「南島と古代の日本」『西海と南島の生活文化』(新川登龜男 編), 名著出版, 1995, pp.274-281.

37) 九州國立博物館,『南の貝のものがたり』(특별전 도록), 2006, pp.28-29, pp.46-47.

조개는 타네가시마 주변에서 공급된 것이지만, 대형 이모가이와 고호우라는 류큐열도에서 유입된 것으로 파악된다.[38] 조개 장신구를 다수 수반한 히로다 유적의 연대는 야요이 후기에서 고분시대 후기, 즉 3~7세기에 걸치는 것으로 추정되었다.[39]

대략 6세기 후반에서 7세기 전반에 걸치는 시기, 일본에서는 마구의 부속 중 이모가이 나탑부(各頂部)를 사용한 이른바 패제(貝製) 운주(雲珠)가 유행한다. 이에 대한 지견은 이미 19세기 말부터 관심을 끌었다.[40] 미야시로(宮代榮一)는 당시까지 고분을 중심으로 한 유적에서 도합 79유적, 개체 수 180개가 출토하였다고 보고하였다. 중심지는 후쿠오카현을 비롯한 큐슈(九州)이지만(출토유적 45개소), 칸토(關東) 혹은 토호쿠(東北) 지역에까지 폭넓게 분포하고 있다.[41] 이 패제의 운주는 일본에서는 그 형태에 따라 식금구(飾金具), 운주(雲珠), 십금구(辻金具)를 구분하는 경향이 있다.

---

38) 이들 고호우라, 이모가이의 대부분이 류큐열도 이남에 서식하는 南島産 조개라는 것을 永井昌文은 출토한 貝輪의 제작 실험을 통하여 실증한 바 있다. 池田榮史, 앞의 글, pp.277-278; 永井昌文, 「貝輪」『立岩遺蹟』, 1977.

39) 국립제주박물관, 「히로다유적으로 본 조개 장신구의 사용과 교역」『한국-일본 오키나와의 조개제품을 통한 선사시대 문화의 재발견』, 2005, pp.114-141; 國分直一·盛園尚孝, 「種子島南種子町廣田埋葬遺蹟調査槪報」『考古學雜誌』43-3, 日本考古學會, 1958.

40) 神田孝平, 「古物圖解」『東京人類學會雜誌』58, 1891; 若林勝邦, 「貝器ノ一種」『東京人類學會雜誌』82, 1893.(宮代榮一, 「いわゆる貝製雲珠について」『駿台史學』76, 1989, p.146에 의함)

41) 일본에서의 전국 76개 유적 출토 내용은 飾金具 116, 雲珠. 辻金具 57건이다. 유적의 분포는 東北 4, 關東 14, 中部 9, 近畿 1, 四國 1, 中國 2, 九州 45 등으로 九州가 압도적이지만 전국적 분포상을 보인다. 宮代榮一, 「いわゆる貝製雲珠について」『駿台史學』76, 1989, p.167.

운주, 십금구는 모두 말을 조이는 벨트 교차 부분에 붙어 이를 고정시키기 위한 금구인데, 5각(脚) 이상의 형태를 운주, 3각(脚), 4각(脚)의 운주를 십금구(辻金具)로 구분하는 것이다.[42]

7세기 이후 일본에서 패류의 수요가 없어졌으나 9세기경 나전 공예가 유행하면서 나전의 재료인 야광패(夜光貝)가 다시 각광을 받게 된다.[43] 11, 12세기 오키나와에는 큐슈 산의 돌솥(석와)이나 스에키, 혹은 중국 자기가 유행하는데 이것이 야광패와 같은 패류와 교환된 것으로 보인다. 신라 등 한국의 고대 유적에서 오키나와 산 조개가 발견되는 것은 이같은 조개 유통의 흐름 속에서 마구(馬具) 등에서 독특한 사용처가 개발됨으로써 이루어진 것이라 할 수 있다.[44]

3. 한국 고대 유적에서 출토하는 오키나와 산 조개

흥미로운 것은 오키나와 산으로 인정되는 조개 제품[45]이 서일본만이 아니고, 가야와 신라, 혹은 백제 고분에서도 종종 출토되고 있다는 점이다.

---

42) 宮代榮一, 위의 논문, p.145.

43) 야광패의 광택은 성분이 진주와 비슷하다. 나전 재료로서는 전복 껍질이 널리 쓰이지만, 야광패를 최고로 쳤다. 九州國立博物館, 『南の貝のものがたり』(특별전 도록), 2006, pp.84-91 참조.

44) 安里嗣淳, 「오키나와 선사시대 조개문화」『한국-일본 오키나와의 조개제품을 통한 선사시대 문화의 재발견』, 국립제주박물관, 2005, pp.199-200.

45) 고대 한반도 출토의 조개 제품이 오키나와 산일 가능성이 높다는 점은 宮代榮一, 「いわゆる貝製雲珠について」『駿台史學』76, 1989, pp.145-176에서 정리되었다.

우선 5세기 중, 후반으로 편년된 경주 황남대총 남분에서 패각(貝殼)이 출토한 것으로 되어 있다. 보고서에는 이에 대한 구체적 설명은 결한 채, 다만 삽도 사진으로만 '적석부내(積石部內) 출토'라 하여, '패각(貝殼)'을 제시하고 있다.[46] 사진에 의하면 패각의 내용은 2개체로, 샤코가이로 보이는 조개이다.[47] 한편 이 고분에는 금동제 운주가 주곽에서 180점, 부곽에서 523점 출토하였는데, 그 가운데 부곽 출토 운주(雲珠) 제Ⅶ형식 7점이 '패각'을 사용한 것으로 보고되었다.[48]

5세기 후반에서 6세기 초로 추정되는 전남 해남군(현산면 월송리) 조산고분에서는 고호우라(ゴホウラ) 제품(1984),[49] 비슷한 6세기 초 고분인 경

---

46) 문화재관리국 문화재연구소, 『황남대총(남분)발굴조사보고서(본문편)』, 1994, p.46, p.233.

47) 샤코가이는 오키나와에서 죽은 자의 머리 부분에 두는 경우가 발견된다. 샤코가이는 주술적 힘이 있는 것으로 여겨져 지금도 문기둥 등에 장식하는 경우가 있는데, "죽은 사람의 진혼을 목적으로 한 주술적 물건이었을 것"으로 추정된다. 이에 대해서는 安里嗣淳, 「오키나와 선사시대 조개문화」『한국-일본 오키나와의 조개제품을 통한 선사시대 문화의 재발견』, 국립제주박물관, 2005, p.195 참조.

48) "座金具는 패각(소라뚜껑)을 깎아 금동판을 덮었으나 금동판은 缺失"이라 하였다. 이 운주의 길이는 5.1cm, 座金具의 높이 1.5cm, 座金具의 횡폭 3.0cm라 하였다. 문화재관리국 문화재연구소, 『황남대총(남분)발굴조사보고서(본문편)』, 1994, pp.168-170.(도판278-2, 도면132-3,4)

49) 보고서에서는 처음 이 조개를 '소라껍질'이라 하였다. "패각 편: 부식이 심한 상태이며, 수 片으로 파체된 소라껍질이다. 이 패각은 3편이 수습 되었는데 3편이 연결됨으로써 일부나마 형태 복원이 되고 있다. 소라껍질의 일면에는 지름 0.4cm의 원형 銅製못이 쌍쌍으로 3개소에 박혀 있다. 한 쌍을 이룬 사이는 0.5cm이고 한 쌍과 한 쌍의 간격은 5.5cm이다. 청동못도 많이 상해 있어서 그 용도는 확실히 알 수 없으나 장식을 하였던 것이 아닌가 생각된다.

남 고령 지산동 44호분에서는 야광패 주걱(수저, 1998),[50] 4~5세기 경북 경산 임당동 E-1호분에서는 긴타카하마(キンタカハマ) 제품이 보고된 바 있다. 해남 조산고분의 고호우라 제품은 조개팔찌(貝輪, 10.8×18.1cm)로서 팔찌의 오른쪽 3군데가 청동 압정으로 고정되어 있다.[51] 고령 지산동 고분의 야광패는 긴 손잡이를 한 조개수저(貝匙, 8.0×15.5cm)이다. 오키나와에서 발견되는 것과 비슷한 형태인데, 4조각으로 파손되어 있다.[52] 경산 임당동 고분의 출토 조개는 물고기모양의 조개장신구(魚型貝製垂飾)이다. 오키나와 조개의 일종인 긴타카하마의 저면(底面)을 이용하여 물고기 모양 장식을 만들었는데 "표면에는 검은색으로 눈을 표현하였고 예리한 도구로 거치문을 베풀었다. 얼핏 보면 현대작품이라 생각될 정

　전체적인 내용의 파악은 불가능한 면도 있으나, 이 소라껍질의 용도적인 면에서는 螺笛(고동)이었을 가능성이 높다. 현재의 길이 18cm, 폭 11cm."(국립광주박물관 · 백제문화개발연구원, 『해남 월송리 조산고분』, 1984, pp.37-38)

50) 1977년 발굴된 고령 지산동 44호분은 주능선에 위치한 대형분으로서 대가야왕릉으로 추정된 고분이다. 봉토의 지름이 25~27m에 달하며 주곽 주변에 순장으로 추정되는 32기의 소형 석곽이 배치되어 있다. 야광패 수저는 주곽에서 출토하였다. 경북대학교 박물관, 『고려 지산동 44호분(대가야왕릉)』, 2009; 국립김해박물관, 『지산동 고분과 대가야』, 2009; 대가야박물관, 『고령 지산동 대가야고분군』, 2015, pp.76-79 참조. 주걱(수저)의 복원 추정 길이는 15.5cm이다.

51) "형태는 5~6세기 큐슈에서 유행했던 조개 팔찌와 유사하나 마연이 심하게 베풀어져 두께가 얇고 청동 압정으로 고정되어 있다는 점에서 큐슈로부터 조개 팔찌를 들여와 변형, 보수했던 것이 아닌가 추정되고 있다."(국립제주박물관, 『한국-일본 오키나와의 조개제품을 통한 선사시대 문화의 재발견』, 2005, p.175)

52) 국립제주박물관, 위의 책, p.176.

도로 상태가 매우 좋다."[53]

고분 출토례 가운데 가장 많은 유형은 이모가이 제품이다.[54] 1세기의 평양 낙랑 정백동 8호묘의 이모가이(1983), 4세기 후반 경남 김해 예안리 77호분의 이모가이(1993) 장신구,[55] 3~4세기 경남 창원 가음정동 패총의 이모가이 제품(1994)[56]이 그것이다. 거기에 634년에 건립된 경주 분황사 탑 내에서도 이모가이 3개체가 출토하였고, 오구라컬렉션에서는 마구(운주) 8개체 분량 중에 이모가이 덮개 부분이 장식으로 사용된 경남 산청군 출토 자료를 확인할 수 있다.[57] 그밖에 경주 금관총, 천마총,[58] 금령총[59](이상 5세기 말~6세기 초), 황오리 33호분, 황남리 151호

---

53) 국립제주박물관, 위의 책, p.169.

54) 宮代榮一, 「いわゆる貝製雲珠について」 『駿台史學』 76, 1989, pp.145-176.

55) 부산대학교 박물관, 『김해 예안리 고분군』 II, 1993.

56) 이주헌 외, 「창원 가음정동 패총 발굴조사 보고」 『창원 가음정동 유적』, 창원 문화재연구소, 1994, pp.176-177, p.192.

57) '철제 금동장 패제 운주'로 명명되어 있는 자료로서, 출토지는 경남 산청군 단성읍, 지름 9.6cm 크기이다. 설명문은 다음과 같다. "여덟개인 다리는 길이 1.4cm 내외로 하나의 못과 은띠로 혁대에 고정하였다. 못은 원두정으로 동제이며, 머리에는 은피를 씌웠다. 은띠는 동에 은피한 것이다. 中空의 몸체 내부에는 흰색의 卷貝가 끼워져 있다. 이 卷貝는 가고시마현 奄美大島 이남에서 서식하는 것으로 입수 자체가 유력자의 증거가 되는 귀한 것이다."(국립문화재연구소, 『오구라 컬렉션 한국문화재』, 2005, p.284)

58) 경주 천마총에서는 운주와 함께 다양한 4종의 '혁대장식구'가 출토되었는데, 그 가운데 '金銀裝革帶裝飾具'(10개)에 대한 설명에서 "鐶形 座 鋲 부분엔 패각 같은 것을 끼웠던 흔적이 남아 있다"고 하였다. 10개 중 '다리 4개' 짜리가 6개, '다리 6개' 짜리가 4개인 것으로 보고하였다.(문화공보부 · 문화재관리국, 『천마총』, 1974, pp.134-135)

59) 朝鮮總督府, 『慶州金鈴塚 · 飾履塚發掘調査報告』(大正13年度 古蹟調査報告 第1冊), 1931, 도판 128에 '鐵地金銀飾雲珠'(3종), '鐵地金銅張雲珠'(2종)의 사진

분,[60] 창녕 교동 12호분(6세기) 등에서도 패류가 사용된 운주 등의 자료가 출토하였다.

김해 예안리 77호분의 이모가이 호신부(貝符, 2.6×4.3cm)는 조개의 체층부를 세로로 길게 잘라 직사각형으로 만들고 중앙에 2개의 구멍을 뚫었는데 표면은 마연이 잘 되어 있지 않다.[61] 다른 유사례가 보이지 않는 유물이다. 발굴 보고서에서는 이 호신부에 대한 설명이 잘 되어 있지 않다.[62] 창원 가음정동 패총의 이모가이는 나탑부와 체층부가 거의 잘려 나간 상태로서(2.4×7.1cm), 제품 가공에 사용되고 남은 부분으로 추측된다.[63]

신라 가야에서 이모가이의 쓰임새는 주로 마구에서의 운주(雲珠, 말띠꾸미개)와 십금구(辻金具), 식금구(飾金具)이다. 운주는 마구에서 엉덩이 부분을 잡아매는 지점이고, 십금구(辻金具)는 머리에서 아구를 잡아매는 부분, 그리고 식금구(飾金具)는 마구의 장식이다. 가장 오랜 것으로 알려진 금관총의 식금구는 도합 6~7개, 지름 3cm 정도의 반구형이다. 이모가

이 제시되어 있음.

60) 문화공보부·문화재관리국, 『경주 황오리 제1·33호, 황남리 제151호 고분 발굴조사보고』, 1969, p.79, p.104.

61) 국립제주박물관, 『한국-일본 오키나와의 조개제품을 통한 선사시대 문화의 재발견』, 2005, p.169.

62) 유물의 실측도가 포함되어 있기는 하지만, 출토 유물에 대한 설명에서는 '소아의 下顎骨과 좌측 팔 아래에서', 길이 4.3cm, 폭 2.6~1.8cm의 '貝製 장신구 1점'이 출토한 사실만 기재되어 있다.(부산대학교박물관, 『김해 예안리 고분군』 Ⅱ(본문), 1993, p.18, p.22)

63) 국립제주박물관, 『한국-일본 오키나와의 조개제품을 통한 선사시대 문화의 재발견』, 2005, pp.168-169.

이 십금구와 같은 크기의 유리제 식금구 8개, 대형 유리제품 1개가 함께 출토되었다. 이후, 황오리 33호분에서 이모가이를 사용한 운주[64]와 2개분의 패류,[65] 황남리 151호분에서 지름 4~5cm 크기에, 이모가이를 사용한 사각 운주,[66] 천마총에서 이모가이를 사용한 운주, 금령총에서는 칠각(七脚) 운주와 사각(四脚) 십금구, 그리고 산청군 단성에서도 출토하였다.[67]

황남대총 남분에서 출토한 3개의 운주는 이모가이 나탑부(螺塔部)를 이용하여 만든 것으로 조개 중앙에 금동제 대를 수직으로 세워 장식한 '입주부(立柱附) 운주'이다. 금관총에서의 4개의 운주는 중앙에 구멍이 뚫린 것으로 '입주' 부분은 확인되지 않지만 역시 유사한 '입주부(立柱附) 운주'로 파악된다.[68] 미추왕릉 7지구4호분에서도 이모가이를 금속제 원

---

64) "圓座形 운주 대소 7개분: 모두 토기층 북측에서 발견되었다. 그중 가장 큰 1개는 불규칙하게 3개씩의 釘으로 고정시킨 꼬다리가 6개 붙어 있다. 다른 것들은 십자형으로 4개씩 붙어 있다. 그중 3개는 圓座 底徑 3cm 정도의 소형이다."(문화공보부, 『경주 황오리 제1 · 33호, 황남리 제151호 고분 발굴조사보고』, 1969, p.79, p.104)

65) "대형의 소라 殼 2개분으로 모두 파손되었다. 그중 형태를 알아볼 수 있는 1개는 長 12cm 정도이다."(문화공보부, 『경주 황오리 제1 · 33호, 황남리 제151호 고분 발굴조사보고』, 1969, p.79, p.104)

66) 경주 황남리 151호분에서 출토한 5개분 운주는 "은제로서 부식되어 그 형태를 근근히 일부 알아 볼 수 있는 정도였다. 낮은 圓形座의 주변에는 혁대에 결착시키는 4脚을 붙였다. 이러한 형태의 운주는 금령총에서도 출토되었다"고 하였다.(문화공보부, 『경주 황오리 제1 · 33호, 황남리 제151호 고분 발굴조사보고』, 1969, p.127, pp.142-143)

67) 木下尙子, 「イモガイをつけた馬具-騎馬文化の中の南海産貝」 『南島貝文化の研究-貝の道の考古學』, 法政大出版局, 2013, pp.353-354.

68) 국립제주박물관, 『한국-일본 오키나와의 조개제품을 통한 선사시대 문화의

형 고리 안에 넣은 운주가 여러 점 출토하였다.[69]

4, 5세기 신라와 가야에서 유행한 마구에서의 이모가이 사용 풍습은 6세기 큐슈 지역으로 전해졌고, 6세기 후반 7세기 초가 되면 그 풍습은 동일본에까지 널리 파급되고 있다.[70] 기노시타(木下)는 완륜(腕輪)과 같은 조개팔찌(貝釧)가 비교적 큐슈 지역에 제한된 것과 달리, 이모가이 마구가 동일본에까지 널리 파급된 데에는 금공(金工) 기술 집단을 거느린 기내(畿內) 호족들의 영향력이 작용한 것으로 파악하였다.[71]

오키나와 열도산으로 보이는 조개류는 신라, 가야만이 아니라 백제의 도읍 공주에서도 출토된 사례가 보고되어 있다. 공주 옥룡동 고분에서 출토한 조개장식품(3.5×9.0cm)은 개오지 상, 하단 양쪽에 구멍을 뚫어 얇은 청동막대를 끼우고 고정시킨 뒤 고리를 달았다.[72] 공주 무령왕릉에서는 산호제품(3.5×4.2cm)이 출토되었다. 작은 구멍이 뚫려 있고 청동가루가 붙어 있어 원래 청동제 물건과 결합된 상태였던 것으로 보인다.[73]

이제 이상에서 논의한 오키나와 산 조개의 출토 사례를 표로 정리하

재발견』, 2005, p.171.

69) 국립제주박물관, 위의 책, p.173.

70) 木下尚子, 앞의 논문, pp.354-357.

71) 木下尚子, 앞의 논문, pp.356-357.

72) "이러한 크기의 개오지는 국내에서 서식하지 않는 것으로 산호초의 바다에서 채취 가능한 것이다. 백제 웅진기에 중국 남조와의 교류가 활발하였기 때문에 중국 남조로부터 유입된 것이 아닌가 추정되고 있으나 조개 자체는 오키나와 산일 가능성도 있다."(국립제주박물관, 『한국-일본 오키나와의 조개제품을 통한 선사시대 문화의 재발견』, 2005, p.177)

73) 국립제주박물관, 위의 책, p.177.

면 다음과 같다.[74)]

고대 유적 출토의 오키나와 산 조개

유적명	지역	조개 종류	수량	시기	비고
평양 낙랑 정백동 8호묘	낙랑	이모가이	원통상제품 2	1세기 중반	동호내 출토
경남 창원 가음정동 패총	금관가야	이모가이	가공폐재 1	3~4세기	포함층 출토
경남 김해 예안리 77호분	금관가야	이모가이	장신구(패부) 1	4세기 후반	소아 좌완 착장
경남 경산 임당동 E-1호분	신라(압독)	긴다카하마	어형장식품 1	4~5세기	분구내 출토
경주 황남대총 남분/ 금관총/금령총/천마 총/황남리 151호/미 추왕릉 7지구4호 외	신라	이모가이	마구 (식금구 · 십금구 · 운주)	5세기 중반 ~7세기 초	십 수개 소의 고분에서 출토
경남 산청군 단성읍	가야 ?	이모가이	마구 운주 8	5~6세기	오구라 컬렉션
전남 해남군 조산고분	백제	고호라	위신재(팔찌) 1	5세기 후반 ~6세기 초	보수흔 있음
경남 고령 지산동 44호분	대가야	야광패	위신재(수저) 1	5세기 말 ~6세기 초	왕족 묘
공주 옥룡동 고분	백제	개오지	장식품 1	6세기 전반	
무령왕릉	백제	산호제품	장식품 ?	6세기 전반	
경주 분황사	신라	이모가이	장엄구 3	7세기 전반 (634)	제품 1, 소재 1

신라 가야유적에서의 오키나와 산 조개류의 유물, 마구에서의 이모
가이 사용의 유행은 고대 사회에서 이미 오키나와 문물이 한반도에 유

---

74) 木下尚子,「韓半島の琉球列島産貝製品 -17世紀を對象に」『韓半島考古學論
叢』(西谷 正 編), すずさわ書店, 2002, p.534의 표를 약간 변형하여 옮기고,
백제(공주) 출토례 2건을 추가함.

입되고, 특정 용도에 제한적이었던 것이기는 하나 유행하고 있었던 점을 반영한다. 고대 한반도에서 사용된 대표적 조개인 이모가이는 주로 소재가 유입되어, 마구 등의 제작에 맞추어 가공, 사용되었을 것이다. 신라, 가야 등 고대사회에서의 이러한 오키나와 산 조개의 이용에 비추어 볼 때 분황사 탑의 이모가이를 중수시가 아닌, 창건시에 봉안한 것으로 보는 견해는 일단 자연스러운 연결이라 할 수 있다. 다만 분황사 탑의 이모가이 자료는 5~6세기 신라·가야에서의 패류 사용 유행이 끝난 뒤인 7세기의 것이라는 점이 유의된다.

4. 고려 후기 분황사 탑의 중수와 이모가이

분황사 탑의 역사에서 숭녕중보는 기록에 없는 고려시대 분황사 탑의 중수, 그리고 사리 장엄의 재봉안 사실을 말해주는 것이라는 점에서 매우 중요한 자료이다. 석함 내 숭녕중보의 존재로 인하여 634년 창건 이후 분황사 탑이 고려시대에 보수 되었고, 사리장엄구도 이때 재봉안된 것이었음은 의심의 여지가 없다. 그리고 그 시기는 숭녕년간(1102~1106) 이후가 된다. 미시마(三島 格)가 "석함은 12세기 개수 연대의 시기로 보는 것이 좋을 듯하다"[75]고 하여 12세기 보수설을 명시한 것도 바로 숭녕중보에 근거한 입론인 것이다.[76]

---

75) 三島 格, 「韓國慶州芬皇寺のイモガイ」『アジア文化』11-13, 1975, p.210.

76) 주경미는 석탑 안의 사리장엄구 봉안에 사용된 석함을 창건시의 것으로 보았다. 방형 함은 남북조시대 이후 중국 불사리장엄구의 대표적 형식이며, "자연석을 그대로 이용하면서, 윗면과 중앙 수혈공 등 일부만을 변형하고 조각한 제작 방식은 고신라 특유의 방식"이라는 것이다.(주경미, 「분황사석탑 출토

그런데 분황사 탑의 이 숭녕중보가 실제 분황사 탑과는 전혀 무관한 유물이라는, 아주 다른 차원의 문제가 제기 되어 관심을 끌었다. 이를 직접 인용하면 다음과 같다.

> 숭녕중보가 석함 내에서 출토되었음을 입증하는 유일한 자료는 국립경주박물관의 유물 카드뿐이다. 현재 국립경주박물관 유물 카드에 의하면 분황사 석탑에서 출토된 동전은 상평오수전 1점과 숭녕중보 1점 등 2점뿐이다. 그러므로 언제부터인지는 알 수 없지만 상평오수전 1점 대신 숭녕중보 1점이 박물관 소장의 석함 출토 유물에 포함된 것이다. (중략) 이것은 아마도 일제시대 발굴자들의 실수로 일어난 현상일 가능성이 가장 크다.[77]

고려시기에 해당하는 송전 숭녕중보는, 일제시대에 분황사 석함 내의 유물로 잘못 포함하였다는 것이다.[78] 비슷한 견해는 박대남에 의해서도 표방되었다.[79] "이는 아마도 후에 유물 정리 시 숭녕중보가 분황

사리장엄구의 재검토」『시각문화의 전통과 해석』(김리나교수 정년퇴임기념 미술사논문집), 2007, 예경, pp.285-286) 박대남도 분황사 탑 사리석함의 뚜껑 네 모서리를 귀죽임한 '盝頂型(녹정형)'으로서, 북위 연간에 출현하여 중국에 확산된 것으로 백제·신라에 영향을 준 것이라 추정 하였다.(박대남, 「사찰구조와 출토유물로 본 분황사 성격 고찰」『한국고대사탐구』 3, 2009, pp.62-63)

77) 주경미, 위의 「분황사석탑 출토 사리장엄구의 재검토」, p.287.

78) "즉 석함 내에서는 원래 상평오수전 2점이 출토 되었으며, 이후 어느 때인가 상평오수전 1점과 숭녕중보 1점이 뒤바뀌면서 석함 내 출토유물이 아닌 숭녕중보가 석함내 출토유물로 인식되게 된 것으로 추정된다. 숭녕중보는 아마도 석탑 부근에서 발견된 동전일 가능성이 크지만, 정확한 출토지를 알기는 어렵다."(주경미, 위의 논문, p.287)

79) "특히 주목되는 것은 동전이다. 일제시의 발굴보고서에는 상평오수전 앞뒷

사 사리 공양품에 잘 못 분류 삽입된 것으로 그것이 지금까지 검토 없이 그대로 받아들여진 것에서 비롯된 것"이며, "분황사 모전석탑 사리 공양품 일체는 석탑 창건 당시의 것으로, 이후 교

란되거나 추가 매납 없이 보존되어 왔음을 확인하였다"는 것이다.[80] 이로써 분황사 탑의 고려 중수설은 근거없는 해프닝으로서, 성립하기 어려운 것처럼 보인다. 그러나 이점은 그렇지 않다.

위에 언급한 보고서 자료에 해당하는 『조선고적도보』에는 분황사 사리장엄 유물 목록이 비교적 세세하게 수록되어 있고,[81] 위의 지적대로

면의 도판이 수록되어 있다. 그러나 언제부터인지 보고서에 보이지 않던 숭녕중보가 분황사 모전석탑 매납품에 포함되면서 고려시대 중수설을 뒷받침하는 근거 자료로 이용되고 있으며, 이에 따라 사리 5과를 능직물에 싸서 넣은 은합 또한 고려시대 중수 시 매납한 것으로 여기게 된 것이다. 그러나 일제 시의 보고서에는 어디에도 숭녕중보가 보이지 않는다."(박대남, 「사찰구조와 출토유물로 본 분황사 성격 고찰」 『한국고대사탐구』 3, 2009, p.72)

80) 박대남, 위의 논문, p.72, p.74 참조.

81) 분황사 탑 사리장엄 유물에 대한 최초 보고 자료인 朝鮮總督府, 『朝鮮古蹟圖譜』 3(1916, pp.327-332)에는 상당히 많은 량의 유물이 사진과 함께 실려 있다. 목록을 그대로 옮기면 다름과 같다. (990 · 991)석함, (992)은제 盒子 · 舍利及絲片, (993)수정제품, (994~996)貝製品及貝, (997~1028)玉類及陶製裝飾品, (1029~1036)옥류, (1037~1039)수정, (1040 · 1041)유리제

실제 숭녕중보에 대한 언급이나 사진 자료는 여기에서 확인되지 않는다. 대신 상평오수전을 앞 뒷면 두 장 사진(1090, 1091)으로 소개하여, 자칫 2개의 동전으로 잘못 착각 할 수 있게 되어 있다. 문제의 숭녕중보가 주장대로, 정말 후대 자료 정리 과정에서 잘못 끼어들어가 혼선을 야기한 것인가 하는 의심을 불러일으키는 대목이다. 그러나 분황사 탑의 보수공사와 사리공양품 발견에 대한 소식을 처음 전하는 1915년도 기사에서는 발견유물의 일부로서 상평오수전 이외에 숭녕중보가 포함되어 있음이 확인된다. '고전(古錢) 2'라 하고, "그 가운데 하나는 상평오수, 하나는 숭녕중보"[82]라 한 것이 그것이다. '경주에서 고기물(古器物) 발견'이라는 제하(題下)의 관련 자료 내용 전문을 번역하여 옮기면 다음과 같다.

경상북도 경주군 내동면에 현존하는 분황사 전탑을 보존하기 위하여 조선총독부에서 이것을 수선 공사 중인데, 금년 10월 중순, 공사 감독자가 이 탑의 제3층 안에서 방(方) 2척의 석곽을 발견하고 경관 입회하에 열어보았는데, 은제 합(지름 1촌3분) 1, 수정평옥(水精平玉, 지름 1촌6분, 두께 6분) 1, 구옥(勾玉) 대소 14, 식옥(飾玉) 348, 금제 방울(지름 약 3분) 2, 은제 방울(지름 약 2분5리) 1, 동제 가위 1, 침통(筒은 금, 은제로 안에 金針 1, 수은침 1개를 넣었고, 침의 길이는 모두 1촌2분), 금속제 사권(絲卷, 지름 8분), 옥 파편

품, (1042~1050)小鈴及裝飾品, (1051~1056)絲卷(?)·針筒·針·筒及鋏, (1057~1065)玉類及同破片, (1066~1077)金銅金具, (1078·1079)練製品, (1080·1081)金具, (1082)청동제 鑷, (1083~1088)청동제품, (1089)청동제 提瓶形 용기, (1090·1091) 상평오수전(정면, 背面)

82) 자료에는 숭녕중보가 아닌 '宗寧重寶'라 하였는데, 이는 '崇寧重寶'의 오자일 것이다.

05 634년경 건립되어 몇 차례의 중수와 변형을 거친 분황사 탑의 현재 모습

대소 17, 석제 표단(瓢簞) 1, 고전(古錢, 그 중 하나는 상평오수, 하나는 숭녕
중보) 2, 향목 1, 모래주머니, 기타 10여 점의 고기물(古器物)이 들어 있었다
고 한다. 탑은 신라 제27대 선덕여왕 무렵 호국기원을 위하여 축조한 것인
데, 이후 고려 숙종 때까지 6회 중수하고, 고종 16년에는 병화(兵火)를 입은
것으로 삼국유사에 전한다. 원래는 9층이었는데 지금은 아래 3층만 남아
탑에 이끼와 풀이 무성하다. 신라 고적 중 가장 귀중한 국보의 하나이다.[83]

이를 근거로 본다면, 송전(宋錢) 숭녕중보가 분황사 탑에 함께 봉안된
것이었음은 의심의 여지가 없다. 실수의 출발은 『조선고적도보』의 자
료사진에서 상평오수전의 앞, 뒷면을 게재함으로써 숭녕중보를 누락한
것이었다. 이 때문에 숭녕중보는 석함 내 유물이면서도 그 출처가 의심

83) 대정 4년(1915) 11월 5일 발행 『考古學雜誌』 6-3, p.68.

되어 왔던 것이다. 분황사 탑 석함 내 유물로서의 숭녕중보의 존재로 인하여 분황사 탑의 고려시대 중수 사실은 의심의 여지가 없는 일이라 할 수 있다.

분황사 탑 석함 내의 유물은 대체로 창건시의 것으로 인식되고 있지만, 고려시대 중수 때에 숭녕중보와 함께 추가된 자료도 포함되어 있을 것이다. 숭녕중보 1점만 추가한 것이라고 보기 어렵기 때문이다. 이와 관련하여 미시마(三島 格)는 우선 유물을 담고 있는 석함을 고려시대 중수시의 것으로 지목하였다. "석함은 12세기 개수 연대의 시기로 보는 것이 좋을 듯하다"[84]고 한 것이 그것이다.

석함 내 유물 중 고려기에 추가된 자료로 주목된 것이 사리가 담겼던 원통형 은합(지름 3.8cm, 높이 2.3cm)이다. 은합 안에는 5개의 사리를 천으로 싸서 봉안하였는데, 이 은합과 별도로 사리병으로 생각되는 유리병 조각이 역시 석함 내에 포함되어 있었다. 이 때문에 원래 사리병에 넣었던 사리가 병의 파손으로 인하여 은합에 넣어 다시 봉안된 것으로 추정한 것이다.[85] 유리병과 은합에 각각 다른 사리를 담아 처음부터 창건시에 함께 봉안한 것이라는 반론이 있지만[86] 유리병에 담겼던 다른 사리는 어디 가고 깨진 사리병만 은합에 함께 넣었을까하는 점에서, 이에

---

84) 三島 格, 「韓國慶州芬皇寺のイモガイ」 『アジア文化』 11-13, 1975, p.210.

85) 국립중앙박물관, 『불사리장엄』, 1991, p.112의 해설; 김연수, 「통일신라시대 사리장엄에 관한 연구」, 서울대학교 대학원 석사학위논문, 1992, pp.18-19 참조.

86) 주경미는 유리병과 은합이 처음부터 각각 다른 종류의 사리를 담아 봉안한 것이라고 보았다. 사진상의 상태로 보아 유리병의 병목이 작아 7~12mm로 추정되는 사리를 넣기에는 적합하지 않다는 것이다. 주경미, 앞의 「분황사석탑 출토 사리장엄구의 재검토」, p.289.

동의하기 어렵다.

분황사 탑 석함이 중수시에 보완되었다고 한다면, 이때 추가된 유물은 은합만은 아닐 것이다. 앞서 언급한 바와 같이 상평오수와 숭녕중보 2매의 화폐도 중수 때에 함께 추가된 것으로 보인다. 여기에서 분황사 탑의 이모가이는 어느 시기에 안치된 것일까 하는 문제가 야기된다. 니시타니(西谷 正)는 이러한 점을 착안하여 이모가이의 고려시기 봉안 가능성을 다음과 같이 언급한 바 있다.

> 이 절(분황사)의 석탑에서는 1915년에 행해진 수리시, 2층 탑신 중앙으로부터 석함에 안치된 장엄구가 발견된 바 있다. 삼국시대 신라의 것이라고 생각되는 유물과 함께 고려시대의 전화(錢貨)가 포함되어 있다. 그것은 숭녕중보인데 숭녕 년간 즉 숙종 7년(1103)에서 예종 원년(1106) 간에 주조된 것이다. 이것들과 섞여서 남해산 조개(이모가이)가 있는데, 혹시 그것이 고려의 것이라면 숙종대 중수할 때에 비로소 안치한 것이라 할 수 있고, 그렇다면 이 조개는 12세기 초 무렵 남방으로부터 한반도에 전해진 것일 것이다.[87)]

분황사 탑의 이모가이가 고려시대 12세기 초에 추가 봉안된 자료일 가능성을 제기하고 있다는 점이 주목된다.

앞에서 본 바와 같이 신라와 가야, 이 시기의 고분에서 오키나와 산으로 추정되는 조개류의 빈번한 출토 사례에 비추어볼 때 분황사 탑의

---

87) 西谷 正, 「高麗·朝鮮兩王朝と琉球の交流 -その考古學的研究序說」『九州文化 史研究所紀要』 26, 1981 참고. 이 논문은 필자가 우리말로 번역하여 충청문 화재연구원, 『금강고고』 4, 2007에 게재한 바 있다.

이모가이는 일단 창건기의 봉안물로 보는 것이 자연스러운 것은 사실이다.[88] 그러나 고려시대 중수 때에 추가된 자료일 가능성도 배제하지 않는 것이 좋겠다는 생각을 갖는다.

앞에서 언급한 바와 같이 분황사 탑의 이모가이는 5~6세기 신라·가야지역에서의 패류 이용과는 구별되는 점이 있다. 오키나와 산이라고 보기는 어렵지만, 탑 내 사리공양구의 일부에 조개를 넣는 사례가 후대, 15세기경에 보이고 있는 점도 이와 관련하여 유의된다. '전 수덕사석탑 사리구'(고려대학교 박물관 소장)의 예가 그것이다.[89] 천순(天順) 2년(1458)의 간

06 '전 수덕사탑 사리장엄구'에 포함된 조개류(고려대 박물관 소장)

---

88) 국립제주박물관 특별전의 도록에서도 이에 대해, "12세기 이후보다는 7세기의 유물일 가능성이 크다"고 하였다.(국립제주박물관, 『한국-일본 오키나와의 조개제품을 통한 선사시대 문화의 재발견』, 2005, p.178)

89) '전 수덕사석탑 사리구'라 하였지만, 실제 수덕사석탑에서 출토한 것이라고 확정하기는 어렵다. 그러나 자료 소장처에서의 의견은 충남 예산지역의 것일 가능성은 높다고 한다.

한국과 오키나와 - 초기 교류사 연구

기(刊記)가 있는 다라니경(全身舍利寶篋印陀羅尼經) 등과 함께 나왔다는 이 사리구에는 대소 10개의 황갈색 계통 조개가 포함되어 있다.[90] 조개의 종류는 노랑개오지, 우리나라에서는 제주도와 동해 남부, 남해 일부 연안에 분포하는 작은 패류이다.[91] 정확한 출토 상황을 알 수 없고 연대 문제도 모호한 점이 있어 논의를 더 구체화하기는 어려운 점이 있지만 사리공양구의 일부로 조개가 포함되어 있는 예로서 흥미 있는 자료이다.

신라·가야지역 고분에서 출토한 이모가이 자료의 대부분은 마구(馬具)의 부장에서 비롯된 것이어서 분황사에서와 같이 이모가이 자체를 넣은 것과는 확실히 구별된다. 또 분황사 사리장엄과 이모가이와의 관계가 모호할 뿐 아니라 부장된 탑 내 유물 중에 고려시대 중수 시에 새로 가입된 자료가 어떤 것들인지에 대해 아직 분명하지 않은 상태에 있다는 점도 유의해야 한다. 이러한 점에서 문제의 분황사 탑 이모가이가 고려시대 중수시에 넣어진 것일지도 모른다는 가능성을 배제하지 않고, 한편으로 논의의 여지를 남겨두는 것이 필요한 것이 아닌가 생각한다.

고려시대는 다양한 공예 재료가 공급되었기 때문에 오키나와 산 조개에 대한 수요는 크지 않았던 것으로 보인다. 그럼에도 불구하고 12세

---

90) 패류와 다라니경 이외의 동반 유물은 銅盒뚜껑, 銅鏡 2, 玉類, 錫鈴, 藥草類, 鑛石類 등이다. 이에 대해서는 국립중앙박물관, 『불사리장엄』, 1991, p.9, p.124 참조.

91) 개오지는 해남 군곡리 유적, 공주 옥룡동 백제고분에서도 발견된 바 있는데, 후자는 짧은 몸체 부분(가로)이 3.5cm의 큰 것이어서 국내산이 아닌 오키나와 산으로 추정되고 있다.(국립제주박물관, 『한국-일본 오키나와의 조개제품을 통한 선사시대 문화의 재발견』, 2005, p.165, p.177) '전 수덕사석탑 사리구'의 개오지는 큰 것 1점은 길이 4.7cm, 나머지 9점은 모두 길이 2cm 정도의 작은 크기이다.

기 초 기록에 일본의 상인들이 고려에 가져온 물품 가운데 남방산으로 추정되는 조개제품이 눈에 뜨인다.

> 동남해도부서에서 아뢰기를 일본국인 왕칙정(王則貞), 송영년(松永年) 등 42인이 와서 나전안장(螺鈿鞍橋), 칼(刀), 거울(鏡), 궤(匣), 벼루상자(硯箱), 빗(櫛), 책상(書案), 그림병풍(畵屛), 향로, 활과 화살(弓箭), 수은, 나갑(螺甲) 등의 물건을 바칠 것을 청하였다.(『고려사』 9, 문종세가 27년 추7월 삭 병오)

> 일본 상객 등원(藤原) 등이 와서 법라(法螺) 31개와 해조(海藻) 300속(束)을 흥왕사에 포시하고 왕을 위하여 축수(祝壽)하였다.(『고려사』 9, 문종세가 33년 11월 기사)

위에 나오는 나갑(螺甲), 법라(法螺) 등은 오키나와 산 조개일 가능성이 많은 것으로 생각된다. 고려시대에도 종종 패류의 유통이 있었음을 말해주는 것이다. 오키나와 산 류큐왕국의 조개는 근세에도 한 때 명·청(明淸)에 대한 정공품(正貢品)으로 다량의 '나각(螺殼)'이 진상되었다. 여기에서의 '나각'은 주로 오키나와의 대표적 조개류인 '야광패(夜光貝)'라고 한다. 식용으로도 쓰이고 나전 세공에 많이 쓰이는 것이다.[92] 류큐왕국의 명(明)에 대한 조공품 목록을 보면, 1425년 8,000개, 1428년 3,000개, 1431년 12,200개, 1434년 8,500개, 1596년 3,000개 등 다량의 나각(螺殼)이 공급된 것을 볼 수 있다.[93] 이러한 자료를 참고하면 고려시대에도 오키나와 산 패류가 종종 일본을 통하여 유입되고 유통되었을 것으

---

92) 宮田俊彦, 「琉球の方物の一つ螺殼に就いて」『海事史研究』 20, 1973, p.31.

93) 岡本弘道, 「古琉球期における琉球王國の交易品」『琉球王國海上交涉史研究』, 榕樹書林, 2010, pp.237-239.

로 추측할 수 있다.

고려시대 분황사 탑의 중수는 어느 시기에 이루어진 것일까. 숭녕중보의 주조시기(1102~1106)에 근거하여 12세기로 보는 것이 일반적이지만, 앞에서 언급한 바와 같이 숭녕중보는 14세기까지도 유통된 것이어서 봉안이 12세기 이후가 될 가능성도 적지 않다. 분황사 탑은 벽돌 같은 작은 돌을 쌓아 올린 석탑이어서 자연적인 도괴, 훼손 등의 위험성이 상대적으로 적은 것으로 생각된다. 그럼에도 불구하고 이 탑이 고려시대에 중수된 것은 전란으로 인한 훼손 때문일 가능성이 많은 것으로 판단한다. 분황사 탑이 파손된 것에 대해서는 임진왜란 때의 일이라는 기록이 있다. 『동경잡기』에 "분황사 탑은 9층으로 신라삼보의 하나인데 임진왜란 때 그 반이 훼손되고, 이후에 어리석은 중이 수리하려다 다시 훼손하였다"[94]는 것이 그것이다. 이에 의하면, 1차 훼손이 임진왜란이고, 그후 사승(寺僧)에 의한 보수 공사가 잘못되어 2차 훼손이 있었다는 이야기이다.

분황사 탑이 임진왜란 때에 손상을 입었다고 한다면 13세기 몽골 침입 때의 파손도 가능한 일이다. 몽골 전란 시인 1238년(고종 25) 황룡사와 9층탑이 소실될 때 경주는 큰 피해를 입었다. 황룡사 탑의 소실 시점에 대해서 필자는 기왕에 황룡사의 소실을 1238년(고종 25)의 겨울, 즉 음력 10~12월의 일이었음을 논증하였는데,[95] 경주 역대 수령의 명단을 정리한 〈동도역세제자기(東都歷世諸子記)〉에 황룡사 소실의 시점을

---

94) 『東京雜記』 2, 고적.

95) 윤용혁, 『고려 대몽항쟁사 연구』, 일지사, 1991, pp.75-78.

1238년의 '10월 11일'[96](양력 11월 25일)이라는 날짜가 기재되어 있다.[97]

경주 흥륜사가 소실된 것도 이때의 일이었다. 경주 황룡사와 흥륜사가 피해를 입었다면 황룡사 바로 옆의 분황사와 탑이 함께 피해를 입었을 가능성은 극히 높다. 고려시대 분황사 탑의 중수가 필요하게 된 것은 몽골 전란으로 인한 탑의 파손 때문이었을 것이다. 동시에 그것은 탑만의 문제가 아니라 분황사의 전반적 소실로 이어진 것이었다고 생각된다.[98] 따라서 분황사와 분황사 탑은 13세기 전란 이후 절의 중수가 불가피했던 것이라 할 수 있다.

분황사지에 대한 발굴조사 결과에 의하면 634년 창건 이후 8세기 중엽 1차 중건이 이루어지고, 고려 후기에서 조선 초 사이에 2차 중건이 이루어졌다. 그런데 2차 중건의 금당 면적(38평)은 통일신라 1차 중건(172평)의 것에 비하여 22% 수준으로 대폭 축소되고 방향도 남향에서 서향으로 변경되는 등 크게 달라진 것이었다. 사역의 규모가 크게 축소되었음은 물론이다. 이러한 점을 고려하면 원래 9층이었을 탑이 지금처

---

96) "戊戌年 十月十一日 皇龍寺等乙 蒙古人等亦 付火燒込"〈東都歷世諸子記〉는 1475년(성종 6)에 경주부윤 梁順石이 李存仁을 시켜 정리한 것이다.(노명호 외, 『한국 고대 중세 고문서연구』 상, 서울대출판부, 2000, pp.350-354)

97) 장동익, 『고려시대 대외관계사 종합연표』, 동북아역사재단, 2009, p.458; 허인욱, 「삼국유사 황룡사 구층탑의 편년 검토」 『사학연구』 113, 2014, p.23.

98) "황룡사와의 이격 거리가 200m도 되지 않을 정도로 지근에 위치한 분황사의 경우, 이처럼 엄청난 병화의 소용돌이에 휩쓸리지 않고 무사히 피해갔을 개연성은 거의 없었다고 보는 것이 타당할 것이다."(유홍식, 「분황사 가람 배치와 변천에 관한 고찰」 『분황사 출토유물』, 국립경주문화재연구소, 2006, pp.160-161; 국립경주문화재연구소, 『분황사 발굴조사보고서』 II-3, 2015, p.1825) 조사에서는 4.8cm 길이 청동제 화살촉 1점이 확인되었다.(위 보고서, p.1534, p.1537)

럼 크게 낮추어진 것은 1238년 몽골 전란으로 인한 피해의 결과가 아니었을까 생각된다. 사역과 금당의 규모가 크게 축소된 상황에서 탑의 높이를 구태여 원상대로 복원할 필요가 없었을 것이기 때문이다.

분황사의 경우 절의 복구가 몽골 전란 종식 이후일 수 있지만, 늦어도 13세기를 넘기지는 않았을 것이다. 경주 흥륜사의 경우를 보면 절의 복구가 경우에 따라서는 매우 조속히 이루어질 수도 있었던 것 같다. 몽골 전란으로 피해를 입은 경주 흥륜사의 종은 1244년(고종 31) 9월에 다시 주조가 이루어지고 있다. "갑진년(1244)에 이르러 도인 정견(定堅)이 유수인 예부 노연(盧演)과 함께 발원하여 불 탄 재 속에서 남은 쇠조각을 수습하고 또한 단월에게 권장하여 얻은 쇠를 합쳐 일만 근으로 큰 종을 주성하여 명문을 쓰도록 나에게 청하였다"[99]는 것이다. 흥륜사 종은 필시 1238년 황룡사의 소실 때 함께 피해를 입은 것으로 보이는데, 그렇다면 흥륜사의 경우는 6년 만에 바로 종의 재주(再鑄)와 중수작업이 이루어진 셈이다. 이러한 점에서 필자는 분황사 탑의 중수가 이루어진 것은 13세기 후반의 일이었고, 그 필요는 1238년 전란으로 인한 피해 때문이었다고 생각한다.

분황사 탑 이모가이의 봉안이 혹 고려 후기 분황사 중수시에 이루어진 것이 아닐까하는 의견이지만, 아직 이를 뒷받침할 적극적 근거가 부족한 것이 사실이다. 그러나 13세기는 오키나와에 국가의 성립이라는 급격하면서도 중요한 변화가 진행되는 시기였고, 고려와의 교류 사실을 뒷받침하는 자료가 등장하고 있다. 1273년으로 추정되는 우라소에

---

99) 승려 定堅이 동경부유수 예부시랑 盧演의 도움을 받아 흥륜사종을 다시 만들었다.(眞靜國師 天頭 『湖山錄』 4, 興輪寺大鐘銘幷序)

성(浦添城)의 '계유년고려와장조(癸酉年高麗瓦匠造)'명 고려기와,[100] 그리고 오키나와 유적에서 출토하는 고려 청자편 자료들이[101] 그것이다. 향후 이에 대한 자료의 증가가 이루어진다면, 기록이 없는 13, 14세기 고려 와 오키나와의 초기 교류사에 대한 더 구체적인 사실 파악에 대해서도 기대를 걸어볼 만하다고 생각한다.

맺는말

본 연구는 634년(선덕여왕 3)경 건축된 경주 분황사 탑의 사리공양 유물에 포함되어 있는 오키나와 산 이모가이에 대하여 검토한 논문이다. 필자가 이를 주목한 것은 이 자료가 한국과 오키나와 초기 교류사의 대표적 유물로서 중요한 것이라는 점 이외에 1915년 정비 작업시에 확인되어 이미 100년이 넘은 것이지만 국내에서의 관련 연구가 거의 이루어진 것이 없는 상태라는 점 때문이다.

분황사 탑 사리공양구 일괄 유물 중에는 송대의 화폐인 숭녕중보가 포함되어 있어서, 분황사 탑이 고려시대 중수 되었으며 이 때 사리공양 유물이 재봉안 되었음을 말해주고 있다. 이 때문에 이모가이의 봉안 시기도 창건기인 7세기 초 이외에 12세기 봉안 가능성이 제안된 바 있다.

---

100) 安里 進, 『琉球の王權とグスク』, 山川出版社, 2006; 池田榮史, 「沖繩におけ る高麗瓦研究と今後の展望」『13세기 동아시아세계와 진도 삼별초』, 목포 대학교박물관, 2010; 윤용혁, 「우라소에성(浦添城)과 고려 · 류큐의 교류사」 『사학연구』 105, 2012.

101) 한성욱, 「고려 청자와 류큐왕국」『흙으로 빚은 보물, 부안 청자』, 학연문화 사, 2008, pp.216-225.

그러나 근년, 문제의 숭녕중보는 발굴시에 없었던 것인데 후대에 잘못 분황사 유물에 포함된 것이며 따라서 분황사 석함 내 유물이 모두 창건 기의 상태 그대로라는 견해가 적극적으로 제기되기까지 하였다. 이러한 문제 제기는 그동안 이에 대한 기초적인 검토 작업이 충분히 이루어지지 못했다는 것을 말해주는 것이기도 하다.

본고에서는 송대 화폐인 숭녕중보가 원래 조사시에 존재했던 자료임을 확인함으로써, 분황사 탑의 고려시대 중수설에 문제가 없음을 뒷받침하였다. 다만 분황사 중수의 시기는 화폐가 주조된 12세기로 한정하는 것보다는 화폐의 유통 시기를 감안하여 12세기에서 14세기까지로 넓게 열어두는 것이 필요하다는 점, 그리고 중수의 필요성이 제기된 것은 1238년 몽골군에 의한 파괴 때문인 것으로 추정하였다. 그리하여 분황사와 탑의 중수 시기를 13세기 후반으로 추정하였다. 이는 기왕의 분황사지 발굴조사 결과와도 부합하는 것이다. 이와 관련 상평오수와 숭녕중보 2매의 화폐는 창건과 중수에 각각 넣어진 것이 아니고, 13세기 후반 중수시에 함께 넣어졌을 가능성이 많은 것으로 보았다.

한반도에서 오키나와 산 조개가 많이 사용되는 시기는 5, 6세기 신라와 가야에서의 일이다. 특히 마구의 일부인 운주 제작에 가공된 이모가이가 많이 사용 되었으며, 이 때문에 이 시기 고분의 부장품에서 그 활용상이 확인되고 있다. 이러한 배경에서 분황사 탑의 이모가이가 634년 창건기에 봉안된 것이라고 보는 것은 논리적으로 무리해 보이지 않는다. 그러나 고분에서 출토한 이모가이 자료의 대부분은 4~5세기 마구(馬具)의 부장에서 비롯된 것이어서 분황사에서와 같이 이모가이 자체를 넣은 것과는 확실히 구별된다는 점, 그리고 부장된 탑 내 유물 중에 고려시대 중수 시에 새로 가입된 자료가 어떤 것들인지에 대한 분석이 아직 분명하지 않은 상태라는 점에서, 문제의 이모가이가 고려시대 중수 시에 넣어진 것일지도 모른다는 가능성도 배제하지 않고 여지를 남겨두는 것이 필요한 것으로 생각한다.

한국과 오키나와의 교류 관계 역사를 추적하는 일은 한국 역사의 시야를 넓혀가는 일이라는 점에서 일정한 의미가 있다고 생각된다. 분황사 탑 이모가이는 이같은 관점에서 앞으로의 보다 심층적인 연구와 관심이 요구된다.

* 본고는 국립해양문화재연구소, 『해양문화재』 12, 2019에 실린 것임.

제2장

흥해 고려종에 대한 역사적 연구

머리말

나하(那覇)에 소재한 오키나와(沖縄) 현립박물관에는 '구 나미노우에궁(舊波上宮) 조선종 용두'라는 명칭의, 고려 범종의 종뉴(용두) 1점이 소장되어 있다. 원래 광종 7년(956) 흥해(포항시 흥해읍)에서 제작된 것인데, 높이 1m가 조금 안되는 종의 본체(높이 82.1cm)는 망실되고, 훼손된 작은 용뉴 덩어리(길이 17.3cm) 하나만 남겨져 있는 것이다. 이것은 1944년 태평양전쟁의 와중에서 미군의 공습에 의하여 불태워진 나미노우에신사(波上宮, 沖繩縣 那覇市 若狹)에 소장되어 있던 고려종의 잔편(殘片)이다.

'파상궁 종'으로 일본에서 불려진 이 종은 원래 고려 초 광종 7년(956)에 만들어져 退火郡(退火郡, 흥해; 경북 포항시 흥해읍)의 한 절에 봉안되었던 것이다. 종명(鍾銘)의 모두(冒頭)에 '퇴화군대사종(退火郡大寺鍾)'이라 밝혀져 있어서 이것이 정확한 명칭이 될 수 있다. 퇴화군이 지금의 흥해읍에 해당하기 때문에 '흥해 대사종' 혹은 '흥해 고려종'으로도 불린다. 본고에서는 이 여러 명칭 중 '흥해 고려종'이라는 명칭을 사용하고자 한다. 또한 이 종이 10세기(956)부터 20세기(1944)까지 거의 1천 년에 걸치는 존재의 역사적 상징성을 강조하는 의미에서 '천년 종'이라는 또 다른 별칭을 사용한다.

흥해 고려종은 고려시대의 남은 종 가운데는 가장 이른 시기의 것이라는 점에서 일단 주목되는 자료이다.[1] 거기에 그것이 어떻게 일본, 그것도 오키나와에까지 유출되었을까 하는 문제가 흥미를 끈다. 이 종에 대한 논의를 필자가 처음 접한 것은 오키나와와 고려의 교류사에 대한 니시타니(西谷 正)의 논문을 통해서였다.[2] 그 후 2011년에 류큐대학(琉球大學)에 채재하면서 오키나와와 한반도간의 교류사와 관련한 여러 가지 흥미 있는 소재들에 대하여 주목하게 되었는데,[3] 본고도 이때 관심을 갖게 된 주제의 하나였다.

원래 종이 봉안되었던 흥해의 절 위치는 분명하지 않지만, 같은 흥해 읍의 중성리에서 2009년 '중성리 신라비'가 발견되고,[4] 1989년 발견되

---

1) 이에 대해서는 신라종과 고려종 구분의 기준으로 삼을 수 있는 근거자료로서 그 의미가 지적된 바 있다. 藤田亮策,「高麗鐘の銘文」『朝鮮學報』14, 1959, p.193 참조.

2) 西谷 正,「高麗·朝鮮 兩王朝と琉球の交流-その考古學的研究序說」『九州文化史研究所紀要』26, 九州大, 1981. 필자는 이 논문의 자료적 가치에 주목하여 국내에 번역 소개한 바 있다.(윤용혁 역,「고려·조선과 유구의 교류」『동아고고학』4, 충청문화재연구원, 2007)

3) 윤용혁,「우라소에성(浦添城)과 고려·류큐의 교류사」『사학연구』105, 2012; 윤용혁,「오키나와의 '아카하치 홍가와라의 난'에 대하여」『지방사와 지방문화』15-1, 2012.

4) 서기 501년 제작으로 추정된 중성리 신라비에 대해서는 발견 직후인 2009년에 국립경주문화재연구소에서『포항 중성리신라비』를 펴낸 이래 경주문화재연구소 혹은 한국고대사학회 등에 의한 몇 차례의 학술회의 과정을 거쳐 비문의 판독이 이루어지고 역사성이 구체화되었다. 국립경주문화재연구소,『포항 중성리신라비 발견기념 학술심포지움』, 2009 및 한국정신문화연

어 국보 264호로 지정된 신광면의 '냉수리 신라비' 역시 이에서 멀지 않은 것이고 보면, 이 흥해 지역의 전통과 역사성을 재인식하게 된다.

본고는 천년 역사를 가진 이 흥해 고려종에 대하여 종의 조성 배경으로부터 유출 경위, 종의 망실 등, 종이 겪었던 천 년의 이력을 정리하여 소개하는 것이 주요 목적이다.[5] 이같은 작업은 포항시의 북쪽에 자리한 흥해 지역의 역사성에 대한 재인식의 기회를 새롭게 제기하는 것인 동시에, 잊혀졌던 오키나와와 고려 역사의 상호 연계에 대한 인식을 새롭게 하는 의미가 있다고 생각한다.[6]

1. '흥해대사(興海大寺)'의 고려종

고려 건국 초인 광종 7년(956)에 흥해(포항시 흥해면)에서 제작된 흥해 고려종의 크기는 높이 82.1cm, 구경 56.9cm로서 대략 중규모(中形)의 종에 해당한다. 상하대(上下帶)의 주문양은 모란당초문이고 상대(上帶)는 그

구원·한국고대사학회, 『신발견 포항 중성리신라비에 대한 역사학적 고찰』, 2009 참조.

5) 흥해 고려종을 직접 다룬 기왕의 논문으로는 홍종필, 「오키나와(沖繩)의 구국 보였던 朝鮮鐘(흥해대사종)에 대하여」(『인문과학연구논총』 16, 명지대학교, 1997)가 있다. '조선왕조의 협조로 발전한 유구 불교', '흥해대사종이 유구로 건너간 유래와 복원에 대하여', '흥해대사종의 양식과 형태' 등을 줄거리로 하고 있다. 핵심이 되는 '유구에 건너간 유래'에 대해서는 필자와 서로 의견이 갈리지만, 본고와는 상호 보완의 의미가 있는 것으로 생각한다.

6) 본고를 작성하는데 필요한 종에 대한 일반적 지식을 얻기 위하여 염영하, 『한국종 연구』, 한국정신문화연구원, 1984; 이호관, 『범종』, 대원사, 1989; 국립문화재연구소, 『한국의 범종』, 1996; 최응천·김연수, 『금속공예』, 솔, 2003; 곽동해, 『범종』, 한길아트, 2006 등을 두루 참고하였다.

아래쪽, 하대(下帶)는 위 아래쪽에 주문(珠文)이 있다. 4개의 유곽(乳廓)에 9개를 배치한 종뉴(鍾鈕)는 연꽃봉우리처럼 입체적으로 튀어 나왔고, 유곽은 구름 무늬로 장식되어 있다. 좌우 양측에 원형의 당좌(撞座)가 있는데, 연화문과는 조금 다른 8잎의 화엽(花葉) 형태로 되어 있고, 내구(內區)에는 8개의 여의두문을 놓았다. 당좌 좌우에는 각 1구의 천인상(天人像)이 있는데, 오른쪽은 구름 위에 서서 무용하고 있고 왼쪽은 구름 위에 무릎을 꿇고 앉아 악기를 가진 것처럼 보인다.[7] 전체적으로 신라종의 전통을 이어 받아, 균형이 잘 잡히고 우아한 모양의 종이라 할 수 있다.

흥해 고려종과 가장 가까운 시점에 제작된 종으로는 준풍 4년(963, 광종 14) 9월 18일 제작, 고미현(孤彌縣, 전남 영암) 서원(西院) 종이 있다. 흥해 종으로부터 7년 뒤에 제작된 것이다. 높이 60.7cm, 구경 41.4cm로서 흥해의 것보다 조금 작은 크기이며, 현재 일본 히로시마현 다케하라시(竹原市) 소련사(昭蓮寺) 소장품으로 되어 있다. 한편 흥해 고려종과 가장 유사한 작품으로는 일본 관음원(觀音院, 오카야마현 西大寺市 西大寺) 소장의 종을 들 수 있다. 높이 111.2cm, 구경 65.0cm로 비교적 큰 규모이다. 상, 하대 문양과 천인무용입상의 조각이 서로 유사하며, 특히 8잎의 꽃모양(八稜花形) 당좌가 거의 동일한 모습이다. 이 때문에 이 종은 흥해 고려종과 거의 같은 시기에 제작된 것으로 추정되고 있다.[8] 한편 흥해의 고려종과 지리적으로 아주 근접한 곳에 또 하나의 고려종이 있다는 점도 흥미있다. 1216년(고종 3) 제작, 포항시 오천읍 소재 오어사(吾魚寺) 종(보물 1280

---

7) 坪井良平, 『朝鮮鐘』, 角川書店, 1974, pp.78-79; 奈良文化財研究所 飛鳥資料館, 『新羅鐘·高麗鐘拓本實測圖集成』, 2004, pp.48-51.

8) 坪井良平, 『朝鮮鐘』, 角川書店, 1974, pp.101-102.

호)이 그것이다. 높이 93.5cm, 구경 61.0cm로 흥해 종보다 약간 크다고 할 수 있지만, 거의 같은 규모이다. 특이하게도 1995년 오어사의 일주문 앞 연지를 준설하는 과정에서 비로소 세상에 빛을 보게 되었는데, 임진왜란 때 피해를 면하기 위해 수장한 것으로 추정한다는 것이다.[9]

흥해 고려종에서 가장 주목되는 것은 종에 새겨진 비교적 긴 문장의 명문이다. 조성 경위, 봉안처, 조성연대 등이 기록된 좌측면의 명문(세로 14cm, 가로 28cm, 단 최후 1행만은 세로 26cm)은 다음과 같다.

退火郡大寺鍾表
夫鍾者三身摠名
也靜如金山應則
天雷猗哉大覓曉
度三界之群迷女
弟子明好子正朝
壽剛者上求菩提
正路下濟群生昏
衢敬造洪鍾仰歸
梵磬　伏願今上
皇帝德被有裁次
願國內安泰法界
茫茫　咸登彼岸

01 '흥해 고려종'

9) 곽동해, 『범종』, 한길아트, 2006, pp.130-133 참조. 그러나 이 종의 매립 경위가 임진왜란 때문이었는지는 다소 불명확하다. 14세기 왜구 침입 때의 일일 수도 있다고 생각되기 때문이다.

維顯德參季大歲丙辰正月二十五日記[10]

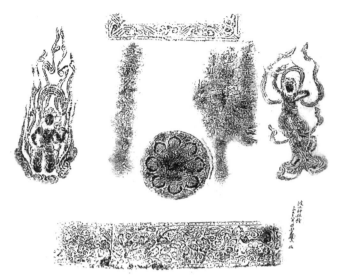

02 '흥해 고려종'의 문양 탁본[11]

---

10) 흥해 고려종의 명문은 藤田亮策,「高麗鐘の銘文」『朝鮮學報』14, 1959, pp.188-190 및 坪井良平,『朝鮮鐘』, 角川書店, 1974, p.79에 의함. 이는 朝鮮 總督府,『朝鮮金石總覽』; 葛城末治,『朝鮮金石攷』, 1935에 실린 판독을 수정한 것이다. '退火郡大寺鍾表'라는 제목이 있는 이 명문의 해석은 다음과 같다.(배 종도 역) "무릇 종이라는 것은 三身(法身·報身·應身)의 전체 이름이다. 고요 하기는 쇠로 된 뫼와 같고, 응하기는 하늘의 우레와 같다. 아, 크게 구함이여! 三界(欲界·色界·無色界)의 여러 미혹한 사람들을 깨우쳐 구제하도다. 여제 자 明好의 아들인 正朝 壽剛은 위로는 깨달음을 바른 길에서 구하고, 아래로 는 뭇 중생을 어두운 세상에서 구제하려고 경건하게 큰 종을 만들며, 우러러 부처의 경쇠에 귀의한다. 엎드려 今上 황제의 덕이 사람에게 미치길 빌며, 다 음으로는 나라 안이 安泰하고 법계의 많고 많은 중생들이 모두 피안에 오르 길 바란다. 현덕 3년 병진년(956, 광종 7) 정월 25일에 기록한다."(한국역사 연구회 편,『역주 나말여초 금석문』하, 혜안, 1996, pp.298-299)

이에 의하여 이 종이 경북 흥해 지역의 절에 봉안한 것이며, 종이 만들어진 시기가 현덕 3년, 즉 고려 광종 7년(956) 1월 25일임을 알 수 있게 되었다. 종의 조성 동기는 '황제'(광종)의 덕이 고루 미침으로써 국가가 평안하고 아울러 사람들이 모두 극락에 들어가기를 염원하는 바램이 표현되어 있다. 또 명문에 보이는 '여제자(女弟子) 명호(明好)'의 아들인 '정조(正朝) 수강(壽剛)'이 시주자 내지 발원자라 할 수 있다.[12] 절은 '흥해대사'라 하였지만, '대사'가 절 이름은 아닐 것이다.[13]

흥해의 이 종이 만들어진 광종 7년(956)은 광종이 혁명적 정치 개혁을 단행하기 시작한 시점이다. 956년 광종은 노비안검법을 실시하여 중앙호족들의 힘을 약화시키고, 다시 2년 후인 958년에는 혁신적 인재 등용 방식인 과거제를 채택한다. 흥해의 고려종이 만들어진 시점이 바로 이 건국 초 고려 왕조의 개혁 드라이브가 걸리는 시점에 해당한다는 점에서 우선 흥미를 끌고 있다. 한편 우측면의 명문(세로 24cm, 가로 10cm)에는 이 종의 제작에 간여한 인물이 다음과 같이 적혀 있다.

弼造都領 佐丞鄭暄達公
禁教指揮都領 (釋 慧初, 釋 能會)

---

11) 奈良文化財研究所 飛鳥資料館, 『新羅鍾·高麗鍾 拓本實測圖集成』, ビジネス教育出版社, 2004, p.49에 의함.

12) 종래 '여제자 명호자'와 '정조 수강'으로 읽은 것을 배종도가 수정하였다.(한국역사연구회 편, 『역주 나말여초 금석문』 하, 혜안, 1996, p.298)

13) '大寺'의 경우, '松山村大寺'(宇佐八幡鍾), '靑鳧大寺'(園城寺鍾) 등의 예가 있으며, 그 지역의 주 사원임을 암시한다. 藤田亮策, 「高麗鐘の銘文」 『朝鮮學報』 14, 1959, p.190 참고.

村主 明相卿庚順典吉貞觀能達

都監典 釋 能寂 景如 幹如

良吉

諸槃事使用通俗幷三百許人

여기에 나오는 필조도령(弼造都領) 좌승(佐丞) 정훤달(鄭喧達)은 주종 작업의 총지휘자이고, '금교(禁敎) 지휘도령(指揮都領)'이라 한 혜초(慧初), 능회(能會) 등의 승려, 촌주(村主) 명상(明相), 경(卿) 경순(庚順), 전(典) 길정(吉貞)·관(觀)·능달(能達)은 작업을 지휘한 사람들, 그리고 '도감전(都監典)'이라 한 능적(能寂)·경여(景如)·간여(幹如) 등의 승려와 양길(良吉)은 주종의 기술자인 것으로 생각된다.[14] 아울러 이 작업에는 승려와 일반인 도합 3백여 명이 동원된 것으로 되어 있다. 규모가 작지 않은 불사(佛事)였던 것이다.

2. '고려종'의 제작과 흥해

종이 만들어져 봉안된 지역인 흥해군은 신라시대의 퇴화군(退火郡)이다. 통일신라 경덕왕 16년(757) 의창군(義昌郡)으로 고쳤지만, 고려 초까지 여전히 '퇴화'라는 지명이 일반화되어 있었던 것 같다. 고려 태조 23

---

14) '弼造都領'은 '동종 鑄成의 主任', '禁敎 指揮都領'은 '불교상에서의 감독 지휘', '都監典'의 여러 인물들은 '실제 鑄成 사무의 담당자'라 하였다.(藤田亮策, 「高麗鐘의 銘文」『朝鮮學報』14, 1959, pp.192-193) 그러나 '村主 明相卿 庚順, 典吉 貞觀 能達'이라 읽은 명단을 배종도는 '村主 明相, 卿 庚順, 典 吉貞 觀 能達'이라 읽었다.(한국역사연구회 편, 『역주 나말여초 금석문』하, 혜안, 1996, p.299)

년(940) 의창을 '흥해'로 바꾸었지만, 광종 7년(956)의 이 종에 '퇴화군'이라는 지명을 채택하고 있는 점에서 이러한 분위기를 엿볼 수 있다. 현재의 포항시에 편입되어 있는 흥해의 지리적 특성에 대해서는 "조령을 넘어 동남쪽으로 바닷가까지 수 백 리를 가면 흥해라는 고을이 있는데, 땅이 가장 궁벽하고 험조하나, 어업·염업과 비옥한 토지 생산이 있다"15)고 하여, 지리적으로 궁벽한 느낌이 있지만, 다양한 물산이 산출되는 살만한 곳으로 알려져 있으며, 특히 신라시대에는 왕경의 바로 북쪽 외곽에 해안을 끼고 있다는 지리적 특성 때문에 왕경 방어에 매우 중요한 군사적 요충지로서의 지위를 가지고 있었던 것이다.

신라 말 호족이 발흥하던 시기에 이 흥해 지역은 '미질부(彌秩夫)'로 불리면서 '성주(城主)'라 칭해진 호족 세력에 의하여 지배되었다. 다만 호족의 세력권은 남, 북의 두 구역으로 나누어져 있었다. 미질부 즉 흥해지역이 남북 두 지역으로 나누인 것은 산으로 둘러싸이고 중앙에 서에서 동으로 흐르는 곡강(曲江) 등 자연 지형 때문이었을 것이다. 주변이 모두 산악지형에 둘러싸여 있고 오직 동쪽으로 열린 바다에 의하여 외부와 소통된다. 신라시대 동해신을 제사하는 중사(中祀) 아등변(阿等邊, 斤烏兄邊), 신라의 동독(東瀆)으로 지정되어 역시 중사에 편입된 참포(槧浦, 吐只河)의 존재는 고대 이래 흥해 지역의 중요성을 반영하는 것이기도 하다.16) 이 무렵 흥해에서 비교적 가까운 거리의 울산에는 신학성(神鶴城) 장군 박윤웅(朴允雄)이 일정한 세력을 이루고 있었다. 그는 울산의 국제항으로서의

---

15) 『신증동국여지승람』 22, 흥해군 성곽조에 실린 權近의 記文
16) 고대 이래 흥해지역의 역사적, 지리적 중요성에 대해서는 배용일, 「포항 중성리신라비의 발견 경위와 고대의 포항과 흥해」『한국고대사연구』 56, 2009, pp.65-73 참조.

여건을 활용한 해상세력으로서 활동하여 경제 기반을 확보한 것으로 이해되고 있다.[17)

고려 왕조의 성립 이후 이 미질부의 성주들은 고려 태조에게 귀부하여 흥해군이 되었다. 태조 13년(930) 2월에 "북미질부(北彌秩夫)의 성주 훤달(萱達)이 남미질부 성주와 함께 와서 항복하였다"[18)는 것이 그것이다. 남, 북 미질부의 두 성주가 왕건에 귀부한 930년은 태조 왕건이 견훤과 고창군(안동)에서 싸워 대승하여 전세를 역전시킨 분수령의 시점이다. 정월에 벌어진 이 전투로 영안(永安, 영천), 하곡(河曲, 하양), 송생(松生, 청송군) 등 30여 군현이 고려에 귀순하게 되었던 것이다. 그 영향으로 신라의 동부 지역, 명주(강릉)에서 흥례부(안동)에 이르는 110여 성이 다시 고려에 귀순해왔고, 신라왕은 왕건과의 만남을 요청하였다. 이에 의하여 태조 왕건이 이 지역에 내려온 것은 고창 전투 다음달인 2월의 일이었다. 왕건은 이때 닐어진(昵於鎭, 영일현)에 행차하여 이곳을 신광진(神光鎭)이라 고치고 신라 왕경을 아우르는 거점으로 삼았다.[19) 흥해의 남미질부와 북미질부의 두 성이 모두 항복한 것이 바로 이때의 일이었던 것이다.

신라의 왕도 경주의 바로 북쪽 동북 외곽을 차지한 미질부 성주의 고려 귀부는 필시 신라 왕조에 커다란 타격과 압박이 되었을 것이다. 이러한 점에서 930년 남, 북 미질부 성주의 고려 귀부는 삼국쟁패의 와중에서 고려 태조에게 커다란 힘이 보태어진 중요한 사건이었다고 평가할 수 있다. 울산의 박윤웅이 고려 태조에게 귀부한 것 역시 930년(태조

---

17) 구산우, 「나말여초의 울산지역과 박윤웅」『한국문화연구』 5, 1992, pp.31-33.

18) 『고려사』 1, 태조세가 12년 2월.

19) 위와 같음.

13)의 일이었다. 태조 13년(930) 9월 박윤웅이 휘하 호족 최환(崔奐)을 보내 왕건에게 귀부한 것을 보면, 흥해 등지에서의 고려 귀부가 울산에까지 영향을 미쳤던 것으로 보인다.

나말 여초 흥해 지역의 거점은 남, 북의 두 미질부성(경북도 기념물 96호)이었다. 현재 알려진 남미질부성은 망창산(望昌山)에 위치하고 있어서 망창산성이라고도 부른다. 평면의 전체 모양은 장타원형, 흥해읍 중성리, 남성리, 망천리에 위치하며 둘레는 대략 1,832m로 파악되는데, 일부 유실된 지점이 있어 잔존 구간은 1,576m이다. 성 내에는 1지(池), 3정(井)이 있다고 되어 있으며 흥해읍의 중심부에 근접한 위치로서, 서북쪽의 성은 택지와 도로 조성 등 도시 개발로 인하여 많은 훼손이 진행되어 있는 상태이다. 신라 지증왕 5년(504) 9월 축조된 것으로『삼국사기』에 언급된 '미실성(彌實城)'이 이 미질부성에 해당하는 것으로 보이며 조선조에는 '망창산성'이라는 이름으로 기록되어 있다.[20]

흥해읍 흥안2리에 위치한 북미질부성은 곡강천(曲江川) 하구(河口) 낚시봉 위의 절벽을 이용하여 축성하였다. 토성의 전체 크기는 남북 300m, 동서 120m로서 남성(南城)보다 규모가 훨씬 작다.[21] 이들 두 성은 곡강(曲江)을 사이에 두고 남북으로 조성된 상호 보완의 방어시설로서의 성격을 가지고 있다. 그러나 남, 북 미질부성의 입지상의 특성을 감안하면 북미질부성은 전투 요새의 성격이 강하고 남미질부성은 치소적 성격이

---

20) 국립경주문화재연구소,『남미질부성 지표조사보고서』, 1993, pp.113-135.
21) 국립경주문화재연구소,『포항 문화유적 분포지도』, 2002, p.149, p.403. 남북 미질부성에 대해서는 국립경주문화재연구소,『남미질부성 지표조사보고서』, 1993; 포항시사편찬위원회,『포항시사』하, 1999, p.355; 김환대 외,『포항의 문화유적 알기』, 한국학술정보(주), 2010, pp.33-35을 함께 참고함.

03 흥해읍 남미질부성 원경

강하다는 차이가 있다. 북미질부성의 거점으로 추정되는 흥안리의 성에 대해서는 그 구조와 성격 등에 대하여 향후 보다 치밀한 조사와 검증을 필요로 하는 것이기는 하지만, '북미질부'가 곡강 이북의 흥해 지역이었다는 것은 분명해 보인다. 동시에 전란기에는 북미질부의 기능이 신장되지만, 평상의 시기에는 남미질부가 중심이 될 수 밖에 없는 것으로 생각된다.

흥해의 '천년 종'은 종의 명문에 의하면 흥해군의 '좌승' 정훤달(鄭暄達)이 제작을 지휘한 것으로 되어 있다. '좌승'은 고려 초 지역의 호족에게 내린 3품의 향직(鄕職, 16등 중 6등급)이다.[22] 조선 초에 있어서 흥해의 정씨는 속성(續姓)이며 향리성으로 되어 있고, 인근 청하(淸河) 역시 정씨는 속

---

22) 『고려사』 75, 선거지 3, 향직조.

성에 향리성으로 기록되어 있다.[23] 영일의 경우는 정습명(鄭襲明), 정몽주 등 명문(名門) 영일 정씨(鄭氏)의 본관지이다. 흥해, 영일, 청하는 모두 지금은 포항시로 통합되어 있는 인접지역이기도 하다. 흥해 종을 조성한 흥해군 좌평 정훤달(鄭暄達)은 지역, 시점, 이름 등을 종합할 때 태조 13년(930) 왕건에 귀부한 북미질부(北彌秩夫) 성주 훤달(萱達)과 동일 인물임에 틀림없다고 생각된다. 그리고 아마도 흥해 정씨의 선대에 해당할 가능성이 많다. 종이 조성된 956년은 훤달이 왕건에 귀부한 지 26년이 지난 뒤의 일이다. 만일 그의 귀부가 30세 때의 일이었다고 가정하면, '천년 종'의 조성은 56세 때의 일이 되므로 연령상으로도 충분히 가능한 범위에 있다.

종의 주요 시주자 내지 발원자인 정조(正朝)[24] 수강(壽剛)은 필시 흥해 지역의 유력한 호족 가문의 인물일 것이고, '필조도령' 정훤달과도 친분이 있는 가까운 관계의 인물일 가능성도 많다. 종명(鐘銘)에서 이 종을 만드는데 300여 명의 사람들이 힘을 합쳤다는 점에서 이 사업은 흥해 지역의 인물들이 망라된 지역적 사업이었다고 할 수 있다. 정훤달은 지역에서의 영향력을 바탕으로 이 사업을 감독하였으며, 그 과정에서 지역민과 불교계의 여러 인물들, 승속(僧俗)을 아우르는 지역에서의 자기 위상을 보여준 것으로 생각된다.

흥해 고려종과 관련하여 파악되어야 할 문제의 하나는 종이 봉안된 '흥해 대사'가 어느 절인가 하는 점이다. 높이 82.1cm, 구경 56.9cm라는 흥해 천년 종은 대략 중규모(中形)의 종에 해당한다. 따라서 '흥해 대

---

23) 『세종실록지리지』 경상도 흥해, 청하, 영일현.
24) 正朝는 고려 초의 7품(16등 중 12등급)의 향직.

사' 역시 대규모 사찰이라기보다는 중규모의 사원일 가능성이 많다. 또절 이름을 구체적으로 명시하고 있지 않은 점에서 생각하면, 고려 초에 이르러 새로 절을 창건하거나 중창하면서 종을 함께 조성한 것이 아닌가 생각된다. 즉 '흥해대사'는 고려 초(광종대) 지역의 유력 세력이 중심이 되어 흥해 지역에 새로 조성한 중규모의 사원이었다고 추측되는 것이다. 이점에 있어서 흥해에 소재한 천곡사와 백련사, 연화사와 곡강리사지는 이같은 조건에 대체로 부합하는 것으로 보인다. 네 절의 위치는 남미질부성에 해당하는 흥해읍치를 중심으로 보면 동쪽에 곡강리사지, 서쪽에 백련사, 남쪽에 연화사, 그리고 천곡사가 남서쪽에 해당한다.

현재로서 이 '흥해 대사'에 비정될만한 고찰(古刹)은 명확하지 않지만, 홍종필 교수는 위의 절 가운데 흥해읍 학천리 소재 천곡사가 '흥해 대사'였을 것이라는 견해를 표명한 바 있다.[25] 『신증동국여지승람』 혹은 『여지도서』와 같은 지리지에는 흥해의 절로서 도음산(禱陰山, 384.6m) 소재의 '천곡사(泉谷寺, 학천리)'와 '백련사(白蓮寺, 매산리)'가 기재되어 있다. 도음산은 흥해읍치의 남서쪽 신광면(神光縣)과의 경계를 형성하며 남북으로 뻗쳐 있는 산 줄기에 위치한다. 신라 선덕여왕의 명에 의하여 자장율사가 창건하였다는 구전을 가지고 있는 천곡사는 '천곡(泉谷)'이라는 이름대로 샘과 골짜기가 인상적이다. 조선조 후기 고승들의 부도가 다수 잔존하여 있는 점도 이 절의 전통성을 뒷받침하는 자료인데, 부도비를 포

---

25) 조선 초(1467) 류큐인이 들어와 도음산의 목재로 배를 건조, 남천과 곡강을 이용하여 천곡사로부터 흥해대사 종을 운반해 갔을 것이라는 상상이다.(홍종필, 「오키나와(沖繩)의 구국보였던 朝鮮鐘(흥해대사종)에 대하여」『인문과학연구논총』16, 명지대학교, 1997, pp.398-400) 그러나 이를 뒷받침할 만 한 근거가 없을 뿐 아니라 논리적으로 납득하기 어려운 추정이다.

함한 부도 자료는 무려 19건에 이르고 있다. 부도의 주인공과 연대를 알 수 있는 자료가 다수 포함되어 있다는 점이 두드러진 특징이기도 하다. 1703년 삼곡당(三谷堂), 1715년 해월당(海月堂), 1716년 월풍당(月風堂), 1737년 계영당(桂影堂), 1740년대 대○당(大○堂), 1743년 월하대선사(月河大禪師), 1744년 청파당(淸波堂), 그 밖에 1689년의 천곡사 사적비와 온설당(榲雪堂), 운화당(雲華堂)의 부도 등이 그것이다. 부도와 함께 부도비를 함께 조성하여 부도의 주인공과 연대가 거의 확인되는 것이다.

1689년에 세워진 천곡사(泉谷寺) 사적비(事蹟碑)는 이 절의 연원을 다음과 같이 설명하고 있다.

> 오직 이 흥해군의 천곡사는 또한 해동의 한 거찰이다. 신라 선덕왕 때 처음 창건되어 이른바 자장율사라는 이가 복을 빌어 영험이 있고 보주(寶珠)를 잘 간직해왔으며 기괴한 일이 많았다고 일컬어왔다. 정관(貞觀) 연간 (627~649)에서 지정(至正) 연간(1341~1367)에 이르는 사이에 퇴락하고 부흥하기를 반복하여 중수하는 것도 또한 부지런히 하였다. 그간의 사적은 승려 중에 또렷하게 이야기를 전한 자가 있어 모두 기록할만 한데 불가의 예를 억제하여 법도에 따를 뿐이기 때문에 크게 드날리려 할 필요가 없다.[26]

천곡사가 여기에서 말하는 것처럼 반드시 신라 선덕여왕대에 창건된 것인지는 확인할 수 없지만, 고려조에 이르기까지 매우 유서 있는 사찰이었음은 충분히 짐작할 수 있다. 이점에서 일단 '흥해 대사'가 바로 천

---

26) 천곡사 사적비의 원문은 조선총독부, 『조선금석총람』 하, 1919, pp.993-994에 실려 있으며, 번역은 〈한국금석문 종합영상정보시스템〉의 자료(정병삼 번역)임.

곡사일 가능성이 있는 것은 사실이다.

지표조사 자료에 의하면 흥해읍(흥해현) 지역의 불사 관련의 유적으로서는 천곡사, 백련사 이외에도 연화사지와 곡강리사지 등 2개소가 보고되어 있다. 대련3리 연화곡에 위치한 연화사지(蓮花寺址)는 통일신라와 고려시대 토기, 자기, 기와의 편들이 산포되어 있으며, '연화사(蓮花寺)'라는 명문와가 출토한 바 있다.[27] 주변에 '연화동(蓮花洞)' '연화재' '절골' '불무곡(佛舞谷)' 등의 지명이 남아 있다.[28]

한동대의 동남쪽, 흥해읍 곡강2리에 소재한 곡강리사지(曲江里寺址)는 절 이름을 알 수 없는데, 상반신이 결실된 불상 1구와 함께 사지에 막돌로 구축한 담장이 남아 있다. 연화문 대좌 위에 서 있는 불상의 크기는 잔존 높이(대좌 포함)만 180cm 정도의 비교적 큰 불상으로서 통일신라 작으로 추정되고 있다.[29] 그러나 파손이 워낙 심하여 불상만으로 시대를 구분하기 어려운 점이 있고, 원래 3m 정도의 크기라는 점을 감안하면 통일신라보다는 오히려 고려시대로 올라갈 가능성을 배제할 수 없다. 앞에서 언급한 매산리 소재 백련사(白蓮寺)는 곡강 줄기와 가장 근접한 위치이지만 천곡사에 버금할 만한 절은 아니다.

학천리 소재 천곡사는 현재로서는 흥해 지역에서 가장 전통 있는 절이어서 현재로서는 '흥해 대사'에 해당할 가능성이 많다고 할 수 있다. 그러나 물길이 곡강의 본류에서 멀다는 점 등 석연하지 않은 점이 남아 있어 이를 확정하기는 어렵다.

---

27) 국립경주문화재연구소, 『포항 문화유적 분포지도』, 2002, p.383.

28) 한글학회, 『한국지명총람』 6, 영일군 의창읍, 1979, p.223.

29) 국립경주문화재연구소, 『포항 문화유적 분포지도』, 2002, p.378.

3. 흥해 고려종의 유출에 대한 논의

광종 7년(956)에 제작된 흥해의 고려종은 어느 때인지 고려에서 반출되어 오키나와로 소재처가 옮겨졌다. 과연 언제, 어떤 경로로 오키나와에까지 이르게 되었을까. 우리나라 종이 일본에 유출된 것은 신라, 고려종만 해도 50건이 넘고 있는데,[30] 이들 종을 종합적으로 정밀 검토한 쓰보이(坪井良平)는 그 유출 과정을 왜구에 의한 것, 조선으로부터의 증정, 임진왜란 때의 반출 등으로 유추한 바 있다. 쓰보이는 이들 종 가운데 일본에서의 종의 봉안 시점을 추명(追銘)에 의하여 확인할 수 있는 사례 17구를 정리하면서, 그중 절반을 훨씬 넘는 10구(15세기 초까지 합하면 12구)가 14세기 후반에 '도래'한 것이라는 점을 주목한다. '14세기 후반'에 일본의 절에 봉안하였다는 것은 이것이 왜구에 의한 '도래' 가능성이 많다는 점을 확인하는 것이다.

고려종의 일본 유출은 왜구에 의한 경우가 절대적 비중을 차지할 가능성을 암시하고 있다는 점에서 위의 지적은 매우 중요하다. 그러나 쓰보이(坪井)는 이와 동시에 15, 16세기 '증정'에 의한 '도래'의 예도 많은 비중을 차지할 것으로 파악하였다. 그는 추명(追銘)의 시기 등을 근거로 교토(京都)의 장선원(長仙院) 종(1414 追銘), 후쿠오카의 승천사(承天寺) 종(1498 追銘), 교토(京都) 정전영원원(正傳永源院) 종(1569 追銘) 등 3구를 "이러한 정식

---

30) 坪井良平의 집계에 의하면 일본에 유입된 한국 종의 수는 현재 71구에 달하는데, 그 가운데 11구는 한국종으로 추정하는 것이어서, 확실한 한국 종은 '60구'라 하였다. 그중 현존하는 것은 '잔결' 2구를 포함하여 47구이며, 전쟁의 피해 등으로 자취를 감춘 것이 13구에 이른다고 하였다. 坪井良平, 『朝鮮鐘』, 角川書店, 1974, p.27.

루트의 요청에 의하여 보내진 종"으로 추정하였다.[31] 뒤의 3건의 종이 과연 오우치(大內) 씨 등의 요구에 의하여 증정품으로 들어온 것일지는 더 검토해야 할 사안이지만, 위의 '추명' 자료는 유출된 신라, 고려종의 다수가 왜구에 의한 '약탈'일 가능성을 강력히 시사하고 있다는 점에서 중요하다.[32]

'흥해 고려종'의 오키나와 유출에 대해서는 "관영년간(寬永年間, 1848~1853)에 근해(近海)에서 발견되었다고 전할 뿐 확실하지 않다"고 하였다.[33] 이처럼 흥해 고려종의 유출 경위는 전혀 오리무중이지만, 조선 왕조와 류큐 왕조의 교류과정에서 불경 등과 함께 유입된 것으로 보는 것이 지금까지의 일반적 추측이다.[34] 이러한 견해는 니시타니에 의하여 다음과 같이 개진된 바 있다.

15세기는 류큐에 있어서 불교가 흥륭하고 사원 건립이 성했던 것은 이미 말한 바와 같다. 이 때 가장 필요했던 것은 대장경이나 범종이었다. 『조선왕조실록』이나 『역대보안(歷代寶案)』에 의하면 류큐는 조선 왕조에 대하여 불경을 열심히 구하였고 실제로 사여(賜興)되기도 하였다. 범종은 이미 류큐에 있어서 상당수 주조되고 있어서 그 이상 필요하였다고는 생각되지 않는다. 그러나 15세기 일본에서는 대장경과 범종을 세트로 청구하는 경우가

---

31) 坪井良平, 『朝鮮鐘』, 角川書店, 1974, pp.27-29.
32) 한국종의 소재 분포에 의하면 왜구 세력의 근거지가 된 九州(17구), 山陽(12구) 등지가 절대 다수를 차지하고 있고, 여타 지역 소재품도 2차 이동의 가능성을 포함하고 있다는 점에서, 이 역시 왜구 등에 의한 약탈적 유입 가능성을 높여주고 있다. 소재지 분포는 坪井良平, 위의 책, p.27 참조.
33) 藤田亮策, 「高麗鐘の銘文」 『朝鮮學報』 14, 1959, p.190.
34) 東恩納寬淳, 『南島風土記-沖繩奄美大島地名事典』, 1950, p.233.

많았다. 류큐의 경우도 수량은 적었지만 성화 3년(1467)에 소종(小鐘)을 받았을 공산이 높고 따라서 대장경과 동시에 범종이 조선으로부터 류큐에 전해졌다고 보는 것이 무난할 것이다.[35]

1389년부터 개시된 고려·류큐 왕조와의 외교관계는 이후 조선 왕조로 계승되어 빈번한 문물의 교환이 이루어졌거니와 이같은 문화교류의 흐름 속에서 다른 불구류(佛具類) 유물과 함께 흥해의 종도 류큐 왕조에 사여(賜與)되었을 것이라는 것이다. 이것이 정론화된 현재의 일반적 관점이기도 하다. 오키나와에 불교가 전해진 것은 13세기 후반 왕성이었던 우라소에(浦添)였고, 우라소에는 그 후 상씨(尚氏) 왕조의 성립(1406)에 의하여 슈리성(首里城)으로 수도를 옮기게 된다. 따라서 이 종이 오키나와에 이른 것은 일단 류큐 왕조에서 불구(佛具)의 필요성이 높아진 상씨왕조 시대, 대략 15세기 이후의 일이었다고 추측할 수 있다.

조선 왕조에 있어서 류큐와의 관계는 비교적 활발한 관계가 유지되고 있었다. 『조선왕조실록』에 의하면 조선과 류큐 왕조의 접촉 사례는 1392년부터 1868년까지 도합 104회가 집계되어 있다.[36] 양국 교류는

---

35) 西谷 正, 「高麗·朝鮮 兩王朝と琉球の交流 -その考古學的研究序說」 『九州文化史研究所紀要』 26, 1981.(윤용혁 역, 「고려·조선과 琉球의 교류 -그 고고학적 연구 서설」 『금강고고』 4, 충청문화재연구원, 2007, pp.161-162)

36) 민덕기, 「유구의 역사」 『조선과 유구』, 아르케, 1999, pp.31-40. 접촉의 형태는 직접적 사행 이외에 북경을 통하여 접촉하는 경우와 표류민의 송환 등을 포함하고 있는 것이다. 다만 기록의 한계점으로 인하여 류큐 사행 여부 등 모호한 점이 많이 포함되어 있어 통계로서의 한계점이 있는 것으로 보고하고 있다. 또 사행에는 '류큐 사신'으로 거짓 위장하여 내방한 '偽使'가 많이 포함되어 있어 이러한 통계가 실제를 반영하는 것은 아니다. 偽使 문제에 대해서는 하우봉, 「조선전기의 대유구 관계」 『국사관논총』 59, 1994, pp.152-159

주로 류큐의 적극적 요구에 의하여 유지되었으며, 교류에 의하여 조선에서 류큐에 수출된 가장 중요한 물품은 직물류와 서적이었다. 서적의 대부분은 대장경을 비롯한 불경과 불서였고, 직물류는 저포, 마포, 면포, 면주(錦紬) 등이었다. 반면 조선이 류큐로부터 수입한 물품은 약재 및 울금·소목(蘇木)·후추·감초·침향 등의 향류(香類), 식물류(야자·黑柿 등), 직물류(五色彩絹·花紋絹·蕉布 등), 특산품과 공예품(天竺酒·砂糖·南蠻琉璃 등), 각피(角皮, 犀角·水牛角·상아 등) 등이었다.[37]

양국의 교류가 이어지는 가운데 조선측의 현실적 유용성은 무엇보다 피로인, 표류민의 쇄환이 적극 이루어진 점이었고, 류큐의 경우는 조선으로부터 대장경 등 불경과 불서를 구득할 수 있다는 점이었다. 특히 불교 경전류에 대한 류큐의 욕구는 매우 적극적이어서, 1455, 1461, 1471, 1479, 1483, 1491, 1500년 등 대략 세조·성종 년간의 15세기 후반에 대장경의 요구와 하사가 이루어졌다.[38] 그 가운데 특히 세조 8년(1455) 1월과 13년(1467) 8월에는 많은 양의 경전이 전달되었고,[39] 1502년(류큐 尚眞王 2년)에는 슈리성(首里城) 밖 원각사(圓覺寺)의 연못(圓鑑池)에 조선으로부터의 대장경과 불서를 보관하는 장경각(藏經閣)을 건립하기까지 하였다.[40] 류큐 왕조의 불교에 대한 이러한 열의를 감안하면,

및 손승철, 「조·류 교린체제의 구조와 특징」『조선과 유구』, 아르케, 1999, pp.51-62 참조.

37) 정성일, 「조선과 유구의 교역」『조선과 유구』, 아르케, 1999, pp.145-151.

38) 하우봉, 「문물교류와 상호 인식」『조선과 유구』, 아르케, 1999, pp.261-265.

39) 『법화경』『금강경』『유마경』 등, 전달된 경전과 불서의 구체적 품목에 대해서는 정성일, 앞의 논문, pp.145-147 참조.

40) 이원순, 「'歷代寶案'을 통해서 본 조선전기의 朝琉關係」『국사관논총』65,

흥해 고려종의 오키나와 유치도 일단 이 시기(15세 후반)의 가능성이 높다는 의견에 대해서는 수긍되는 점이 있다. 그러나 흥해 종이 오키나와에 옮겨진 경위를 바로 이 시기 대장경이나 불전류와 함께 조선으로부터 사여 받은 것이라는 견해에 대해서는 쉽게 동의하기 어렵다.

흥해 고려종의 오키나와 유입이 대장경, 불경류의 유입과 묶어서 생각할 수 없는 것은 우선 관련 기록에 종의 요구나 기증에 대한 언급이 전혀 없다는 점 때문이다. 기록에는 경전, 혹은 책의 서명이 비교적 세밀하게 언급되어 있고, 그 밖에 함께 사여된 물품으로 의관류(長衫·僧冠·雲鞋), 직물류(백저포·흑마포·저포), 문구류(연적·등잔·毛筆·먹·부채·蠟燭 등), 기타(병풍·족자·인삼·虎皮·소주·칼) 등도 비교적 꼼꼼히 열거되고 있다. 그러나 상대적으로 훨씬 비중 있는 물품인 범종이나 불구류에 대해서는 거의 언급이 없는 것이다. 경전 이외에는 거의 소모품이고, 불교 용품이라고 할 만 한 것은 '염주 1관(寬)' 정도에 불과하다.[41] 더욱이 범종은 불적(佛籍)과는 성격이 다르다. 경전은 대개 인쇄본을 의미하는 것으로 처음부터 사본의 분양(分讓)이 전제되어 있는 것이지만, 범종은 특정 공간의 유일품으로서 정상적 방법에 의한 증여 혹은 유통이 거의 불가능한 것이라는 특징이 전제되기 때문이다. 이러한 점에서 흥해 고려종이 15세기 후반 세조, 성종년간 대장경 등 불적과 함께 오키나와로 옮겨졌을

1995, p.36 및 홍종필, 「오키나와(沖繩)의 구국보였던 朝鮮鐘(흥해대사종)에 대하여」『인문과학연구논총』 16, 명지대학교, 1997, pp.388-392 참고. 이 장경각은 1609년 薩摩藩의 류큐 침공으로 피해를 입었음에도 1945년까지는 그 명맥이 유지되었다. 근년 태평양전쟁으로 초토화되었던 首里城이 복원되면서 건물만은 다시 옛 모습으로 다시 지어졌다.

41) 정성일, 앞의 「조선과 유구의 교역」, pp.145-147의 표 참조.

가능성은 극히 희박한 것이라고 하지 않을 수 없다.[42] 바로 이점 때문에 흥해 고려종의 오키나와 유출을 '계유년 고려기와' 문제와 묶어서 해결하려는 생각도 나오게 되었다.

'계유년 고려기와' 문제란, 우라소에성(浦添城) 등지에서 출토하는 고려기와의 연대 문제이다. 현재 1273년, 1333년, 1393년 등이 논의 중인데, 그 가운데 1393년 설을 주장하는 미시마(三島)는 흥해의 고려종도 고려기와와 함께 이때 류큐에 보내진 것이라 주장하고 있다. 14세기 말(1393년경)에 전란을 피하여 고려인이 류큐에 건너오고, 이때 기와 기술자의 한 집단이 고려종까지 지참했던 것이라는 추측인 것이다.[43]

---

42) 홍종필 교수는 『歷代寶案』(제1집 권39, 成化 3년 4월 2일)의 유입 물품목록 중 특산물, 불경류와 함께 적혀있는 '小鐘乙事'에 근거, 1467년(세조 13) 흥해 종이 류큐 왕국에 유입된 것이라고 확정하면서, "尙泰久의 뒤를 이어 21세에 왕위에 오른 尙德(1461~1469)이 문제의 흥해대사종을 1467년 조선에서 琉球로 가져오게 하고 종을 치면서 쇠약한 자신의 건강을 빌다가 끝내 병사한 것은 아닌지!" 추정하고 있다.(홍종필, 앞의 논문, pp.393-394) '小鐘乙事'를 흥해대사의 종으로 비정한 견해는 원래 東恩納에 의하여 제시된 견해였지만(東恩納寬淳, 「波上宮·朝鮮梵鐘」『南島風土記 -沖繩奄美大島地名事典』, 1950, pp.231-232), 三島에 의하여 부정된 바 있다. 82.1cm 크기의 종이 절대 '小鐘'으로 표현될 수 없다는 것이며, 그것은 아마 류큐에서 제작된 15세기 '成化銘' 종의 하나일 가능성이 크다는 것이다.(三島 格, 「琉球の高麗瓦など」『鏡山猛先生古稀記念古文化論攷』, 1980, p.798, p.810) 이 때문에 '小鐘乙事'를 1467년 세조년간에 조선으로부터 종을 기증 받은 것이라는 해석은 일본에서도 채택되고 있지 않다.

43) "나는 고려종과 高麗瓦를 각각 구별해서 논하는 종래의 방법에 의하지 않고, 고려시대 류큐에 온 일괄 문물로서 취급하는 입장에 선다. 위에서 여러번 언급한 것처럼 고려 말기에 있어서 류큐에서의 망명 루트 상에 전란을 피한 14세기 말 고려인의 도래를 想定하고 造瓦工 장인의 一團이 고려종까지 가지고 도래했다는 것을 東恩納 씨 설(고려종이 1467년 류큐의 요청에 의하여 기증되었다는 주장)에 대한 대안 가설로서 제시한다. 渡來의 한 誘因으로서 고려

04 흥해 고려종이 보관되어 있던 나하시 나미노우에신사(복원) 원경

흥해의 고려종을 우라소에성(浦添城) 고려기와와 묶어서 해결하려는 이 가설은 매우 흥미 있는 것이기는 하지만, 그러나 성립하기는 어려운 의견이다. 우선 우라소에 '계유년' 고려기와가 1393년의 시점이 될 가능성이 거의 없으며, 동시에 이들 집단이 그 무거운 범종까지 배에 신고 오키나와까지 '망명'하는 상황이란 있을 수 없는 일이기 때문이다. 미시마(三島) 씨는 아마 여말 선초의 '척불흥유'의 분위기를 불교도에 대한 가혹한 정치적 탄압 같은 것으로 오해한 듯하다. 그리하여 종교와 정치의 자유를 희구하는 일단의 '보트 피플', 혹은 '메이 플라워' 같은 집단이 생성되어 이들이 오키나와에 망명하여 고려 건축과 고려 불교를 계승하기라도 한 것처럼 이해하고 있는 것이다. '계유년' 고려기와의 연대에 대해서는 1273년, 1333년, 1393년 등의 견해가 병립하여 있는 것은

말기 이후의 斥佛興儒의 기운을 생각해도 좋을 것이다."(三島 格,「琉球の高麗瓦など」『鏡山猛先生古稀記念古文化論攷』, 1980, p.797)

사실이지만, 분명한 것은 이 기와의 최초 사용처가 우라소에성 영조왕 (英祖王)의 왕릉 조영과 관련한 것이었으며, 이것이 영조왕의 위세를 강조하려는 것이었다는 점이다. 영조왕의 왕통은 이미 끊어지고 1406년 에는 상씨 왕조의 성립으로 우라소에서 슈리로 왕도가 옮겨지는 상황이었다는 것을 생각하면, 14세기 말 한반도에서의 왕조의 전환이 고려종의 오키나와 유입으로 연결되었으리라는 이러한 견해는 성립할 만한 여지를 가지고 있지 않은 것이다.

원초적으로 불상의 경우와 같이 범종의 유출 역시 약탈과 같은 비정 상적 방법일 가능성이 많다. 이점에서 일차적으로 지목되는 것은 14세 기 후반 왜구에 의한 약탈 가능성이다. 일본에 소재한 많은 고려종들의 '추명(追銘)'이 14세기 후반에서 15세기 초에 걸쳐 새겨졌다는 점이 이를 뒷받침한다.[44]

4. 고려 말의 왜구와 흥해 고려종

흥해 고려종이 14세기 후반 왜구에 의한 약탈이라는 가설이 성립하기 위해서는 일단 흥해 지역에 과연 왜구의 피해가 있었는지 하는 것부터 확인되어야 한다. 『고려사』에는 단편적이기는 하지만 비교적 많은 왜구 침입에 대한 기록이 실려 있다. 특히 14세기 후반에 집중되어 있어 기록상 1350년(충정왕 2)부터 1391년까지 고려 말 왜구의 침입은 도

---

44) '追銘'이 있는 17구의 종에서, 추명의 시기는 14세기 후반 10건, 15세기 2 건, 16세기 이후 4건 등으로 14, 15세기가 절대 대수를 차지함으로써 왜구 에 의한 불법적 약탈 가능성을 높여주고 있다. 坪井良平, 『朝鮮鐘』, 角川書店, 1974, pp.27-29.

합 591건의 사례가 나타난다.[45] 그러나 흥해에의 왜구 침입에 대한 기록을 『고려사』에서는 확인할 수 없다. 그렇다고 하여 흥해에의 왜구 침입이 실재하지 않았던 것은 아니다.

흥해의 왜구에 대해서는 『고려사』 등의 사서에는 잘 언급되어 있지 않지만 14세기 후반의 개인 문집에 종종 그 실상이 언급되고 있다. 이 무렵 정치적 문제로 이 지역에 귀양 보내졌던 권근(權近, 1352~1409)은 당시 흥해 일대의 사정을 다음과 같이 언급하고 있다.

> (흥해는) 옛날에는 주민들이 많았는데 중간에 왜란을 만나 점차로 줄어들다가, 경신년 여름에 이르러서는 더욱 맹렬한 화를 받아 함락되고 불탔으며 백성들이 살해와 약탈을 당하여 거의 없어지고, 그중에 겨우 벗어난 자는 흩어져 사방으로 가버려 마을 거리는 빈터가 되고 가시덤불이 길을 덮으니 수령으로 온 사람들이 먼 마을에 가서 움츠리고 있고, 감히 고을에 들어오지 못한 것이 여러 해가 되었다. 정묘년에 이르러 국가에서 군 남쪽 통양포(通洋浦)에 병선을 두어 왜구의 침입에 대비한 후에야 떠돌던 백성들로서 고토(故土)를 생각하는 사람들이 차츰 돌아오기 시작했다.(권근, 『양촌집』 11, 「흥해군신성문루기」)[46]

이에 의하면 흥해 지역은 여러차례 소소한 침입이 있었는데, 특히 '경신년' 즉 1380년(우왕 6)에 왜구로 인하여 초토화되었다. 살해당하고 약탈당하고 불태워져, 살아남은 자마저 사방으로 흩어져 도시는 "빈터가

---

45) 이영, 「고려 말기 왜구의 실상과 전개」 『왜구와 고려 · 일본관계사』, 혜안, 2011, pp.284-285.

46) 번역은 민족문화추진회, 『양촌집』을 참고함. 이 기문의 내용은 『신증동국여지승람』 22, 흥해군 성곽조에도 실려 있다.

되고, 가시덤불이 길을 덮는" 폐촌의 지경에 이르렀던 것이다. 권근이 정치적 문제로 유배의 시간을 보낸 것은 고려 말 1389년(창왕 1) 10월부터 이듬해 1390년 10월까지 1년 여의 기간이다. 그가 영해(寧海, 영덕군)에 이른 것이 1389년 12월, 이어 1390년 2월에 계림(鷄林, 경주)의 옥(獄)과 흥해(興海)에 이른다.[47] 흥해에 있을 때는 재지 유생 배상겸(裵尙謙)이 조석으로 권근의 곁을 떠나지 않고 부지런히 공부하였다고 한다.[48]

한편 흥해와 경계를 이루며 바로 남북으로 인접한 영일현과 청하현(淸河縣, 지금은 모두 포항시 지역)의 경우 역시 이 시기 심각한 왜구의 침입이 있었다는 자료가 보인다. 다음은 이행(李行)의 시이다.[49]

청하고을이 치소가 된 것은	淸河之爲縣
궁벽하지만 넓은 바닷가에 있기 때문이라	僻在滄海傍
밭도 좋고 호구도 많아서	田疇與戶口
대개는 부창하지 않다 못하건만	盖不下富昌
왜적이 일어나면서부터	一日倭竊發
쇠하고 죽는것 날로 심하였네	喪耗日相將
동네와 마을이 언덕과 풀밭이 되어	閭井與丘壟
오랫동안 노루 사슴 노는 곳 되었네	久爲麕鹿鄕 (하략)

권근은 당시 이 지역에서의 왜구의 피해를 목도하게 된 경위를 다음과 같이 적고 있다.

47) 강문식, 「권근의 생애와 교유인물」 『한국학보』 102, 2001, pp.63-65.
48) 채웅석, 「고려 말 권근의 유배 · 從便 생활과 교유」 『역사와 현실』 84, 2012, p.140.
49) 『신증동국여지승람』 23, 청해현 명환.

05 제남헌(濟南軒), 조선시대 흥해현의 동헌

기사년 겨울에 내가 영해(寧海)로 귀양 갔다가 이듬해 봄에 흥해로 양이
(量移)되어 바다를 따라 남쪽으로 가다가 이른바 청하현 지경을 지나게 되
었었다. 이때 왜인들의 노략질 때문에 연해변 지역이 황무지가 되었는데
… 청하 등지는 적적하게 사람이 없었다.”(『양촌집』13, 「청하현 義倉廨舍記」)

권근이 귀양을 간 것은 1389년(창왕 1, 공양왕 1)으로서, 영해로 나갔다
가 이듬해 1390년(공양왕 2) 흥해로 옮기면서 도중 청하현을 경유하게 되
었던 것이다. 이때 청하현은 왜구의 피해를 심각하게 입어, ‘황무지’와
같은 지경이었다고 한 것을 보면, 우왕 말년 흥해와 함께 청하 역시 왜
구의 피해로 폐촌화 하였음을 알 수 있다. 다음은 흥해의 바로 남쪽, 영
일현(迎日縣)과 관련한 이숭인(李崇仁, 1349~1392)의 기문이다.

섬(海島)의 고약한 것들이 감히 연변에 침입하였으니 경인년에 침입한 도
적이 바로 그것이다. 짓밟힌 것이 경신, 신유년 두 해 동안에 이르도록 병화

(兵禍)는 이루 말할 수 없는 형편이었다. (중략) 영일은 계림의 속현으로 동쪽 해안에 위치해 있고 그 치역(治域)은 통진포(通津浦)에 임하고 있으니, 실로 해구(海寇)들이 내왕하는 요충이다. 경인년에 병들기 시작하여 30년이 지났으니 생산하고 모은 것이 쓸어버린 듯하였다.(『신증동국여지승람』 23, 영일현 성곽)

이에 의하면 경신과 신유, 즉 1380, 1381년에 흥해의 바로 남측 영일현에 심한 왜구의 침입이 있었다는 것이다. 『고려사』에 의하면 1380년(우왕 6)과 1381년(우왕 7)은 왜구가 전국적으로 가장 창궐했던 시점이다.[50] 1380년 왜구는 금강을 이용하여 크게 발호하였다. 8월 금강 하구에서의 진포대첩은 최무선의 화포가 처음으로 투입되어 큰 승리를 거둔 진포대첩이 특필되고 있다. 1381년에는 2월에 왜적이 영해부에 침입하여 "불을 놓았다"고 하고, 3월에도 동해안 일대와 영해, 영덕 등지에 침입하였다. 5월에도 영해에 침입하고, 6월에는 원수 남질(南秩)이 "영해, 울주, 양주, 언양 등지에서 도합 5차나 격전하여 적 8명의 수급을 베었다"고 하였다.[51] 여기에 흥해에 대한 언급은 없지만, 동해안 일대에 왜구들이 심각하게 준동하고 있었음을 확인할 수 있다. 앞에서 인용한 권근, 이숭인 등의 자료를 여기에 종합하면, 흥해를 비롯하여 청하와 영일 등 오늘의 포항 지역이 1380, 1381년(우왕 6, 7)에 걸쳐 심각한 왜구의 피해를 경험했다는 것은 틀림없는 일이다. 그렇다면, 흥해의 '천

---

50) 통계에 의하면 1380년은 41개소 14회, 1381년은 27개소 14회로 집계되고 있다. 이영, 「고려 말기 왜구의 실상과 전개」 『왜구와 고려 · 일본관계사』, 혜안, 2011, p.284.

51) 『고려사』 134, 신우전.

년 종'이 왜구에 의하여 탈취된 것도 필시 바로 이 때(아마도 1380년)의 일이었을 것이다.[52]

　흥해 고려종이 14세기 후반 왜구에 의한 약탈에 의하여 일본에 유입되었고 하더라도, 이 종이 서일본으로부터 언제 어떻게 오키나와로 옮겨졌는지, 또 나미노우에신사(波上宮)에 안치되었는지는 여전히 남는 문제이다. 따라서 이 문제는 일본과 오키나와의 교류 흐름 속에서 파악해야 할 것으로 본다. 류큐 왕조와 일본의 교류가 더욱 활성화된 것은 1609년 사츠마번에 의한 류큐 점령 이후의 일이다. 즉 임진왜란 이후 성립한 에도 막부 시기에 훨씬 밀접한 관계를 유지하게 되었던 것이다. 이러한 점을 감안하면 흥해 고려종의 경우 혹 17세기경 일본 열도와 류큐의 활성화된 교역 루트를 통하여 오키나와에 유입되지 않았을까 하는 생각을 갖게 되지만, 좀 더 구체적인 계기를 찾는 것이 앞으로의 과제라고 할 수 있다.

　일본에 소재하는 한국 종은 50여 건을 헤아린다. 그 가운데는 이미 망실(亡失) 되거나 행방을 알 수 없는 것도 포함되어 있다.(뒤의 부표 참조) 50여 점에 이르는 이들 종의 '도일' 경위가 기록으로 정확히 밝혀져 있는 것은 아니지만, 불상과 마찬가지로 왜구에 의한 약탈이 절대 다수를 차지하고 있을 것임은, 앞에서 언급한 바와 같이 의심의 여지가 없다. 일본에서의 추각명(追刻銘)이 남겨진 범종의 많은 수가 14세기 후반에 추각(追刻)된 것이라는 것도 왜구와의 관련을 암시하는 것이다.

　그러나 본고에서 검토하고 있는 고려의 이 '천년 종'이 오키나와로 옮

---

52) 흥해 종이 "범종이 갖는 법구의 독특한 성격을 감안"할 때, 왜구 혹은 임진왜란 때의 탈취물일 것이라는 점에 대해서는 이미 필자가 언급한 바 있다.(윤용혁, 「오키나와 출토의 고려 기와와 삼별초」『한국사연구』 147, 2009, p.178)

겨진 후 근대에 왜 사원이 아닌 신사에 봉안되었을까 하는 점도 잘 풀리지 않은 의문이다. 『신도기(神道記)』에 의하면 "바다에서 종이 떠올랐다. 소리가 울렸다. 이를 건져 신전에 안치하였다"라고 하였다는데,[53] 요컨대 그 유래에 대한 궁금증을 신비한 전설로 뭉개버리고 있는 것이다. 통일신라 범종으로 추정하는 일본 시마네현(島根縣, 安來市 淸井町) 소재 '운수사(雲樹寺) 종'은 '종순(宗順)'이라는 이가 꿈에서 고지(告知)를 받아 바다 속에서 종을 인양, 기증하였다는 유래 전설이 있는데,[54] 이 종에 새겨진 '종순(宗順)'의 추명(追銘)은 '응안(應安) 7년 10월 1일', 즉 1374년(공민왕 23, 우왕 즉위년)으로 되어 있다. 1373, 4년은 왜구의 발흥으로 고려의 연안이 혼란하던 때이다. 1373년 왜구가 창원, 하동, 회진, 태안, 심지어 한양과 해주에까지 출몰하던 시기이다. 1374년에도 이같은 추이는 지속되어 4월 왜선 350척이 합포(마산)에 침입하여 '죽은 자가 5천 여'에 이를 정도였다.[55] 5월 왜구는 강릉에 이르고, 경주와 울주, 삼척에 침입하였다. 1373, 4년 이러한 왜구의 출몰과 '1374년 10월 1일' '종순(宗順)'이 시마네현(島根縣) 운수사(雲樹寺)에 신라종을 기증한 것이 무관하다고 볼 수는 없을 것이다. 그 종이 꿈에 고지(告知)를 받아 바다에서 인양 한 것이라 한 것이나, '바다에서 종이 떠올라' 나미노우에신사(波上宮)에 안치 하였다는 것이나 마찬가지인 것이다.

53) 홍종필, 「오키나와(沖繩)의 구국보였던 朝鮮鐘(흥해대사종)에 대하여」 『인문과학연구논총』 16, 명지대학교, 1997, p.395.

54) 坪井良平, 『朝鮮鐘』, 角川書店, 1974, pp.60-61.

55) "倭船 三百五十艘 寇慶尙道合浦 燒軍營兵船 士卒死者 五千餘人"(『고려사』 44, 공민왕 23년 4월 임자)

5. 흥해 고려종의 최후

흥해 천년 종이 보관된 나미노우에신사(波上宮, 沖繩縣 那覇市 若狹)는 나하항 부근, 해변의 우뚝 솟은 산호초 암애(巖崖) 위에 건립된 신사이다. 나하로 들어오는 선박은 멀리서도 이 지점이 관측되기 때문에 '파상(波上)'이라는 이름이 암시하는 바에 그대로 부합하고 있다. 나하항을 출입하는 선박의 항해 안전과 어업의 풍요를 기원하는 제사처로서의 오랜 역사를 가지고 있는 신사이다.[56] 오키나와에서 불려진 구전가요 '오모로(おもろ)'에 나미노우에신사가 등장하는 것도 이 신사의 역사성을 뒷받침한다.[57] 이러한 점에서 고려에서 제작된 명품의 범종이 오키나와에서

---

56) 波上宮 건립의 緣起에 대해서는 다음과 같은 구전이 있다. "옛날 崎山에 崎山里主(사키야마 사토누시)라는 남자가 있었다. 里主는 낚시가 취미여서 바다에 가는 것이 日課였다. 어느 날 실을 내리고 봉을 무심히 바라보고 있는데, 부르는 소리가 들렸다. 그 목소리를 찾아 따라가니 변형의 돌이 있었다. 그 돌을 높은 장소에 옮기고 시험 삼아 수확의 풍요를 기원하자 이익이 있었다. 어느 날 이 돌이 빛을 발하는 것을 보고 더욱 신심을 깊이 하여 집으로 가지고 들어와 제사를 지냈는데 그것을 전해 듣고 이 靈石을 빼앗으려는 자가 있었다. 里主는 견딜 수 없어 어느 날 돌을 안고 도망쳤다. 도둑들은 곧 알아차리고 뒤를 추격하였다. 마침 나하의 波上까지 왔는데 붙들려 드디어 돌을 빼앗기게 되었다. 그러나 里主가 어떻게 해서든 돌을 놓지 않아 도둑들도 돌아가게 되었다. 그때 '나는 熊野의 權現인데 波上에 詞를 지어라, 오키나와의 守護가 되거라' 하는 神託이 있었다. 里主는 이를 王府에 상신하여 波上宮을 건립하였다고 한다."(武田靜澄,「傳說拾遺」『日本の傳說』18(沖繩), 世界文化社, 1981, p.59)

57) "국왕이여, 오늘 빛나는 날에 聞得大君을 경배하여 國中의 사람들의 마음을 모두어, 石槌·金槌를 준비하여 돌을 쌓아올려, 波上의 언덕에 聖所를 만들어 제사하면, 神도 權現도 기뻐할 것입니다."(『おもろさうし』卷10) 『おもろさうし』는 구전의 '오모로(おもろ)'를 1623년에 모아 정리한 전승자료집이다.

06 오키나와현립박물관에 전시된 흥해 고려종의 용뉴(아래쪽)

다른 곳이 아닌 나미노우에신사에 안치된 것은 수긍되는 점이 있다. 특히 흥해의 종이 오키나와의 불사(佛寺)에 봉안되지 않았다는 사실은 이종이 불교적 맥락과는 무관하게 오키나와로 유출되었음을 암시하는 것이기도 하다. 그러나 나미노우에신사에 보관되어 있던 흥해 고려종은 불행히도 태평양 전쟁 오키나와의 치열한 전투의 과정에서 나미노우에신사가 소실되면서, 함께 잿더미가 되고 말았다.

오키나와에는 1944년 3월 제32군(오키나와 수비군)이 편성되어 중국 혹은 일본 본토로부터 군대가 이전해옴으로써 대대적인 전투의 발생이 예고되고 있었다. 1941년 12월 일제의 진주만 공격을 기점으로 전개된 태평양 전쟁이 미드웨이 해전에서의 대패(1942.6), 카달카날 섬에서의

이에 대한 전반적 내용과 성격에 대해서는 波照間永吉 編, 『琉球の歷史と文化 -〈おもろさうし〉の世界』, 角川學藝出版, 2007 참조.

철퇴(1943.2)를 전기로 전국은 역전하여 일제는 쫓기는 입장이 되었고, 1943년 여름부터는 오키나와 여러 지역에 군용 비행장 건설을 시작하는 등 오키나와에서의 방어전의 준비가 시작 되었던 것이다. 1944년 7월 사이판 섬이 함락되면서, 오키나와는 바야흐로 전쟁을 바로 눈 앞에 두게 되었다. 본토 출신들이 오키나와로부터 소개(疏開)되기 시작하였으며 미군 전함이 근해에 출현하여 수송선과 소개선(疏開船)을 공격하는 작전을 수행하였다. 10월(1944년)에는 미군이 나하 시내에 대한 대공습을 감행함으로써 오키나와에 대한 직접적 공격을 시작하였다.

나미노우에신사에 소장되어 있던 흥해 고려종은 이 오키나와 전투의 전개 과정에서 최후를 맞았다. 미군은 오키나와 중서부 해안에서의 상륙전을 전개하기 전에, 일본의 저항을 최소화 하기 위하여 나하 시내에 대한 대대적 공습과 포격전을 먼저 전개하였다. 본격적 공습은 1944년 10월 10일을 전후하여 감행되었다.(10.10 공습) 미 제5 기동부대의 함재기(艦載機) 연(延) 1,400대가 동원된 나하에 대한 이 공습에 의하여 일본군 함선 25척이 격침되고 비축한 다량의 군수 물자 및 3개 비행장이 파괴되었다. 이 공습으로 나하 시가지는 9할이 소실되었다고 한다. 현내의 사망자 400명, 무너지거나 전소된 가옥이 11,500여 호에 이르렀으며, 이때 나하 등 주민 3만여 명이 오키나와 북부로 소개되었다.[58] 나미노우에신사가 불탄 것은, 1944년 10월 10일의, 이른바 '10.10 대공습' 때였다.[59] 신사가 불탈 때 남은 것이라고는 입구에 세워진 도리(鳥

---

58) 위의 『沖繩縣の歷史』, pp.296-297 및 『沖繩決戰』, 學習硏究社, 2005, pp.139-141.

59) 沖繩縣立博物館 · 美術館, 『博物館展示ガイド』, 2009, p.65.

閭)와 경내에 있던 약간의 등롱(燈籠) 뿐이었다.[60] 그 최후는 세상에 있게 된 지, 990년 되는 해의 일이었다. 타고 남은 흥해의 고려종은 용두의 잔해만이 현립박물관에 보관되어 있다. "이 용두(龍頭)는 시커멓게 불타서 거의 원형을 가지고 있지 않지만, 조선종의 특징인 기삽(旗揷)의 혈(穴)이 남아 있다."[61] 1985년 6월 오키나와현은 이 남은 자료를 현지정 유형문화재 역사자료로 다시 지정하였다. 오키나와전 50주년이 되는 1995년 3월에 불태워진 흥해종의 복원품이 제작되어 오키나와현립박물관에 수장되어 있다.[62]

맺는말

본고는 고려 초 광종 7년(956)에 만들어져 흥해(경북 포항시 흥해면)의 한절에 봉안되어 사용되었던 흥해 고려종(956~1944)에 대하여 검토하였다. 이 좋은 고려종으로서는 가장 오래된 자료이기도 하였다. 956년 1월 25일 '여제자(女弟子) 명호(明好)'의 자(子)인 '정조(正朝) 수강(壽剛)'이 발원하

---

60) 미군의 오키나와 상륙은 1945년 4월 1일, 중서부 해안에서 감행되었다. 미군 동원 병력은 육상 공략부대 17만 3천을 포함하여, 44만에 이르렀다. 상륙한 미군은 오키나와를 남북으로 끊어 진격, 5월 31일 슈리성을 함락하고, 7월 2일에는 오키나와에서의 작전 종료를 선언한다. 미일 양측 전사자는 무려 20만을 넘고, 그중 주민의 희생이 9만 4천을 헤아렸다. 오키나와 전투에 대한 개요는 西里喜行, 「近代化 · 文明化 · 大和化의 諸相」 『沖繩縣의 歷史』, 山川出版社, 2004, pp.295-300 참조.

61) 那覇出版社, 『沖繩文化財百科』 1, 1988, p.85.

62) 홍종필, 「오키나와(沖繩)의 구국보였던 朝鮮鐘(흥해대사종)에 대하여」 『인문과학연구논총』 16, 명지대학교, 1997, pp.400-402.

여 흥해의 한 절에 자리하게 된 고려종은, 어느 때인가 만 리의 풍도(風濤)를 넘어 머나 먼 남양 고도의 해변 나미노우에신사(波上宮, 那覇市 若狹)에 봉안되어 있다가 2차 대전의 전화 속에서 최후를 맞았다.

흥해 고려종에 있어서 무엇보다 흥미를 끄는 것은, 이 종이 언제 어떤 경위로 오키나와까지 흘러갔는가 하는 문제이다. 그리고 이 종을 만든 사람들은 어떤 사람들이고, 또 원래 종이 봉안되어 있던 '흥해대사'는 어디에 있던 절인가 하는 점도 궁금한 사항이다. 이 종의 제작에 고려 초 흥해의 유력한 호족 '훤달'이 간여하였다는 점, 그리고 동시에 '흥해(퇴화군) 대사'의 위치에 대해서는 천곡사(泉谷寺, 학천리), 혹은 연화사(蓮花寺, 대련리), 백련사(매산리)와 곡강리사지(곡강2리) 등을 검토하고 불확실한 점이 많지만 현재로서는 천곡사의 가능성이 많다는 점에 동의하였다.

흥해 고려종의 오키나와 유출 경위에 대해서는 지금까지 조선 왕조의 증정에 의한 이동으로 정리되어 왔다. 그리하여 오키나와에 불경이 전해지는 15세기 후반, 1467년(세조 13)이 '증정'의 시점으로 추정되기도 하였다. 그러나 본고에서는 이 종이 고려 말 14세기 후반의 왜구에 의하여 약탈된 것이며, 서일본을 거쳐 어느 시기 오키나와에 이른 것으로 추정하였다. 왜구에 의하여 약탈되었을 시점에 대해서는 1380~1381년(우왕 6, 7)경으로 추정하였는데, 이는 이 시기에 흥해를 비롯한 주변 지역이 심각한 왜구의 피해를 입었기 때문이다. 15세기 이후 류큐 왕조의 불교적 수요가 높아지면서 어느 시기, 아마도 시마즈의 류큐 침입 이후에 이 종은 서일본에서 다시 오키나와까지 옮겨졌을 것이다. 이 점에 대해서는 앞으로 일본-류큐 왕조의 관계사에 대한 상세한 검토를 통하여 그 시점을 좁혀볼 수 있을 것이다.

〈부〉 일본 소재의 한국 범종(신라 · 고려종) [63]

	현재 소속	현 소재지	원 사명	시기	높이 (cm)	비고
1	國府八幡社	長崎縣 下縣郡	無盡寺	745년	72.7	명치유신 때 망실
2	常宮神社	福井縣 敦賀市	蓮池寺 (진주)	833년 (太和 7)	111	
3	宇佐八幡宮	大分縣 宇佐市	松山村 大寺	904년 (天復 4)	88	
4	雲樹寺	島根縣 安來市		8세기 후반	75.3	追刻 (應安7년, 1374)
5	光明寺	島根縣 大原郡		10세기경	88	追刻 (康曆1년, 1379)
6	沖繩縣立 博物館	沖繩縣 那覇市	退火郡 大寺	956 (顯德3)	82.1	망실, 용두부분 남음
7	昭蓮寺	廣島縣 竹原市	古彌縣 西院	963년 (峻豊 4)	60.7	
8	天倫寺	廣島縣 松江市	廻眞寺	1011년 (辛亥)	87.1	
9	正祐寺	大坂市	臨江寺	1019년 (天禧3)	116.7	追刻 (明治7년, 1874), 宮崎縣 佐土原市 平等寺 舊藏
10	惠日寺	佐賀縣 唐津市	河淸部曲 北寺	1026년 (太平6)	73.0	承樂寺 종과 부분적으로 同范
11	承樂寺	佐賀縣 唐津市	河淸部曲 北寺	1026년 (太平6)	80.8	追刻(應安7년, 1374) 망실
12	鶴滿寺	大坂市 北區		1030년 (太平10)	92.4	追刻 長門州 厚東郡 普濟禪寺 (永和5년, 1379)
13	園城寺	滋賀縣 大津市	靑梟(부) 大寺	1032년 (太平12)	77.5	

---

63) 坪井良平,『朝鮮鐘』, 角川書店, 1974, pp.378-382 및 菊竹淳一,「西日本に殘る朝鮮半島の佛敎美術」『九州のなかの朝鮮』, 明石書店, 2002, pp.62-63에 의하여 정리함.

	현재 소속	현 소재지	원 사명	시기	높이 (cm)	비고
14	承天寺	福岡縣 福岡市	戒持寺	1065년 (淸寧11)	76.1	追刻 (明應7년, 1498)
15	住吉神社	山口縣 下關市		10세기 전반		
16	西大寺 觀音院	岡山縣 西大寺市		10세기 중엽	111.8	
17	圓淸寺	福岡縣 朝倉郡		11세기 전반	93.0	
18	水城院	福岡縣 太宰府市		11세기 전반	69.0	용두부분 결손
19	尾上神社	兵庫縣 加古川市		11세기 전반	127.2	
20	安養寺	福岡縣 北九州市		11세기 전반	96.4	追刻 (康曆2년, 1380)
21	聖福寺	福岡縣 福岡市		11세기 전반	98.0	追刻 (文龜2년, 1502)
22	不動院	廣島縣 廣島市		11세기 전반	110.0	
23	長安寺	新潟縣 兩津市		11세기 전반	107.5	
24	鶴林寺	兵庫縣 加古川市		11세기 후반	94.5	
25	出石寺	愛媛縣 長浜町		11세기 후반	88.4	
26	賀茂神社	山口縣 光市		11세기 후반	69.1	追刻 (貞治6년, 1367)
27	金鋼頂寺	高知縣 實戶市		12세기	65.0	
28	專修寺	三重縣 津市		12세기	65.0	
29	久遠寺	山梨縣 南巨摩郡		12세기	30.4	追刻 (萬治3년, 1660)
30	辰馬考古 資料館	兵庫縣 西宮市		11세기 후반 ~12세기 전반		
31	北澤家	東京都 豊島區		1107년 (乾統7)	47.7	
32	大寧寺	山口縣 長門市		12세기 전기	70.6	망실
33	觀音院	長崎縣 平戶市		11세기		망실
34	立龜庵	長崎縣 嚴原町		13세기 전기	66.7	망실
35	悟性寺	宮崎縣 高岡町		12세기 후기		망실

	현재 소속	현 소재지	원 사명	시기	높이 (cm)	비고
36	小倉콜렉션	千葉縣 習志野市	德興寺	1196년 (明昌7)	50.7	阿波國 海部郡 大山權現 舊藏
37	今淵家	神奈川縣 鐘倉市	天井寺	1201년 (承安6)	43.3	日向國 伊東家 舊藏
38	盛岡市 鄕土資料館	岩手縣 盛岡市	善慶院	1206년 (大和6)	58.2	南部利英 舊藏
39	高麗美術館	京都市	觀音寺	1225년 (貞祐13)	50.4	
40	曼茶羅寺	愛知縣 江南市	日輪寺	1234년 (甲午)	45.8	
41	井上家 舊藏	東京都		1241년		현재 상태 불명
42	小倉콜렉션	千葉縣 習志野市		1273년 (癸酉)	20.5	도금 흔적
43	鶴岡八幡宮	神奈川縣 鐘倉市	文聖庵	1324년 (至治4)	23.2	
44	正傳永源院	京都市		13세기	56.3	追刻 (永祿12년, 1569)
45	志賀海神社	福岡縣 福岡市		13세기 전반	52.8	도금
46	辰馬考古 資料館	兵庫縣 西宮市		13세기 전반	43.3	1825, 山口縣 大島郡 佐合島 연안 발견
47	長仙院	京都市		13세기	35.0	博多津 息濱 光明禪寺 追刻 (應永21년, 1414)
48	大願寺	廣島縣 佐伯郡	元曉庵	13~14세기	38.3	
49	所在 未詳	所在 未詳		13세기		
50	小倉콜렉션	千葉縣 習志野市		14세기	12.7	
51	高麗美術館	京都市		13세기		

* 이 논문은 「흥해 고려 종에 대한 역사적 연구 -한 '천년 종'(956-1944)의 流轉-」이라는 제목으로 『한국중세사연구』 38, 한국중세사연구회, 2014에 실린 것임.

제3장
한국과 오키나와, 문물의 교류

머리말

조선시대는 오키나와 류큐 왕조와의 교류가 활발하였던 시대이다. "류큐(琉球國)는 남해의 승지(勝地)로서 삼한(三韓, 조선)의 뛰어남을 뿌리로 하여, 중국(大明)으로 보차(輔車)를 삼고, 일본(日域)과는 순치(脣齒)의 관계가 되었다." 1458년 상태구왕(尚泰久王)은 '만국진량(萬國津梁)의 종'을 만들어 슈리성(首里城) 정전(正殿) 앞에 걸었다. 그 종에 새겨진 이 문구는 당시 류큐가 갖는 국가적 특성과 함께 류큐에 있어서의 조선이 갖는 비중을 잘 표현한 것이다.

조선과 류큐, 양국의 공식적 외교관계는 15, 16세기에 가장 활발하였고 이 시기 류큐 왕조는 조선 왕조의 불교 문물을 특별히 선호하였다. 17세기에는 사쓰마(薩摩)에 잡혀간 조선의 도공에 의하여 오키나와에서 도자기 제작이 시작된다. 오키나와 도자 문화에는 조선 도공의 전통이 지금도 담겨져 있다. 그런가 하면 오키나와에서 재배되던 고구마가 일본열도를 경유하여 18세기 조선에 전래 되었다. 그로 인하여 기아 문제의 해결, 민생에 많은 기여가 되었다.

대장경, 도자기, 혹은 고구마 등 이같은 문물의 교류는 잘 알려진 일이고, 기왕의 논문에 의해서도 다양하게 정리된 바 있다. 내용이 새로운 것은 아니지만, 이들 문물을 근세 한국역사와 오키나와와의 문물 교류라는 시각에서 총합적으로, 그리고 간명하게 정리하여 보여주려는 의도에서 본고는 작성되었다.

기왕에 정리한 바 있는 조선시대 사람들의 오키나와 표류 사례와 함께[1] 조선시대 류큐 왕국과의 교류를 이해하는 줄거리로서 이 글이 유용한 재료가 될 것을 기대한다.

1. 조선시대 불교 문화의 전파

1) 오키나와의 불교

오키나와의 불교는 13세기 영조왕대 선감(禪鑑)에 의하여 전해진 것으로 알려져 있다. 이에 의한 최초의 불사는 우라소에성(浦添城)의 극락사(極樂寺)였다. 상씨(尙氏) 왕조의 수립과 슈리성(首里城)으로의 천도 이후 불교는 왕실과 귀족을 중심으로 오키나와의 주요 종교로서 자리잡게 된다. 다만 불교의 정착에도 불구하고 우타키(御嶽)를 중심으로 하는 샤머니즘적 전통종교의 영향력이 매우 컸기 때문에 성격이 다른 두 종교가 양립하는 양상이었다는 점을 특징으로 들 수 있다.

류큐 왕국의 슈리성 일대에는 여러 절이 조영되었다.[2] 삼산 통일 이

---

1) 윤용혁, 「조선시대의 표류와 오키나와 경험」 『역사와 역사교육』 37, 2018.

2) 『琉球國由來記』(권10)에는 당시 류큐 왕국의 주요 사원으로서 원각사 이외에 天王寺, 天界寺, 崇元寺, 龍福寺, 安國寺, 慈安院, 祥雲寺, 桃林寺, 照太寺, 西來

후 상씨왕조에 의하여 불교를 통한 종교와 사상 통일이 추구되었기 때문이다. 여러 절 가운데 슈리성에 바로 인접한 원각사(圓覺寺)는 류큐 3대 사찰의 하나로 꼽힌다. 상진왕(尙眞王)이 제2 상씨왕통의 시조인 부상원왕(尙圓王)의 명복을 빌기 위하여 1494년 건립하였으며, 류큐 왕국의 종묘(宗廟)의 성격을 가져 크게 번영하였다. 본존은 석가여래이고 개산(開山) 주지는 카이인(芥隱承琥), 교토 남선사(南禪寺) 계통의 승려로 류큐에 오게 되어 나하의 광엄사(廣嚴寺), 보문사(寶門寺), 우라소에의 천룡사(天龍寺) 주지에 초빙되기도 하였다.

원각사는 원래 총문(總門)과 좌우의 석조 협문(脇門), 방생지(放生池)·산문(山門)·불전·용연전(龍淵殿)·고리(庫裏)·사자굴(獅子窟)·어조당(御照堂)·종루(鐘樓), 그리고 주위의 석담 등으로 구성되어 있었다. 총문을 들어서면 방생지와 방생교가 나오고, 계단을 올라 2층 산문을 지나 2층의 불전에 이른다. 불전에는 석가여래를 중심으로 보현보살과 문수보살이 자리잡았다. 용연전은 원각사에서 가장 큰 건물로 류큐 왕국 역대 임금의 초상화와 위패를 봉안 하였다. 1945년 전쟁 때 전소되었으며 1968년에 총문 등 일부만 복원된 상태이다.[3]

확실한 근거가 있는 것은 아니지만, 슈리의 원각사는 가마쿠라시대에 조영된 가마쿠라 5대 사원의 하나로 유명한 원각사의 영향을 받아 지은 것이라 한다.[4] 가마쿠라의 원각사는 몽골 침입으로 전사한 병사들의 영혼을 위로하기 위하여 1282년 집권(執權) 호죠 토키무네(北條時宗)

院, 建善寺, 廣嚴寺, 長壽寺 등을 소개하고 있다.

3)　上里隆史, 『尙氏と首里城』, 吉川弘文館, pp.131-133.

4)　的野克之, 「琉球王國と佛教隆盛」 『東アジア交流の盛華, 琉球の王國』, 島根縣立古代出雲博物館, 2015, p.46.

01 원각사, 복원된 총문과 연못(방생지)

가 건립한 절로 알려져 있다. 호죠 토키무네가 묻혀 있는 절이기도 해서,[5] 카마쿠라시대를 대표하는 사원 가운데 하나였던 셈이다. 그러나 가마쿠라 막부는 1333년 멸망하고, 이후 무로마치(室町)의 시대가 열렸기 때문에 슈리의 원각사가 과연 가마쿠라 원각사의 영향이었을까 하는 의문이 제기된다. 반면 15, 16세기의 빈번한 조선 왕조와의 불교 교류에 비추어보면 오히려 세조대에 건립된 조선의 원각사가 영향을 미쳤을 가능성이 높은 것이 아닐까 생각되기 때문이다.

2) 대장경 증여

류큐 왕국과 조선의 공식 교류가 이루어지면서 불교 문화재는 류큐 왕조가 가장 선호하는 중요한 물품이었다. 불교문화재 중에서도 첫 번

---

5) 奧富敬之 監修, 『北條時宗の時代』, NHK出版, 2000, p.36; 向坂好生 編, 『北條時宗』, NHK出版, 2001, p.153.

째는 역시 대장경이었다. 세조 원년(1455) 사신 도안(道安)의 요청에 의하여 대장경을 증여한 것을 비롯하여 1500년(연산군 6)까지 기록상 도합 7회에 걸쳐 류큐 사신의 대장경 증여 요청이 있었다.

류큐 사신의 대장경 요청[6]

순서	연대	송신자	사신	내용	출전
1	1455 (세조 1)	상태구왕	道安	대장경 요청	『세조실록』1년 8월 무진, 『해동제국기』
2	1461 (세조 7)	상태구왕	정사 普須古 부사 蔡璟	표류인 송환	『세조실록』7년 12월 무진, 『해동제국기』
3	1471 (성종 2)	상덕왕	상관인 信重	대장경 요청	『성종실록』2년 11월 경자, 『해동제국기』,『역대보안』41
4	1479 (성종 10)	상덕왕	상관인 新時羅 부관인 三木三甫羅	표류인 송환	『성종실록』10년 5월 신미
5	1483 (성종 14)	상원왕	정사 新四郎 부사 耶次郎	사찰 건립 지원 요청	『성종실록』14년 12월 정축
6	1491 (성종 22)	상원왕	정관 耶次郎 부관 五郎三郎	대장경 요청	『성종실록』22년 12월 갑진
7	1500 (연산 6)	상진왕	정사 梁廣 부사 梁椿	대장경 요청	『연산군일기』6년 11월 무오

* 1479년, 1483년의 경우는 위사(僞使)를 의심하여 대장경을 하사하지 않음.

1461년(세조 7) 1월 보수고(普須古) 등 류큐 사신의 방문으로 대장경 전질 1부와 『금강경』『법화경』등 20종의 불교 서적을 내렸고,[7] 1467년(세조 13) 8월에도 『법경론』『법화경』을 비롯한 많은 불교 서적을 하사하

---

6) 하우봉, 「문물 교류와 상호 인식」『조선과 유구』, 아르케, 1999, p.263의 표를 이용함.

7) 『세조실록』8년 1월 신해.

였다.[8] 도합 7회 가운데 1479년(성종 10), 1483년(성종 14)에는 위사(偽使)를 의심하여 대장경을 내리지 않았다.

류큐 국왕의 요청은 대장경과 불서만이 아니고 새로 건립하는 사찰에 안치할 불상이나 불구에까지 이르렀다. 1471년(성종 2) 류큐 사신 신중(信重)은 대장경과 함께 운판·중고(中鼓)·대경(大磬)·중요발(中饒鈸) 등의 불구를 하사받았다. 심지어 사찰의 신축과 중수를 위한 재정지원까지도 있었다.

1455년 세조대 이후 1500년에 걸쳐 7회의 대장경 요청과 5회의 사여(賜與)가 있었지만, 실제 이 대장경이 류큐 왕실에 전해진 것이 확인된 것은 1455년과 1500년의 두 건에 국한된다. 조선의 불경을 얻기 위한 위사(偽使)들의 준동이 그만큼 심했다는 것이다.[9]

세계유산으로 지정된 제사유적 세이화우타키(齊場御嶽)에서 세종 때 발행된 '조선통보(1423)'가 출토한 것은[10] 15세기 조선과의 빈번한 교류의 결과를 보여주는 것으로 생각된다.

3) 조선의 원각사와 류큐의 원각사

한양 도성 조선의 원각사는 1465년(세조 11), 슈리의 원각사는 30년 뒤인 1494년에 각각 건립되었다. 이 무렵 대장경과 불서, 불구 등을 요구하는 류큐의 사신들이 빈번하게 조선에 파견되었고 불사 건립을 위한 재정 지원을 요청하기도 하였다. 1477년(성종 8) 파견된 상덕왕의 왕사 내원리주(內原里主), 1480년(성종 11) 왕사 경종(敬宗) 등이 사찰 건립을

---

8) 하우봉, 「문물 교류와 상호 인식」 『조선과 유구』, 아르케, 1999, pp.265-268.

9) 이원순, 앞의 「歷代寶案」을 통해서 본 조선전기의 朝琉關係」, pp.35-36.

10) 국립제주박물관, 『탐라와 유구왕국』, 2007, p.47.

위한 재정 지원을 요청하더니, 1483년(성종 14) 신사랑(新四郞) 등은 비로법보전(毘盧法寶殿) 건축을 위한 면주(綿紬)와 면포(綿布) 각 5천 필을 요구하였다. 또 1492년(성종 23) 상원왕의 왕사 범경(梵慶)은 대장경을 보관하는 안장전(安藏殿)의 중건 및 천룡사(天龍寺) 개축을 위한 재정 지원을 요청하였다.[11] 그리고 1494년에 슈리의 원각사가 건립되는 것이다. 이같은 맥락에서 슈리성의 원각사 건립이 세조의 원각사에 영향을 받은 것이라는 의견이 마키시(眞喜志)에 의하여 개진된 바 있다.[12]

1477년 조선을 방문한 상덕왕의 왕사 내원리주(內原里主)는 불사 창건과 관련하여 조선측에 다음과 같이 그간의 경과를 보고하고 있다.

> 또 누방(陋邦)이 대비로사나(大毘盧舍那)에 있는 보전(寶殿) 한 집을 창건하여 선황(先皇)의 명복을 돕고 겸하여 성궁(聖躬)의 만안(萬安)을 보우(保祐)하는 일을 아뢰고, 따라서 사호(寺號)를 전하에게 봉청(奉請)하였더니, 특별히 명신(明信)한 전하의 어필(御筆)을 내려 주시어 인방[楣]에 걸었는데, 자의(字義)가 병연(炳然)하여 미천한 곳의 광화(光華)가 이보다 더할 수 없습니다. (중략) 대저 설교(說敎)하는 것은 갈래가 많으나, 착한 데로 나아가는 것은 궤도가 하나이므로, 부처의 도(道)에 의지하면 스스로 깨닫고 남을 깨우치는 각행(覺行)이 원만할 것이니, 전하께서 상제(常制)에 얽매이지 말고 그 베푸심에 인색하지 않으신다면, 이 나라와 다른 나라가 한 발자국의 막힘도 없이 다 대왕의 대원각해(大圓覺海)가 되어 짠맛을 함께 볼 것입니다.(『성종실록』81, 성종 8년 6월 신축)

11) 이원순, 「'歷代寶案'을 통해서 본 조선전기의 朝琉關係」『국사관논총』 65, pp.34-35.
12) 眞喜志瑤子, 「琉球極樂寺と圓覺寺の建立について」(2)『南島史學』 29, 1987, pp.16-20.

이에 의하면 류큐는 기왕에 비로사나불 전각을 창건하면서 사호(寺號)를 성종에게 청하였고 성종이 이를 직접 써서 내려주었음을 알 수 있다. 그리고 이절은 세조의 명복을 빌기 위한 것이라 하였다.[13] 마키시는 위에 언급된 내용 중 '대원각해(大圓覺海)'에 착안하여 그 절이 바로 '원각사'일 것이라 추정하였다.[14] 『유구국유래기』에는 원각사의 건립이 '홍치 5년(1492)'에 시작되어 7년(1494)에 마친 것으로 되어 있다.[15] 따라서 슈리의 원각사는 실제로는 성종 8년(1477) 이전부터 시작되어 1494년에 완공하였다는 것이다.[16]

마키시는 이에 그치지 않고 『유구국유래기』에 '천순정축팔월주지(天順丁丑八月鑄之)', 즉 1457년 8월에 주조하였다는 명이 있는 운판(雲板)에 대해서도 주목하고 이 불구(佛具)가 조선에서 사여 받은 물품이었다고 추정하였다.[17] 성종 2년(1471) 12월에 류큐 사신 신중(信重)이 대장경과 함께 운판·중고(中鼓)·대경(大磬)·중요발(中饒鈸) 등의 불구를 하사 받았던 것에 근거하면,[18] 슈리 원각사의 이 운판이 1471년 성종으로부터 하사 받은 것이었다는 의견인 셈이다.

---

13) 절 이름을 받아간 것은 성종 2년(1471)의 일이었다. "故敝邑雖多虞 建立一寺 充望獻陵 亦教苾蒭 衆勤行宓 希賜先王之繪像曁尊號 竝精舍之宸翰額 則所謂我 願旣滿 衆望亦足也"(『성종실록』 13, 성종 2년 11월 경자)라 하여 절의 건립이 작고한 세조의 명복을 비는 것이라 하였다.

14) "咸是大王之大圓覺海, 同一醺味者也"

15) "斸土爲基 陶土爲瓦 鳩工聚材 經始于弘治五壬子 告成于同甲寅矣"(『琉球國由來記』 10, 諸寺舊記)

16) 眞喜志瑤子, 앞의 논문, pp.23-24.

17) 위의 논문, pp.24-25.

18) 『성종실록』 13, 성종 2년 12월 경진.

02　원각사종(1495, 오키나와현립박물관)과 보신각종(1468, 국립중앙박물관)

　　슈리 원각사의 운판이 조선으로부터 받은 불구였으리라는 것에 대
해서는 필자도 적극 동의한다. 그러나 슈리의 원각사가 1477년 이전부
터 창건 작업이 시작되어 1494년 완공되었다는 의견은 사업 기간이 너
무 길다는 점에서 의견을 같이하기는 어렵다. '성종 8년 이전'이라 하였
지만, 실제 성종 2년(1471) 12월의 기록에도 세조에 대한 추모의 불사를
진행하고 있다는 내용이 구체적으로 전하고 있기 때문이다.[19] 그러나

19) "又書曰 敝國遭天不弔 我惠莊王薨逝 今承遣使 來進香幣 寡人不勝追悼 只緣日
　　月不留 大制已終 祔于太廟 貴使雖不得親自展禮 謹涓吉日 告于先王 兼承貴國先
　　王遺訓 切至悲感交 王又不墜先志 特建精舍 仍求我先王繪像竝寺額 王之厚意何
　　可云喩 但先王遺像 遠涉鯨波 情所不忍 玆故未副盛意 但將扁額 內典法器 土物

슈리의 원각사가 조선의 원각사 건립에 크게 영향을 입었을 것이라는 점은 개연성이 매우 높다고 하지 않을 수 없다.

1464년(세조 10) 공사를 시작하여 이듬해 완공한 한양 도성의 원각사는 명과 일본의 사신이 자주 방문하는 곳이었다. 1488년(성종 19) 실화로 불타자 다시 중수하였는데, 중수를 둘러싼 논란이 야기되었을 때 외국의 사신이 찾는 절이라는 것이 원각사 중수의 당위성을 주장하는 근거 중의 하나였다.20) 연산군 10년(1504) 문을 닫음으로써 40년이라는 짧은 기간의 운명을 마감하였다. 원각사에 있던 종을 동대문으로 옮겨 종각을 지어 새벽과 저녁에 종을 치게 된 것은 중종 31년(1536)의 일이었다.21) 세조 14년(1468)에 만들어진 보신각종(국립중앙박물관 소장, 높이 318cm)은 한때 원각사에 있던 종이었다.22)

오키나와현립박물관에는 1495년 제작된 원각사 범종을 비롯하여 불상, 코끼리상, 방생지(方生池) 석교의 돌난간 사자상 등 원각사의 자료가 소장, 전시되어 있다. 원각사 종에는 지장보살상과 함께 '금상세주상진왕궁생(今上世主尙眞王宮生)'이라는 글자가 새겨져 있어 상진왕대 작품임이

小伸哀悃 伏惟俯亮"(『성종실록』13, 성종 2년 12월 경진)

20) 『연산군일기』 연산군 9년 5월 무진.

21) 한양도성의 원각사에 대해서는 이병희, 「조선전기 원각사의 조영과 운영」 『문화사학』 34, 2010 참고.

22) 원래의 원각사종은 1465년(세조 11)에 1월 16일에 완성되었는데(『세조실록』 35) 지금은 남아 있지 않다. 鍾銘은 『조선금석총람』(하)에 수록되어 있고, 진품 보신각종은 1985년 국립중앙박물관에 옮겨 보관하고 있다. 보신각종(1468)이 원각사종이라는 주장도 있지만 두 종은 같지 않다고 한다. 이에 대해서는 주경미, 「조선전기 왕실 발원종의 연구」『동양학』 42, 단국대학교 동양학연구원, 2007, pp.8-10 참조.

밝혀져 있다.[23)]

4) 사쓰마의 침입과 장경각 재건

상덕왕 때인 1455년 조선 세조로부터 받은 대장경을 봉안하기 위해, 1502년(상진왕 26) 상진왕은 장경각(藏經閣)을 건축하였다. 위치는 슈리성 밖에 있는 원각사 총문(總門) 앞의 원감지(圓鑑池)라는 연못인데, 이 연못 중앙에 작은 인공섬을 조성하고 장경각의 건물을 지은 것이다. 대장경이 갖는 특별한 의미를 부각하면서 동시에 화재와 도난 등을 대비한 설계였음을 짐작하게 한다. 그러나 원각사와 장경각은 반세기가 지난 1609년 사쓰마군의 슈리 침입으로 모두 불타고 말았다.

임진왜란이 종식된 후인 1609년 사쓰마의 군은 가바야마(樺山久高)를 대장으로 군사 3천, 병선 100여 척으로 류큐 왕국을 침략한다. 류큐 왕국은 '만국진량의 종'에 표현된 것처럼 주변 여러 나라들과의 개방적 관계의 유지가 국체(國體)의 핵심 요소였지만, 16세기 말 도요토미 히데요시의 전국 통일과 대륙에의 팽창 정책은 왕국의 운명에도 불운한 전조(前兆)가 되었다. 조선에 대한 침략전쟁이 실패로 끝난 이후 시마즈(島津)씨는 팽창된 군사력을 활용하여 지배 영역의 확장을 도모하게 된 것이다. 류큐 왕국을 에도막부 체제에 귀속시키는 것은 새로운 막부 체제하에서 사쓰마의 위상을 강화하는 것이기도 하였다.[24)]

사쓰마(薩摩)의 군은 3월 4일 야마가와항(山川港) 출항, 아마미오시마(奄美大島), 토쿠노시마(德之島), 오키노에라부시마(沖永良部島) 등을 남하하면서

---

23) 沖繩縣立博物館.美術館, 『博物館展示がイド』, 2007, pp.38-39.

24) 豊見山和幸 外, 『沖繩縣の歷史』, 山川出版社, 2004, pp.126-138.

03 1609년 사쓰마군의 침공으로 함락된 나키진 구스크(今歸仁城)

차례로 공략하고, 25일에 북산(北山)의 나키진성(今歸仁城) 입구 고호리도
(古宇利島)에 이른다. 오키나와 북부, 사쓰마에 가까운 앞의 섬들은 전투
가 끝난 후에는 사쓰마의 영토로 편입되었다. 류큐에 대한 1차 정벌 전
쟁이 된 셈이다. 나키진성에 대한 공격이 개시된 것은 27일, 이후 나하
항을 목표로 남하하는데 일부는 마키항(牧港)으로 상륙하여 우라소에성
(浦添城)과 용복사(龍福寺)를 불태운 다음 육로를 경유하여 나하로 남하 하
였다. 사쓰마의 선단은 4월 1일 나하항으로 입항하여 슈리성을 수륙 양
면에서 압박한 것이다.

4월 4일 상녕왕(尚寧王)은 슈리성을 빠져나와 나고(名護)로 몸을 피하였
다가 포로가 되었다. 약탈과 방화가 이어졌고 그 와중에 원각사도 피해
를 입었다.[25] 포로가 된 상녕왕이 사쓰마를 향하여 나하항을 출발한 것

---

25) 上原兼善,『島津氏の琉球侵略』, 榕樹書林, 2009, pp.138-167.

04 복원된 장경각과 원감지

은 5월 15일, 이듬해 1610년 8월에 상녕은 순푸(駿府, 지금의 시즈오카)에서 이에야스(德川家康)를 알현하고 이어 에도성(江戶城)에서 히데타다(德川秀忠)를 알현한다. 그리고 1611년 10월, 류큐 왕부로 되돌아온다.

사쓰마에 포로로 잡혀간 왕자 상풍(尚豊)이 1616년 섭정에 임명되어 귀국한다. 그리고 1620년 상녕왕(尚寧王)이 사망하자 상풍이 왕위에 즉위하였다. 상녕왕은 다마우동(玉陵)에 묻히지 않고, 영조왕통(英祖王統)의 능묘인 '우라소에(浦添) 요도레'에 묻힌다.[26] 1621년 즉위 직후의 상풍왕(尚豊王)은 원감지에 장경각을 복원하여 '변재천당(弁財天堂)'이라 이름하였다. '변재천당(弁財天堂)'이란 칠복신(七福神)의 여신(女神)이며 재복(財福)의 신

---

26) 혹자는 상녕왕이 류큐의 사쓰마 복속에 대한 죄책감으로 다마우동(玉陵)에 묻히는 것을 고사하였다고 한다. 그러나 실제는 상녕왕의 증조 尚維衡이 浦添에 머물렀던 적이 있는 등, 그 조상의 연고 때문이라 한다.

인 '변재천녀(弁財天女)'의 상을 이 건물에 안치하였기 때문이다.

1609년 사쓰마의 침공 이후 류큐 왕국은 사쓰마에 반복속 상태가 됨으로써 15세기에 보여주었던 조선과의 활발한 교류는 다시 회복되지 않았다.

2. 오키나와 도자기와 조선 도공

1) 조선으로부터의 사쓰마 피로

오키나와에는 기와와 자기의 생산이 상대적으로 뒤늦었다. 따라서 자기는 중국 등으로부터의 수입품에 의존하였으며, 기와의 사용도 일반적이지는 않았다. 이러한 점에서 '계유년', 고려 와장에 의한 기와 생산은 오키나와에서는 매우 특별한 일이었다고 할 수 있다.

수입에 의한 자기 세계에서 임란 이후 조선의 도공 장일륙(장헌공) 등에 의한 자기 생산 또한 오키나와 공예 역사에서 특기할 만한 일이다. 이 때문에 장일륙에 의한 오키나와 초기 도자기 역사는 일찍부터 관심의 대상이 되었다.[27] 장일륙(張一六, 張獻功), 안일관(安一官), 안삼관(安三官) 등 조선의 도공 3명이 사쓰마로부터 오키나와에 이른 것은 1616년의 일이다.

---

27) 장일륙에 의한 오키나와 자기 생산에 대해서는 기왕에 다음과 같은 논문이 있다. 본고도 이들 연구성과에 크게 의존하여 서술하였다. 홍종필, 「유구왕국의 도조가 된 조선인 장헌공에 대하여」 『인문과학논총』 14, 명지대학교 인문과학연구소, 1996; 이형구, 「오키나와의 조선계 분청사기」 『역사와 실학』 14, 2000; 노성환, 「유구의 조선도공 장헌공 전승에 관한 연구」 『일어일문학연구』 91, 2014.

05 1598년 사쓰마의 피로 도공 심당길의 후손 심수관 선생(왼쪽)

장(張)과 안(安)은 정유재란 때 시마즈 요시히로(島津義弘, 1535~1619)에 의하여 포로로 잡혀 사쓰마에 오게 된 인물이다. 1598년 요시히로가 조선에서 철군하면서 피로인들이 쿠시키노(串木野)의 시마비라(島平), 이치키(市來)의 칸노가와(神之川), 가고시마 해안 등 3개소로 상륙하였다. 「나에시로가와유래기(苗代川由來記)」에 의하면 그 가운데 시마비라에 상륙한 것은 안(安), 정(鄭), 이(李), 장(張), 변(卞), 박(朴), 황(黃), 임(林), 차(車), 주(朱), 노(盧), 나(羅), 연(燕), 강(姜), 하(何), 진(陳), 최(崔), 정(丁) 등 18성, 남녀 43인이었다.[28] 말하자면 오키나와로 옮겨 간 장일륙과 안일관, 안삼관은 시마비라에 상륙한 18성 43인 중에 속했던 인물인 셈이다.[29]

---

28) 칸노가와에 도착한 것은 申, 金, 盧의 3성 10인, 가고시마 해안에 도착한 피로인은 남녀 20여 인이었다. 이에 대해서는 김정호, 「나에시로가와 조선인 사회의 형성과 번영, 그리고 쇠퇴」『잊혀진 조선피로인, 일본 나에시로가와 조선인 사회의 명암』, 민속원, 2018, pp.123-125 참조.

29) 「苗代川記」는 당시 도착 피로인에 대하여 앞의 자료와 약간 다르게 기록하고

시마비라(島平)에 잡혀온 피로인은 조선의 남원, 가덕도, 웅천, 김해 등지에서 포로로 잡힌 도공들이라고 하였다.[30] 『신증동국여지승람』에 의하면 남원의 성씨로서 안씨, 그리고 폐현되어 남원부에 속하게 된 거령(居寧)과 유곡(楡谷)의 성씨로 각각 장씨가 포함되어 있다. 그렇다면 장일류과 안일관, 안삼관은 남원에서 함께 잡혀온 도공들이 아닌가 한다. 조선시대 초 남원부에는 자기소가 1, 도기소 2개소 기록되어 있다. 자기소는 남원부의 북쪽 아산리(阿山里), 도기소는 부의 서쪽 초량리(草粮리)와 동쪽 은령리(銀嶺里)이다.

남원성 전투는 1597년(선조 30) 8월에 조명연합군이 왜군과 벌인 전투이다. 전투는 8월 13일부터 시작되어 8월 16일 왜군이 남원성을 함락함으로써 종료되었다. 당시 왜군의 병력은 도합 5만 6천, 그중 시마즈(島津)의 군은 10,800명(島津義弘 1만, 島津忠豊 8백)이다. 이에 대해 남원성의 조명연합군은 4,300~4,400명 정도에 불과하였다. 16일 밤 보름달이 훤한 상태에서 왜군은 남원성을 함락하고, 살인과 약탈이 이어졌다.[31]

있다. 이에 의하면 이씨 2家, 박씨 4가, 卜氏 1가, 鄭氏 1가, 김씨 2가, 최씨 1가, 姜氏 1가, 백씨 1가, 丁氏 1가, 차씨 2가, 林氏 1가, 심씨 1가, 申氏 1가, 陳氏 1가, 朱氏 1가, 노씨 1가, 황씨 1가, 장씨 1가 등 18개 성씨 집단이 상륙했다고 하여 도되어 있다. 여기에는 안씨가 누락되어 있는 것이다. 김정호, 위의 책, pp.125-126 참조.

30) "苗代川部落ハ今ヲ去三百二十餘年前文錄征韓ノ際島津義弘公朝鮮南原城或ハ加德島等ノ戰ニ揗ノナリシモノ虜或ハ熊川金海等等於ケル陶工等二十二姓男女六十餘人ヲ從ヘ歸リタルモノ"(「鹿兒島縣日置郡下伊集院村苗代川ノ沿革槪要」) 위의 김정호, 『잊혀진 조선피로인, 일본 나에시로가와 조선인 사회의 명암』 수록 자료를 참고함.

31) 남원성 전투의 경과에 대해서는 이희환, 「정유재란시의 남원성 전투에 대하여」 『전북사학』 7, 2001 참조.

이 남원성에서 심당길(沈當吉)을 비롯한 사쓰마 도공의 일부가 피로된 것으로 알려져 있다. 그러나 앞의 18성(姓) 가운데 누가 남원성에서 피로된 것인지는 분명하지 않다.[32]

2) 오키나와에 건너온 조선 도공

오키나와의 도조(陶祖)라 할 장일륙(張一六, ?~1638)은 1616년 사쓰마(가고시마)에서 오키나와로 파견된다.[33] 사쓰마에 잡혀 있던 사시키왕자(佐敷王子, 뒤의 尙豊王)가 귀국할 때 시마즈에게 조선의 도공을 허락받아 장일륙(張一六), 안일관(安一官), 안삼관(安三官) 등 3명의 도공이 함께 가게 된 것이다. 상녕왕(尙寧王)의 아들 사시키왕자는 1611년 사쓰마군의 류큐 왕국 침공 이후 인질로서 사쓰마에 피로되었다가 상녕왕의 요청으로 귀국하게 된 것이다. 사시키왕자는 사쓰마 체류 중에 자기 제작 경험을 하는 등 도자기와 인연을 맺었던 것 같다. 태평양전쟁 때 분실되었지만 상풍왕의 작이라는 자기 3점이 전해지고 있었다고 한다.[34]

---

32) 심수관의 경우 현재 청송군(2013)과 남원시(2016)에 각각 도예전시관이 건립되어 있지만, 왜란중에 피로된 도공들 가운데 그 출신지가 확실하게 밝혀진 경우는 거의 없다. 방병선, 「임란 전후 피랍 도공 연구 가고시마 나에시로가와 지역을 중심으로」『한국학연구』 67, 2018, pp.113-118 참조.

33) 이름이 밝혀져 있지는 않지만 안씨와 장씨가 사쓰마에서 류큐 왕국으로 옮긴 것에 대해서는 사쓰마의 자료에서도 확인된다. "安張二姓ハ琉球ヘ燒物指南トシテ被差遣候處彼地ヘ在附子孫今二有之由ナリ"라 한 것이 그것이다.(「苗代川由來記」) 「苗代川由來記」, 「苗代川記」를 비롯한 나에시로가와 피로 조선인 행적과 관련한 자료 7건이 『苗代川資料』(동경대학 사료편찬소에 소장)로 편집되어 되어 있는데 이 자료가 앞의 김정호의 책에 영인 자료로 소개되어 있다. 본고에서는 이를 활용하였다.

34) 3점 중 1점은 平凡社 간 『世界美術全集』 26권(1929)에 실린 白釉三足茶碗

06 와쿠타가마의 터에는 지금은 오키나와 현청이 자리잡고 있다

　　장일륙 일행은 슈리 남쪽 교외의 와쿠타(湧田)에 정착하여 도자기 작업을 시작하였다. 이것이 오키나와 도자기의 첫 생산이었다. 사쓰마에 피로된지 8년 후의 일이 되는 셈이다. 몇 년 후 장일륙을 제외한 일관과 삼관은 가고시마로 돌아갔다. 장일륙 자손들이 도업을 계속하였으며, 만든 그릇을 사람들은 '고마야키(高麗燒)'라고 불렀다고 한다.[35] 오키나와의 작품중 저부에 '관(官)'자 명이 찍혀 있는 자기가 있는데, 이것이 안일관, 안삼관의 작품이라는 견해도 있다.[36]

　　오키나와 도자기가는 사쓰마의 것과 흡사한 점이 있다. "쓰보야야키(壺屋燒)라 칭해온 방형의 주기(酒器) 등은 사쓰마야키와 매우 비슷하여 외

　　　이라 한다.(外間正幸・宮城篤正, 『日本のやきもの』 1(沖繩), 淡交社, 1974, p.94)

35) 『琉球國舊記』 4, 陶工.

36) '黑地瑠璃白釉草花繪中皿'이 그것이다. 外間正幸・宮城篤正, 『日本のやきもの』 1(沖繩), 淡交社, 1974, p.95.

견상 구분하기 어려울 정도이다. 또 키나야키(喜名燒)의 황색에 보이는 잿물(灰)의 흘림은 사쓰마야키의 하나인 타카오노야키(高尾野燒)에도 보인다"[37])는 것이다. 오키나와 도자기의 기원이 사쓰마에 있음을 지적한 것이기도 하다.

장일륙은 나카치레이신(仲地麗伸)이라는 이름을 사용하였으며, 오키나와에 거주하면서 오로쿠(小祿間切)의 마우시(眞牛)라는 여성과 혼인하여 레이조쿠(麗族)와 레이타츠(麗達), 두 명의 아들을 두었다.[38])

장일륙의 묘는 나하시 마키시(牧志)에 있다. 임종 전 상풍왕에게 부탁하여 위치를 잡았고 담장을 시설하지 않았다고 전한다. 묘비에는 '장씨원조일륙중지려신(張氏元祖一六仲地麗伸)'이라 하였고, 뒷면에는 '광서십이년 병술중추립(光緒十二年丙戌中秋立)'이라 하여, 1886년 중추에 묘비를 세웠음을 알려주고 있다. 후손들은 현재 사키마(崎間)라는 성씨로 고쿠바(國場)에서 가미카카즈(上嘉數) 문중(門中)을 형성하고 있다고 한다.[39]) 또 장일륙이 개명한 레이신(麗伸)의 '려(麗)'자를 돌림자로 하여 그 후손들은 '려달(麗達)–려강(麗康)–려직(麗直)–려보(麗保)–려허(麗許)'라는 식으로 이름을 지어내려 갔다.[40])

---

37) 津波古 聰,「沖繩の陶器」『沖繩の陶器類關係資料報告書』, 沖繩縣教育委員會, 2002, p.10.

38)「張姓家譜」참조. 처 眞牛는 호를 妙春, 생일은 알 수 없으나 숭정 13년 3월 7일 사망하였다고 되어 있다.

39) 노성환,「유구의 조선도공 장헌공 전승에 관한 연구」『일어일문학연구』91, 2014, p.425.

40) 장일륙의 계보에 대해서는〈張姓家譜〉참조. 필자는 沖繩縣立博物館·美術館, 那覇市立壺屋燒物博物館,『琉球陶器の來た道』, 2011에 실린 자료를 참고하였다.

3) 장일륙과 와쿠타가마(湧田窯)

장일륙(張一六)[41]은 오키나와에 정착하자 나라로부터 땅을 받아 와쿠타촌(勇田村)에서 도자기 작업을 하였다. '와쿠타(勇田)'라는 지명은 물맛이 좋은 샘이 있어 유래한 것이라 한다.[42] 그러나 운영한 가마 혹은 당시 작품은 확인되어 있지 않아 구체적인 내용은 확인이 어렵다. 일대는 현재 오키나와 현청 건물이 입지하여 원상이 완전 훼손된 상태이다.

장일륙의 후손 사키마(崎間麗進)에 의하면 과거 큐뉴야(牛乳屋, '上の宮里小')의 자리 동측 일부와 그 부근(3-27번지) 일대가 류큐 왕실에서 일륙에게 내려준 땅이었다고 한다.[43] 안일관, 삼관이 사쓰마로 돌아간데 반해 장일륙이 오키나와에 남게 된 것은 마우시(眞牛)라는 여성과의 결혼 때문이었다.

미모의 마우시는 오로쿠(小祿間切)의 아시미네웃치페에친(安次嶺掟親雲上)의 딸인데 유부녀였다. 장일륙과의 혼인으로 남편과 강제로 헤어지게 되었다는 것이다. "그녀의 고향 오로쿠마기리는 와쿠타(湧田)에서 고쿠바가와(國場川)를 사이에 둔 맞은 편에 있으며, 노래에 있는대로 정남향에 위치해 있어 전설과 기록이 일치"한다고 하였다.[44] 마우시가 헤어진 남편을 그리워하면 불렀다는 것이 유명한 '가라야부시(瓦屋節)'라는 노래라고 알려져 있다. "가라야 언덕에 올라 정남쪽으로 바라보니/ 섬은 보이는데 고향이 보이지 않네"라는 노래이다.

---

41) 장일륙은 '장일륙' 이외에 '중국식 이름(唐名)'이라는 張獻功, 오키나와식 이름인 仲地麗伸 등이 그것이다. 원래의 이름에 가장 가까운 것이 '장일륙'일 것이다.

42) 『琉球國舊記』1, 勇田.

43) 外間正幸 · 宮城篤正, 『日本のやきもの』1(沖繩), 淡交社, 1974, p.94.

44) 山里永吉, 「琉球の陶業史」『琉球の陶器』, 榕樹社, 1942.

07 와쿠타가마의 터에서 이전된 가마(오키나와현립박물관)

이 전설에 대하여 노성환 교수는, 1930년대 이후 도공 장일륙의 역사가 가라야부시(瓦屋節) 노래와 잘못 연계된 결과로 빚어진 낭설이라 하였다. 가라야부시의 배경이 되는 남자는 중국 명나라에서 건너온 와공 도카시키(渡嘉敷三良)의 이야기가 결부되었을 가능성이 높다는 것이다.[45] 이같은 견해는 일찍이 미야기(宮城篤正)에 의해서도 피력된 바 있다. "가라야부시(瓦屋節)의 주인공을 장일륙과 연결시키는 것은 많은 문제점을 가지고 있는 것처럼 보인다"는 것이다.[46]

장일륙의 작업장이 있었던 와쿠타 지역은 대략 지금의 오키나와현청 청사가 위치한 지역이고 1986년 긴급 발굴조사가 이루어졌다. 조사 결과 16세기 이후 명조 계통의 기와, 도기를 비롯하여 17세기 초기의 철회(鐵繪) 시유도기가 확인되었다. 또 1682년 쓰보야(壺屋)로 도기 제작이 통

45) 노성환, 「유구의 조선도공 장헌공 전승에 관한 연구」 『일어일문학연구』 91, 2014, pp.426-434.
46) 宮城篤正, 「歷史と技術の傳統」 『日本のやきもの』 1(沖繩), 淡交社, 1974, p.97.

합된 이후에도 와쿠타의 생산이 지속되었다는 사실을 알게 되었다.[47]

17세기 후반, 1670년경 와쿠타(湧田)에서는 오키나와의 유명한 도공 히라다(平田典通, 중국명 宿藍田, 1642~1722)가 가마를 운영하였다. 그는 3년 간 중국에 건너가 현지에서 도자기를 공부한 인물로 이에 따라 오키나와 도자기에 중국적 제작법이 영향을 미치게 되었다. 1680년 히라다는 슈리의 모모하라촌(桃原村)으로 옮겼는데, 부근의 다카라구치(寶口)는 오키나와시의 치바나(知花), 와쿠타와 함께 어용(御用)의 주호(酒壺)를 제작하는 3대 가마로 꼽혔다. 이들 가마는 1682년(尙良 14) 쓰보야야키(壺屋燒)로 통합되어 쓰보야 중심의 도자기 제작이 이루어진다. 쓰보야의 고요(古窯)는 46개소가 확인되었는데, 주로 시유(施釉)의 죠야키(上燒)와 무유(無釉)의 아라야키(荒燒)가 대종(大宗)이다.[48]

4) 나칸다가리의 나에시로가와 기술 연수

오키나와 대표적 전통 도자기의 수작으로 꼽히는 어문접시(線雕染付魚文皿, 오키나와현립박물관 소장)가 있다. 1979년에 현 유형문화재로 지정된 작품이다. 직경 24.8cm, 수면 위로 튀어 오르는 잉어 한 마리가 음각되어 있는 것인데 조선시대 분청사기의 풍모를 느낄 수 있다. 류큐 왕부시대 와쿠타에서 활동한 이름 높은 도공 나칸다가리 치겐(仲村渠致元, 1692~1754)의 작이다.[49] 어문접시 외에 국화모양접시(菊花皿)도 그의 작품으로 전한다. 조밀한 꽃잎의 국화 모양의 접시 중앙에 조(粟)의 이삭들이 철채

47) 池田榮史,「施釉陶器の成立と展開」『琉球陶器の來た道』, 沖繩縣立博物館・美術館, 那霸市立壺屋燒物博物館, 2011, pp.129-133.
48) 小田靜夫,「壺屋燒の歷史」『壺屋燒が語る琉球外史』, 同成社, 2008, pp.71-76.
49) 『沖繩文化財百科』 1, 那霸出版社, 1988, p.116.

(鐵彩)로 그려져 있는 세련된 작품이다. 지름이 22.8cm.[50]

오키나와 도자기에 사쓰마자기의 영향이 현저한 것은 장일륙보다는 오히려 나칸다가리의 영향이 더 크다는 의견이 있다. 와쿠타(湧田)에서 활동한 나칸다가리는 류큐 도기 중흥의 인물로 일컬어진다. 그는 29세 때부터 4년동안 야에야마(八重山) 지역, 이시가키지마(石垣島)에서 도자기 기술을 전수하였고, 1730년에는 사쓰마에 파견되어 도자기 연수를 받았다. 그 기간 통역을 동반하여 나에시로가와(苗代川)를 방문, 조선 도공 (박씨) 가마에서 직접 기술 지도를 받게 된다.[51] 나칸다가리(仲村渠致元)를 지도한 조선 도공은 '부용관(溥龍官)'이라 하였는데, '박용관(朴龍官)'일 것이다. '박용관(朴龍官)'이라는 이름은 기록에서 확인되지 않지만, 시마즈에 의하여 1598년 피로된 박평의(朴平義)의 후손으로 추정된다. 1885년의 자료(〈薩摩陶器沿革及沈壽官事蹟〉)에 의하면 당시 나에시로가와(苗代川)에는 총 18성 336호의 조선 피로인 후손이 거주하고 있었는데 박가(朴家)는 78호(戶)로 가장 큰 규모의 집안이었다.[52] 태평양전쟁 때 일제의 외무대신을 역임한 도고 시게노리(東郷茂德)가 이 박씨 집안의 박무덕(朴茂德)이었다는 것은 잘 알려진 일이다. 이 박씨, 나에시로가와 조선 도예의 영향이 오키나와 도자기의 한 흐름으로 계승되었다는 것이 흥미있는 일이다.

나칸다가리(仲村渠致元)는 야에야마(八重山) 도자기 문화에도 큰 영향을

---

50) 外間正幸 · 宮城篤正, 『日本のやきもの』 1(沖繩), 淡交社, 1974, pp.217-218.

51) 宮城篤正, 「歷史と技術の傳統」 『日本のやきもの』 1(沖繩), 淡交社, 1974, pp.101-107.

52) 김정호, 『잊혀진 조선피로인, 일본 나에시로가와 조선인 사회의 명암』, 민속원, 2018, p.152. 방병선 교수는 사쓰마의 피로 도공 중 朴平義가 "가장 실력이 뛰어난 도공이었을 가능성이 크다"고 하였다.(방병선, 「임란전후 피랍 도공 연구」 『한국학연구』 67, 고려대학교 한국학연구소, 2018, p.125)

08 관광객들에게 판매되는 오키나와의 도자기

미쳤는데, 사쓰마 나에시로가와(苗代川)에 연수 가기 전인 20대의 나이에 4년 동안 왕명에 의하여 이시가키지마(石垣島)에서 도자기 작업을 시작했던 것이다. 처음 야마다비라(山田平等)에 가마를 만들어 작업을 하다 뒤에 케다가와(慶田川)로 옮겼는데, 1724년에 만들어져 1727년까지 사용된 이시가키시(石垣市)의 아코바나요(阿香花窯)가 야마다비라요, 1730년에 시작되어 1800년까지 사용된 흑석천요(黑石川窯)는 기록상의 케다가와요에 각각 비정된다.[53] 도기의 종류는 아라야키(荒燒)가 대부분이다.[54]

---

53) 小田靜夫,「壺屋燒の歷史」『壺屋燒が語る琉球外史』, 同成社, 2008, pp.84-87; 倉成多郎,「企劃展の展示意圖と近世琉球窯業史硏究構築に向けての論點整理」『琉球陶器の來た道』, 沖繩縣立博物館・美術館, 那覇市立壺屋燒物博物館, 2011, p.100 참조.

54) 오키나와의 다양한 도자기는 1998년에 사가현 아리타(有田)의 九州陶磁文化館에서 '오키나와의 도자기'라는 특별전이 개최된 바 있다. 佐賀縣立九州陶磁文化館,『沖繩のやきもの-南海からの香り』, 1998 참고.

3. 구황작물 고구마의 조선 유입

고구마는 중남미 원산의 식물인데 콜럼버스가 유럽으로 가져온 것이라 한다. 1565년 스페인이 필리핀을 정복하면서 아시아에 전해진 다음 중국, 오키나와를 거쳐 일본, 쓰시마를 통하여 조선에 이른 것으로 알려져 있다. 지구를 한 바퀴 돌아 한반도에 이른 '고구마의 길'인 셈이다.

1) 복건성에서 오키나와로

고구마가 중국의 복건성에 전래된 것은 진진용(陳振龍, 1543~1619)에 의한 것으로 알려져 있다. 진진용은 필리핀 루손섬에 갔다가 고구마를 가져와 집에서 재배하였다. 루손섬에서는 고구마 종자를 외부로 유출하는 것을 엄격히 규제하였기 때문에 두레박 끈에 고구마 줄기를 숨겨 가지고 들어왔다는 전승이 있다.

1594년 복건성에서 대기근이 일어나자 이를 기회로 진진용의 아우 진경륜(陳經倫)이 순무관 김학증(金學曾)에게 고구마를 소개하였다. 그리하여 김학증의 노력으로 구황의 작물로서 정착되었다는 것이다. 고구마는 껍질이 붉다 해서 주서(朱薯), 혹은 외국에서 들어왔다 하여 번서(藩薯)라고 하였는데, 김학증을 기리는 의미에서 김서(金薯)라고도 불렸다는 것이다. 복건성 사람들은 필리핀에서 고구마를 전한 진진용과 이를 보급한 김학증을 기려 1834년 복주에 '선서사(先薯祠)'라는 사당을 짓고 이들을 모셨다고 한다.

복건성의 고구마가 오키나와에 전해진 것은 1605년, 이름이 전하지 않은 노구니(野國)의 총관(總管)[55]에 의해서라고 널리 알려져 있다. 그는

---

55) 노구니 총관의 이름은 알려져 있지 않지만, 노성환은 그 이름이 '누군'이라 하

09 노구니 총관의 기념비석(1751)의 탁본[56]

상녕왕의 명을 받아 진공선(進貢船)의 총관으로 명의 복주(福州)에 가게 되었다. 그곳에서 구황작물로서의 고구마의 유용성에 대한 이야기를 듣고 가지고 와 고향 노구니촌(野國村)과 부근(野里村, 砂辺村)에서 재배를 시작하였다. 지금의 가데나(嘉手納) 지역이다.

노구니 총관에 의하여 오키나와에 들어온 고구마를 확산하는 데 기여한 인물은 기마 신죠(儀間眞常, 1557~1644)였다. 그는 총관으로부터 고구마 재배법을 익히고 이를 전국에 보급하는데 힘을 기울였다. 총관이 문익점이라면, 기마 신죠는 정천익에 해당하는 인물인 셈이다.

였다.(노성환, 「조선통신사와 고구마의 전래」『동북아문화연구』 23, 2010, p.545) '총관'의 직책은 『琉球國由來記』에 "唐往來之時 菩薩燒香役也"라 하여 명에 왕래하는 진봉선 선내에서 제관 역할을 담당하여 항해상의 안전을 기원하는 직이다. 『琉球國舊記』에서는 보살 대신 海上守護神인 '天妃'라 하였다.

56) 塚田清策, 『沖繩文化の研究』, 曉教育圖書株式會社, 1965에 의함.

그러나 실제 고구마의 유입 루트는 더 다양하게 있었던 것 같다. 이 때문에 지역에 따라 다른 고구마 전래에 대한 전승이 있다. 『마성가보(麻姓家譜)』(1691)에는 고로쿠 마키리(小祿間切)의 기마(儀間) 출신 선원 치쿠돈(筑登)이 중국에서 고구마를 가져왔다고 하고, 『옹성가보(翁姓家譜)』에서는 이샤토우에가타(伊舍堂親方)가 1694년 소당선(小唐船) 재부(才府)가 되어 복건성에 갔을 때 아라구스크(新城筑登)와 후나코시(富名越筑登)로 하여금 고구마를 입수하게 하였다고 한다.[57]

고구마 전래와 관련하여 오키나와 본 섬과 서쪽으로 멀리 떨어진 선도(先島) 지역에는 또 다른 전승이 있다. 요나구니시마(與那國島)에서는, 섬의 유력자 형제가 서로 싸우다 중국으로 건너 갔는데 1612년 돌아오면서 고구마를 가져 왔다고 하고, 이시가키지마(石垣島)에는 1694년 하테루마(波照間高康)가 풍랑으로 중국 영파(닝보)에 표착하였다가 고구마를 가지고 돌아왔다는 것이다. 한편 미야코지마(宮古島)에서는 마쓰바라(松原)에 사는 사람이 고기 잡으러 나갔다가 풍랑으로 중국에 표착 했다가 돌아오면서 고구마를 가져와 재배하게 되었다는 이야기가 있다. 그 밖에 '장진씨가보정통기(長眞氏家譜正統記)'에는 1594년 미야코지마의 우루카페친우무야(砂川親雲上旨屋)가 왕부(王府)에 공물을 운송하러 갔다가 복건성에 표착, 3년간 복주(福州)에서 거주하였는데, 1597년 돌아올 때 고구마 줄기를 가져와 고구마를 유포했다는 것이다. 우무야는 고구마의 신으로 미야코지마의 '은뉴수'라는 이름의 우타키(御嶽)에 모셔졌고, 마쓰바라(松原)와 요나하(與那覇)에서도 이들에 대한 제사가 행해진다고 한다.[58]

---

57) 노성환, 「동아시아의 고구마 전래자와 현창문화」 『동북아문화연구』 43, 2015, p.65.

58) 노성환, 위의 논문, pp.65-70.

10 가데나정의 노구니 총관 공원

　다양한 유래가 전해지기는 하지만 오키나와 고구마 전래는 공식적으로는 노구니의 총관이다. 그의 묘는 미군기지 가데나마리나의 남측에 있고, 1920년대 오키나와사적보존회가 세운 '산업계지은인 야국총관지묘'라는 현창비를 세웠다. 1955년 노구니 총관의 고향, 가데나정(嘉手納町)에 고구마 전래 350주년 기념으로 '노구니총관궁(野國摠管宮)'이라는 신사를 세워 매년 10월 축제를 거행하고 있다. 2005년에는 고구마전래 400주년을 맞아 다양한 행사를 개최한 바 있다.[59]

2) 고구마의 일본 확산

　일본 본토에서 처음으로 고구마가 재배된 곳은 나가사키현의 히라도(平戸)라고 한다. 히라도의 영국 상관장(商館長) 리차드 쿡이 1615년 6월

---

59) 嘉手納町 野國摠管甘藷傳來400年祭實行委員會, 『甘藷と野國摠管』, 2005, pp.44-47.

19일, 히라도 센리가하마 인근 토비노스에 고구마를 심고 재배하였다는 것이다. 1979년에는 현지에 히라도교육위원회에서 '쿡의 고구마밭 유적'(コックス甘藷田跡)이라는 나무 팻말을 세웠다고 한다.[60] 그러나 일본 본토에 확산된 고구마는 가고시마(사쓰마)를 통해서이고, 이 때문에 고구마는 '사쓰마이모(薩摩芋)'라 칭해지게 된다.

오키나와에서 가고시마에 고구마가 전래된 경위는 대략 세 가지 견해가 있다. 1609년 오키나와를 침입한 시마즈(島津家久)의 군이 귀국할 때 가지고 간 것, 1698년 타네가시마(種子島)의 도주(島主) 타네가시마(種子島久基)가 류큐 상정왕(尙貞王)으로부터 가져온 것, 1705년 야마가와정(山川町)의 어부 마에다(前田利右衛門)가 오키나와에서 가져와 유포된 것이라는 것이 그것이다.[61] 타네가시마 도주 히사모토(種子島久基)는 류큐에서 입수한 고구마를 지역의 니시무라(西村時乘)에게 재배법을 연구하게 하였고, 니시무라는 하석사(下石寺)의 농민 오오세(大瀨休左衛門)에게 심도록 해서, 여러번의 시행착오를 거친 후 섬의 주민들에게 보급하였다고 한다.[62] 오키나와와 연결성이 높은 가고시마의 지리적 특성을 고려하면 유입 경위가 복선적일 가능성이 많은 것으로 생각된다.

쓰시마에 고구마를 전한 사람은 쓰시마의 유학자 스야마(陶山訥庵, 1658~1732)와 그의 제자 하라다(原田三郎, ?~1740)이다. 스야마는 고구마에 대해 주목하고 제자 하라다를 가고시마에 보내 어렵게 종자를 구하여 재배에 성공한다. 1723년의 일이다. 대마도주는 고구마의 재배를 적극

---

60) 노성환, 앞의 논문, p.64.

61) 山田尙二, 「甘藷南島普及」 『南島史學』 31, 1988, p.82.

62) 노성환, 앞의 논문, pp.63-64.

장려 하였고, 짧은 시간에 섬에 확산되었다.[63] "지금 통신사가 쓰시마의 좌수포(佐須浦)를 지나가는데 푸른 밭이 끝도 없이 아득하게 바라보였다. 곧 고구마(甘藷) 밭이다."[64] 조엄이 조선에 가져온 고구마는 히라다가 사쓰마에서 가져온 것이다. 하라다의 공을 기념하는 창덕비가 1905년에 고향 히사하라(久原) 소학교 교정에 세워졌다고 한다.[65]

3) 고구마의 조선 유입

고구마가 조선에 전래된 것은 1763~4년 조엄(趙曮, 1719~1777)이 통신사로 일본에 다녀오면서 가지고 들어온 것임은 널리 알려진 사실이다. 1763년 10월 쓰시마에 도착한 조엄은 고구마에 눈이 꽂혔다. 식량의 만성적 부족으로 어려움을 익히 잘 알고 있는 그에게 고구마는 백성을 구할 수 있는 하늘이 내린 양식이었다. 조엄은 우선 고구마 두 말을 구해 먼저 부산진에 보내 심게 하였다. 이듬해 귀국 길에 그는 더 시간을 가지고 고구마에 집중하였다.

> 이 섬에 먹을 수 있는 풀뿌리가 있는데 이름을 감저(甘藷) 또는 효자마(孝子麻)라 부른다. 일본식 발음으로 '고귀위마(高貴爲 麻)'라 한다. 생김새가 산약과 같고 무 뿌리와도 같으며 오이나 토란과도 같아 그 모양이 일정하지 않다. (중략) 생것으로 먹을 수도 있고 구워서 먹을 수도 있으며 또 삶아서 먹을 수도 있다. 곡식과 섞어 죽을 쑬 수도 있고 잘라서 정과(正果)로도

---

63) 노성환, 앞의 논문, pp.61-62.

64) 柳重臨, 『增補山林經濟』2, 감저종식법 자왜국전래.

65) 노성환, 「조선통신사와 고구마의 전래」『동북아문화연구』23, 2010, p.62, pp.73-74.

만들 수도 있다. 혹은 떡을 만들거나 혹은 밥에 섞을 수도 있어 하지 못하는 것이 없으니 흉년을 구할 수 있는 좋은 재료라 할 만 하다.(조엄, 『해사일기(海槎日記)』 1764년 6월 18일)[66]

1763년에 처음 고구마를 전달받은 부산진 첨사 이응혁(李應爀)은 이듬해(1764) 봄, 절영도 조도(朝島) 맞은편 야산에 심었다. 현재의 영도구 청학동, 동삼동 해변으로 이것이 처음으로 고구마를 재배한 시점이 된다.[67] 이듬해 1764년 6월 귀국할 때 조엄은 쓰시마에서 다시 고구마를 구하여 귀국하였다. 그는 고구마를 구해 가지고 오는 것이 고려 말 문익점이 목화씨를 가져와 의료(衣料) 혁명을 일으킨 것에 비견할만한 사건이라고 생각하였다. "이것을 다 살려서 우리나라에 널리 퍼뜨리기를 문익점이 목화를 퍼뜨리는 것과 같이 한다면 어찌 우리 백성에게 큰 도움이 아니겠는가."

조엄이 주목한 고구마는 사행에 동행한 여러 사람들에게도 큰 관심을 끌었다.[68] 공주(公州) 출신 인물인 서기 김인겸(金仁謙)은 1763년 쓰시

66) 박진형·김태주의 번역본 『해사일기』(논형, 2018)에 의함.
67) 김재승, 「고구마의 조선 전래」 『동서사학』 8, 2001, p.104 참조. 1763년 조엄이 보낸 고구마는 재배에 실패한 것으로 오인택은 추정하였지만(오인택, 「조선후기의 고구마 전래와 정착과정」 『역사와 경계』 97, 2015, p.187) 김재승은 "절영도에서 첫 재배에 성공한 '조내기 고구마'는 이후 다대포와 타 부산지역으로도 급속히 퍼졌다"고 하였다. 얇고 붉은 색을 띠며 약간 작은 조내기 고구마는 맛이 밤맛과 비슷하여 부산 지방에서 인기가 높았다는 것이다.(김재승. 「조엄의 고구마 전파와 재배법 연구자」 『조엄연구논총』, 2004, p.62)
68) 오인택은 계미통신사의 관련 자료를 검토하여 고구마에 관심을 가졌던 인물로 조엄 이외에 김인겸, 성대중, 원중거 등이 각각 시점과 장소를 달리하여

마에서 삶은 고구마를 처음 맛보고 그 감상을 이렇게 적고 있다.[69]

　　섬(島中)이 척박하여 생활이 가난하니 효자토란 심어두고 그것으로 구황
한다 하기에 쌀 석 되 보내어서 사다가 쩌먹어 보니 모양은 하수오(何首烏)
요/ 그 맛은 극히 좋아/ 마(薯) 같이 무르지만/ 달기는 더 낫구나./이 씨를
내어다가/ 아국(我國)에 심어두고/ 가난한 백성들을/ 흉년에 먹게 하면/ 참
으로 좋겠으되/ 시절이 통한(痛寒)하여/ 가져가기 어려우니/ 취종(取種)을
어이 하리.

서기로 함께 사행에 참여한 원중거(元重擧)는 쓰시마의 고구마 보관 창
고에서 고구마를 접했다. 그리고 섬사람의 입을 통하여 고구마의 성질
에 대한 설명을 들었다. 고구마의 종자 보존에 대한 상세한 설명을 기
록에 남긴 것은 그가 고구마 재배에 대한 특별한 관심을 가졌음을 보여
주는 것이다.

　　풍기(豊崎) 아래 언덕 위 남향에 허막(虛幕) 수십 개가 있기에 왜인들에게
물어보았더니, "감저(甘藷) 종자를 보관해두는 곳입니다. 대개 감저는 성질

쓰시마에서 고구마를 접했음을 확인하였다. 동시에 이름이 기록되지 않은 부
산 지역 사람 다수가 고구마와 접촉했음을 밝히고 이들이 "귀국 후 고구마
정보를 동래부 농민층에 확산시키며 왜관을 통한 고구마의 비공식적인 도입
을 촉진하는 역할을 하였을 것"이라 추정하였다.(오인택,「조선후기의 고구
마 전래와 정착과정」『역사와 경계』97, 2015, p.183)

69) 조엄, 최강현 역주,『일동장유가』, 보고사, 2007에 의함. 김인겸은 공주시에
묘소와 기념비가 있으며 2005년 공주향토문화연구회 주최 세미나(〈일동장
유가의 퇴석 김인겸〉)가 개최되고, 2019년 5월에는 '이달의 공주 인물'에 선
정되었다.

11 공주(公州)의 고구마빵(좌)과 부산 조내기 고구마 역사공원(우)

이 쉽게 얼고 습기를 싫어하고 더욱 화기(火氣)를 꺼리기 때문에 따로 이처럼 허막을 설치해 땅을 파고 저장합니다. 날이 추우며 깊이 저장하여 두껍게 덮어서 얼지 않도록 하고 조금 따뜻하면 문을 열어서 바람을 통하게 하고 많이 따뜻하면 싸 놓은 것은 열어 햇볕이 들게 합니다."(이하 략)라고 대답을 하였다. 이로 미루어 보건대 우리나라에서 비록 땅에 심는다고 하더라도 종자를 오래 전하지는 못할 것이다.(1763년 10월 15일)[70]

1763년의 계미통신사 사신단이 쓰시마에서 고구마를 접하게 된 것은 이후 조선에 있어서 식량 문제 해결에 큰 계기가 되었다는 점에서 역사적 의미가 크다. 다만 조선 사람으로서 고구마를 접한 것은 이것이 처음이었던 것은 아니다. 1662년(현종 3) 아마미대도(奄美大島)에 표착한 김여휘(金麗輝) 등이 섬에서 '우모(牛毛)'라고 불리는 고구마를 맛보게

70) 원중거, 『乘槎錄 -조선후기 지식인, 일본을 만나다』, 김경숙 역, 소명출판, 2006, pp.87-88.

된다.[71] "겉은 붉고 속은 희었으며 삶아서 먹으면 그 맛이 마와 비슷하니 이 채소는 오래 굶은 사람에게 가장 알맞아 많이 먹어도 괜찮다고 했다"[72]는 것이 그것이다. 제주 북포(北浦)의 김일남(金日南), 부차웅(夫次雄) 등이 장사하러 나갔다가 1726년(영조 2) 2월 추자도 근해에서 표류하여 류큐에 표착하였는데 이때 국도(國都, 슈리)에 머물면서 견문한 가운데는 '임위(林委)'라 불린다는 고구마에 대한 소개도 포함되어 있다.

> 덩굴로 자라는 채소가 있는데, 한번 덩굴이 지면 무성하게 몇 이랑씩 뻗어나간다. 계절마다 땅에 심어 서너 뿌리가 나온다. 뿌리는 무와 비슷하고 큰 것은 술잔(酒鍾)만 하다. 맛은 달고 물러 사람이 먹기에 아주 좋다. 반드시 껍질을 벗겨 쪄서 먹으며 끼니를 대신한다. 여기 저기 심는데 덩굴 하나에 몇 백 뿌리를 거둘 수 있어서 사람들이 굶주리지 않는다. 속명을 '임위(林委)'라고 한다.(鄭運經, 『耽羅聞見錄』第9話)[73]

1662년은 고구마가 아직 가고시마(사쓰마)에 전래되기 이전이고, 1726년이라면 일본 열도를 거쳐 이제 쓰시마에서 고구마가 재배되기 시작할 무렵이 된다. 이후 거의 40년이 지난 1764년 쓰시마의 고구마

---

71) 고구마의 오키나와 방언이 '우무(ウム)'라고 한다. 김여휘가 맛본, '우모', 김일남 등이 맛본 '임위'가 바로 여기에서 나온 말이라는 것을 알 수 있다. 김나영, 「조선시대 제주도 표류·표도인을 통한 정보·지식의 유입 양상」 『동아시아의 표류』, 해양수산부, 2019, pp.405-408 참조.

72) "有一菜 名曰牛毛 皮赤肉白 蒸食之 味如薯蕷 此物最宜於久飢 雖過食不傷人云"(宋廷奎, 『海外聞見錄』「記琉球漂還人語」) 김용태와 김새미오가 옮긴 『해외문견록』(휴머니스트, 2015)을 참고하였음.

73) 번역은 정민 역, 『탐라문견록, 바다 밖의 넓은 세상』(휴머니스트, 2008)에 의함.

가 조선에 유입된 것이다.

1764년 6월 조엄은 귀로에 새로 가져온 고구마를 동래부사 강필리(姜必履)에게 전달하여, 이후 고구마가 조선에서 널리 확산된 것으로 알려져 있다. 강필리는 고구마의 재배법을 연구하고 부산뿐만 아니라 기후와 토질이 적합한 제주도, 남해안 등지에까지 적극적으로 유포하여 고구마의 확산에 크게 공헌하였다.[74] 그러나 강필리가 보급한 고구마는 조엄이 가져온 것과 별도로 초량 왜관에서 구한 것이라고 한다. 강필리가 왜관에서 두 차례나 고구마를 대량으로 구입한 것을 그 근거로 들고 있다. 종자의 보관과 토질을 맞추는 것이 재배 초기에 쉽지 않았다는 것이다. 이러한 점에서 오인택은 조선에서의 고구마 재배는 조선통신사와 왜관, 두 경로를 통하여 종자가 유입된 결과라고 해석 하였다. 그리고 고구마 재배 정착의 두 경로를 '감저(甘藷)의 길'과 '고금아(고구마)의 길'로 정리하였다.[75]

1763년의 통신사행에 의하여 고구마 유입의 계기가 만들어졌고, 고구마는 이후 식량의 절대 빈곤 시대에 많은 사람의 목숨을 구하는데 커다란 기여를 하였다. 2013년 한국고구마산업중앙연합회는 11월 1일을 고구마의 날로 지정하였다.[76] 2017년에는 부산 영도구에 '조내기 고구마 역사공원'이 만들어졌다. 고구마의 부산 전래를 기념하는 것이

---

74) 김재승, 「고구마의 조선 전래」『동서사학』 8, 2001, pp.108-109; 김나영, 앞의 논문, pp.406-407.

75) 오인택, 「조선후기의 고구마 전래와 정착과정」『역사와 경계』 97, 2015, pp.206-208.

76) 노성환, 「동아시아의 고구마 전래자와 현창문화」『동북아문화연구』 43, 2015, p.75.

라 할 수 있다.

맺는말

본고는 오키나와와의 문물 교류 사례 3건, 불교문화, 도자기, 고구마의 전래에 대한 문제를 한국과 오키나와의 교류사라는 관점에서 종합적으로 정리하였다.

대장경을 비롯한 불교문화는 중국 불교의 영향으로 발전하여 일본과 류큐 왕국에 전해진 것이며, 역시 중국에서 발전한 도자기 문화는 고려 조선시대에 꽃을 피운 다음 일본과 오키나와에 전해진 것이다. 고구마의 경우는 필리핀과 중국을 거쳐 오키나와에 이르고, 그것이 일본을 거쳐 한국에 이르렀다. 문화와 문물이 국경을 넘어 이동하고, 그것이 사람들의 삶을 유익하게 하면서 새로운 문화의 발전에 이르렀던 큰 운동력을 볼 수 있다. 동아시아 세계는 이같은 운동력이 끊임없이 상호 작용하면서 공통점과 차이점을 함께 갖는 특유의 문화 발전을 이룩해온 역사인 것이다.

문화의 전파와 교류는 단순한 이동이 아니라 새로운 것을 만드는 생산성과 창의적 동력을 수반한다. 그것이 바로 교류가 갖는 생산적 가치인 것이다. 이점을 조선시대 오키나와와의 교류에 한정하여 검토한 것이 이 논문이다. 필자에게는 논문의 작성을 통하여 역사와 문화에 있어서 교류가 갖는 의미와 가치를 재인식하는 기회가 되었다. 그러나 이러한 지식이 지식에 그치지 않고, 교육적으로 활용되어 다양한 사고를 자극하고 인식의 세계를 확장 시키는 데 도움이 되었으면 하는 기대를 갖는다.

제4장
조선시대의 표류와 오키나와 경험

머리말

1271년 진도, 1273년 제주도에서 삼별초가 붕괴된 후 포로로 잡혀간 자 이외에, 삼별초 세력의 일부는 국내외로 잠복하였다. 오키나와의 옛 구스크에서는 '계유년에 고려 와장이 만들었다'는 문자가 찍힌 기와가 진도 용장성 것과 흡사한 와당이 함께 발굴되어 문제의 계유년이 1273년이라는 주장이 일찍부터 제기되었다.

삼별초 세력이 국외로 피란 한다면 일본열도와 오키나와가 가능했을 것이다. 오키나와에서 출토되는 고려기와의 존재는 이점에서 하나의 단서가 될 수 있다는 생각을 필자는 가지고 있다. 그리고 고려시대에 현실적으로 오키나와로 항해가 가능했으리라는 개연성은 조선시대의 오키나와 표류 사례가 간접적인 자료가 될 수도 있지 않을까하는 생각을 하게 되었다.

고려시대에도 오키나와에의 표류는 발생하였을 것이다. 그러나 조선 이전의 오키나와와의 관련 역사는 역사 기록에 거의 등장하지 않는다. 〈영표이록(嶺表異錄)〉이라는 글에서 옮긴 것으로 되어 있는 다음과 같은 자료가 한치윤의 『해동역사』에 실려 있다.

> 능주자사 주우(周遇)가 청사(靑社, 신라를 지칭)의 바다에서 민(閩: 중국
> 복건성)으로 돌아오다 태풍을 만나 5일 밤낮을 표류하다 몇 천리나 떠내려
> 갔는지도 모른 채 모두 여섯 나라를 거쳤다. 첫 번째는 구국(狗國)으로, 같
> 은 배에 탄 신라의 나그네가 말하기를, "이곳은 구국이다" 하였다. 그곳에
> 서 머뭇거리고 있노라니 과연 벌거벗은 사람이 개를 끌어안고 나오는 것이
> 보였는데, 배를 보고는 놀라 달아났다. 또 유규국(流虯國)을 지났는데, 그 나
> 라 사람들은 아주 작았고 모두 한결 같이 삼베옷(麻布)를 입고 있었으며, 예
> 의가 있었다. 그들은 앞 다투어 음식물을 가지고 와 쇠못과 바꾸기를 요구
> 하였다.(한치윤, 『해동역사』 40, 교빙지 8)[1]

신라시대 중국 사신이 돌아가던 중 구국(狗國), 유규국(流虯國)에 표류했
다는 기록인데, 여기에서의 유규국(流虯國)은 아마 류큐(琉球) 왕국을 가리
키는 것이 아닌가 한다. 키가 작고, 삼베옷을 입었다는 외관, 그리고 철
기를 선호하여 무역하고자 했던 사정은 당시 오키나와의 모습을 묘사
한 것처럼 생각된다.[2]

조선시대 이전 오키나와로의 표류에 대한 기록은 거의 없는데, 이것
은 조난 당한 당사자가 본국으로 송환되거나 귀향하였을 때 비로소 표

---

[1] "陵州刺史 周遇 自靑社之海 歸閩遭惡風 漂五日夜 不知行幾千里也 凡歷六國 第
一狗國 同船有新羅客云 是狗國逡巡 果見如人裸形抱狗 而出見船驚走 又經流虯
國 其國人么㑑一槩皆服麻布 而有禮 競將食物 求易鐵釘 新羅客 亦半譯其語 遣
客速過言此國遇華人 漂泛至者 慮有災禍"

[2] 流虯國과 같이 언급된 狗國은 잘 알 수 없으나 『왜한삼재도회(倭漢三才圖會)』
란 책에 언급되어 있다.

류에 대한 기록이 알려질 수 있었기 때문이다.[3] 즉 표민에 대한 송환 시스템이 전제되는 것이다. 양국의 국교가 안정되었던 조선시대에는 오키나와에의 표류 기록과 그들의 경험이 종종 등장한다.

본고는 이러한 사례들을 전체적으로 정리하여 근세 한국과 오키나와의 교류의 일단을 확인하는 동시에, 계획적 항해를 시도하는 경우라면 고려시대에 일본열도만이 아니라 오키나와에 이르는 것도 충분히 가능성 있는 일이었을 것임을 간접적으로 뒷받침하고자 한다.

1. 조선시대 오키나와에의 표류

동아시아에서 발생한 표류에 대한 관심과 연구가 진작된 것은 비교적 근년의 일이다. 오키나와에의 표류도 이러한 표류 연구의 일부로서 관심의 영역에 들게 되었다.[4] 비공식적인 기회에 이루어진 조선 사람들의 오키나와 경험은 대체로 두 가지 요인에 의하여 발생하였다. 하나는 전란기 피로인이 되어 노예로 팔려 간 경우, 그리고 바람을 만나 표류하여 오키나와까지 이르는 경우가 다른 하나이다.

1) 류큐와의 공식적 통교

왜구에 붙들려 노예로 팔려간 피로인에 대한 송환은 오키나와 류큐

---

3) 신라 고려시대의 일본에의 표류민 발생 사례와 관련 자료에 대해서는 국립 제주박물관 편, 「표류와 그 기록의 역사」『항해와 표류의 역사』, 솔출판사, 2003 참고.

4) 김경옥, 「근세 동아시아 해역의 표류연구 동향과 과제」『명청사연구』 48, 2017 참조.

왕국과 고려가 공식적 교류의 문을 여는 단초가 되었다. 1389년(창왕 1) 8월 류큐 중산왕(中山王) 찰도(察度)가 옥지(玉之)를 사신으로 파견하여 국교를 요청하여 왔다. 류큐왕은 고려로부터의 적극적 반응을 끄는 방편으로 왜구에 의하여 포로로 잡혀간 고려인을 데리고 왔고, 아울러 여러 가지 선물을 가지고 왔다. 선물의 내용은 유황 300근, 소목(蘇木) 600근, 후추 300근, 갑옷이 20벌이었다.[5]

류큐국의 사신 옥지(玉之)는 남해안 전라도 순천부로 상륙하였다. 전라도 도관찰사가 이 사실을 정부에 알리자 도당에서는 류큐 사신을 맞는 것에 대해 부정적 의견이 많았다. 전에 오지 않던 사람들이라는 것이 그 이유였는데, 복잡한 대내외 여건에서 새삼스레 먼 섬나라와의 교류의 필요성을 느끼지 못한 때문이었다. 사신을 맞도록 한 것은 창왕의 결정이었다. "먼 곳에서 조공하러 온 사람을 박대하는 것은 안되지 않겠는가. 서울로 오도록 하여 위로한 후 보내는 것이 좋겠다." 그리하여 전 판서 진의귀(陳義貴)를 영접사로 보내 사신을 맞이하게 하였다. 이것이 기록상 공식적인 최초의 류큐 왕국과의 통교인 것이다. 류큐로부터의 피로인의 송환은 새로운 통교 관계 수립에 중요한 명분이 되었을 것이 분명하다.

류큐 왕국의 중산왕 찰도(察度)는 영조(英祖) 왕통에 대신하여 1350년에 즉위한 왕이다. 그는 명과의 조공 관계를 적극 추진하여 중산의 안정을 꾀하였고, 이를 토대로 중국에 가까운 위치의 미야코(宮古)와 야에

---

5) 창왕은 찰도왕이 보낸 선물, 소목과 후추를 여러 궁중에서 사용하고자 하였다. 이에 判內府寺事 柳伯濡가 "옛날 충숙왕이 궁중에 젓갈항아리를 둔 것을 史官이 기록하여 전하였으므로 웃음거리가 되었다"고 간하였으나, 왕은 듣지 않았다고 한다.(『고려사』 137, 신우 5)

야마(八重山)를 입공(入貢)시켰다. 고려에 대한 조공도 왕국의 영향권을 확대하는 노력의 하나였다고 할 수 있다.[6]

창왕은 찰도왕의 사절 파견에 대하여 전객령(典客令) 김윤후(金允厚)와 부령(副令) 김인용(金仁用)을 답례사로 임명하여 곧바로 파견한다. 아마도 이들은 옥지와 함께 같은 배를 타고 류큐로 향하였을 것이다. 그것이 가능했던 것은 역시 피로인 송환이라는 것이 중요한 명분이었다. 14, 15세기에는 왜구들의 한반도 침입으로 인하여 많은 피로인이 발생하였다. 고려 말부터 조선 초까지의 피로인 수는 대략 1만 정도로 추산된 바 있는데,[7] 그 가운데 오키나와까지 팔려온 사람들이 있었던 것이다. 창왕이 찰도에게 보낸 답서는 다음과 같다.

> 고려의 권서국왕 창은 삼가 류큐국 중산왕에게 답서를 보낸다. 우리나라와 귀국 사이에는 큰 바다가 가로 막혀 일찍이 왕래하지 못했지만 말은 들었으며, 사모한지 오래였다. 이번에 일부러 사신을 파견하여 서신만이 아니고 귀한 선물을 함께 보내고, 또 포로된 우리나라 사람들을 송환하여 주니 고맙고 기쁜 마음을 말로 다하기 어렵다. 다만 귀국의 사절을 충분히 접대하지 못하여 대단히 섭섭하게 되었다. 이제 전객령 김윤후 등을 파견하여 물건을 조금 보내 뜻을 표하니 받아주기 바란다. 보낸 서신에 이르기를 "피로인은 모두 내년에 고향에 돌아갈 수 있도록 하겠다"고 하니, 더욱 고맙고 기쁘다. 바라건대 김윤후 등이 돌아오는 편에 함께 돌려보내서 그 부모 처자로 하여금 서로 만날 수 있도록 해주면 더욱 다행이겠다.(『고려

---

6) 찰도왕통은 조선 건국 직후인 1396년 武寧王으로 이어졌는데, 무령왕은 1405년 尙巴志에 의하여 무너져 상씨왕조로 교체된다.

7) 이훈, 「인적교류를 통해서 본 조선·류큐관계」『조선과 류큐』, 아르케, 1999, p.193.

01 류큐 찰도왕의 출생 전설 유적(모리노가와 샘)

사』 137, 신우 5, 창왕 원년 8월)

창왕 역시 사신 편에 류큐국에 선물을 보냈다. 보낸 물건은 안장 2개, 은수저와 은모(銀鉾) 각 2개, 은잔과 은배(銀杯) 각 1개, 흑마포 20필, 호랑이 가죽 2장, 표범 가죽 1장, 만화석(滿花席) 4장, 화살 100개, 그림 병풍 1건, 그림 족자 1쌍 등이었다.[8] 이듬해 1390년(공양왕 2) 8월, 김윤후 등이 류큐에서 돌아왔다. 그 편에 옥지가 다시 사신으로 함께 왔는데 37명의 피로인을 데리고 왔다.[9] 이것이 고려 말 공식적 류큐 왕국과의 통교의 시작이었다.

피로인 문제를 매개로 한 류큐 왕국과의 교류는 두 나라에서 각각 왕

---

8) 『고려사』 137, 신우 5, 창왕 원년 8월.
9) 『고려사』 45, 공양왕 2년 8월 정해.

조가 곧 바뀌었음에도 불구하고 원만하게 지속되었다. 실제 류큐에서는 세종 때까지 7회에 걸쳐 133명을 이러한 사행 루트를 통하여 피로인을 돌려보낸다.[10] 조선 정부에서는 피로인의 문제를 정치적으로 대단히 중시하였고, 이에 따라 류큐와의 교류에 있어서 피로인의 송환은 통교의 중요한 명분이 되었던 것이다.[11]

오키나와에서의 피로인 송환[12]

연번	송환 시기	송환 방식	피로인 수	출전
1	1389(고려 창왕1)	류큐 사절 동행	미상	『고려사』 137
2	1390(고려 공양2)	보빙사	37명	『고려사』 45, 공양양 2년 8월
3	1392(조선 태조1)	류큐 사절 동행	남녀 8명	『태조실록』 2, 원년 윤12
4	1394(태조 3)		남녀 12명	『태조실록』 6, 3년 9월 병오
5	1397(태조 6)		표류인 포함 9명	『태조실록』 12, 6년 8월 을유
6	1409(태종 9)		부녀 3명	『태종실록』 18, 9년 9월 경인
7	1410(태종 10)		14명	『태종실록』 20, 10년 10월 임자
8	1416(태종 16)	통신사 파견	전언충 등 44명	『태종실록』 32, 16년 7월 임자
9	1437(세종 19)	사절 파견 쇄환	용덕 등 6명	『세종실록』 78, 19년 7월 무진

이렇게 문이 열린 류큐와의 관계는 이후 표류민 송환으로 자연스럽게 연결되었다. 1397년(태조 6) 류큐 찰도왕은 피로 고려인과 표류민 도합 9명을 사신 편에 돌려보냈다. 이것은 류큐에 있어서 조선 표류민에 대한 최초의 송환 사례가 된다. "조선 국왕 전하께서는 승평(昇平)한 정치를 이루시고 덕업이 융성하온데, 또 가까운 사람에게 교만하지 않고

---

10) 이훈, 앞의 논문, pp.195-201
11) 하우봉, 「류큐와의 관계」『조선시대 해양국가와의 교류사』, 경인문화사, 2014, pp.323-324.
12) 하우봉, 위의 책, p.325의 〈표 5〉를 간략히 재정리함.

먼 사람을 잊지 않아서 바야흐로 덕택을 미루어 이웃나라에 은혜를 입히오니, 감히 기뻐하지 않겠습니까."[13] 찰도왕은 새로 즉위한 이태조에 대한 은근한 하례도 잊지 않았다.[14]

2) 오키나와 표류의 발생

남해 해상에서 표류가 발생하여 원양으로 흘러가는 경우, 일본으로의 표류가 압도적으로 많지만, 남중국 혹은 오키나와로의 표류도 종종 발생하였다. 대략 1700년을 전후한 시기, 조선과 일본간의 표류민 송환 사례를 검토하면 우선 일본 측으로부터의 조선 표류민 송환이 압도적으로 많다는 점이 주목된다. 가령 1687년부터 96년까지 10년간 19(2)회, 다음 10년간 28(1)회, 다음 10년간 29회, 1716년부터 26년까지 27회 일본측은 조선 표류민을 송환하였다. 같은 기간 조선측의 일본 표류민 송환은 4회, 0회, 6회, 7회 정도로 집계되고 있다.[15]

많은 표류민이 일본으로부터 송환되고 있는 것은 조선 해상에서 표류할 경우 조류의 흐름으로 인하여 일본열도 방면에 표착하는 경우가 많다는 점을 말해준다. 이같은 일본, 혹은 남중국으로부터의 표류민 송환은 고려시대에도 종종 기록에 등장한다. 1113년(고려 예종 8) 진도의 백성 8인이 제주도를 가다가 풍랑을 만나 명주(영파)에 도착한 예가 있고, 1029년(현종 20)에는 일본에서 고려 표류민 11인을 송환 한 적이 있다.

---

13) 『태조실록』 6년 8월 6일.
14) 이수진, 「조선 표류민의 류큐 표착과 송환」 『冽上古典硏究』 48, 2015, p.445.
15) 荒野泰典, 『근세 일본과 동아시아』, 1988; 荒野泰典, 「근세 동아시아의 표류
    민 송환체제와 국제관계」 『항해와 표류의 역사』, (제주박물관 편), 솔출판사,
    p.289 참고. 횟수중 ( )의 숫자는 死體 송환 횟수임.

한 연구에 의하면 조선 후기 1599~1867년까지 조선인의 일본 열도 표착 사건은 1,020건, 표류민의 숫자는 10,037명이라 한다. 이것은 실제 발생 건수에 비해서는 훨씬 적게 집계된 것이라 할 수 있는데, 같은 기간 일본인의 조선 표착 113건에 1,100여 명에 비한다면 10배 이상에 달하고 있다. 같은 통계에 의하면 일본 열도에의 표착인의 생존율은 96.1%로서, 계획적 항해가 아닌 사고에 의한 표류라는 악조건의 상황을 고려할 때 매우 높은 비율이라고 할 수 있다.[16] 일본 열도에의 접근이 생각보다 매우 용이하다는 것을 말해주는 것이라 할 수 있다.

기록상 오키나와에의 표류는 상대적으로 드물기는 하지만, 기록은 거의 송환된 사례에 한정되어 있기 때문에 실제 사례는 훨씬 많았을 것이다. 다음의 표는 『조선왕조실록』을 중심으로, 15, 16세기 오키나와에 표착한 사례를 정리한 것이다.

조선인의 오키나와 해역 표착 사례(1)[17]

연번	표착시기	송환시기	표착지	표착인물	출신지 등	출전
1		1397 (태조 6)		피로인 포함		『태조실록』 12, 6.8 을유
2	1450.12	1453 (단종 1)		萬年 등 6명		『단종실록』 6, 1.4.24 무진

---

16) 池内 敏, 「近世朝鮮人の日本漂着年表」 『近世日本人と朝鮮漂流民』, 臨川書店, 1998.(이훈, 「표류를 통해서 본 근대 한일관계」 『해양사관으로 본 한국사의 재조명』, 해상왕장보고기념사업회, 2004, pp.140-145에 의함)
17) 이훈, 「인적 교류를 통해서 본 조선·류큐관계」 『조선과 류큐』, 아르케, 1999, p.203의 〈표 2〉와 이수진, 「조선 표류민의 류큐 표착과 송환」 『洌上古典研究』 48, 2015, pp.446-448의 〈표 1〉을 참조하여 간략히 재정리함.

연번	표착시기	송환시기	표착지	표착인물	출신지 등	출전
3		1455 (세조 1)		미상		『세조실록』 2, 1.8 무진
4		1457 (세조 3)		韓金光 등 10명	제주	『세조실록』 8, 3.7 을해
5		1458 (세조 4)		卜山 등 3명	제주	『세조실록』 11, 4.2 을묘/『역대보안』
6		1461 (세조 7)		孔佳 등 2명		『세조실록』 24, 7.5 기사/『역대보안』
7	1456.2	1461 (세조 7)	仇彌島 (久米島)	梁成 등 10명	나주 출신/ 제주 조난	『세조실록』 24, 7.6.8 정축
8	1461	1461 (세조 7)		姜廻 등 8명		『세조실록』 26, 7.12. 무진
9	1462	1462	彌阿槐島 (宮古島)	肖得誠 등 8명	나주	『세조실록』 26, 8
10	1477.2.14	1479 (성종10)	與那國島	金非衣 등 8명	제주	『성종실록』 104, 10.5 신미
11		1546 (명종 1)		朴孫 등 12명		『명종실록』 3, 1.2. 무자
12		1594		미상		『선조실록』 27

　16, 17세기에는 표류민에 대한 기록은 도합 6건에 불과하여 관련 기록이 드물어지고 빈약해진다. 임진왜란과 사쓰마의 류큐 침입, 명·청 교체기라는 시대적 상황이 반영된 것으로 보이지만,[18] 피로인의 쇄환 작업이 사실상 종료되어 류큐 왕국에 대한 외교적 관심이 상대적으로 약화된 점도 작용한 것 같다. 다음은 17세기 이후의 오키나와 표착 사례이다.

---

18) 이수진, 위의 논문, p.450.

조선인의 오키나와 해역 표착 사례(2)[19]

연번	표착	송환	표착지	표착인물	출신지 등	출전
1	1661	1662		란동 등 18명	무안	『현종실록』 3
2	1662	1663	奄美大島	김여휘 등 28명	해남	『漂人領來謄錄』
3	1669	1669	永良部島	립이 등 21명	해남	『漂人領來謄錄』
4	1697	1698	古米山	안민남 등 8명	영암	原編, 권66
5	1714	1716	安田浦	김서 등 9명	진도	原編, 권66
6	1726	1728	鳥岐奴	손응성 등 9명	제주도	原編, 권66
7	1733	1735	慶良間島	서후정 등 12명	경상도	原編, 권66
8	1739	1740	德之島	강세찬 등 21명	영암	原編, 권67
9	1770	1771	虎山島	장한철 등 29명	제주	『표해록』
10	1779	1780	大島	이재성 등 12명	영암	原編, 권69
11	1794	1795	山北지방	안태정 등 10명	강진	原編, 속
12	1795	1796		장삼돌 등 7명	황해도	原編, 속
13	1796	1797	大島	이창실 등 10명	강진	原編, 속
14	1802	1804	大島	문순득 외 4명	흑산도	原編, 속
15	1814	1816	太平山	천일득 등 7명	전라도	原編, 속
16	1825	1826	大島 笠利郡	황승건 등 5명	해남	原編, 속
17	1827	1829	勝連津堅泊	김광현 등 12명	해남	原編, 속
18	1831	1833	伊江島	고성상 등 26명	제주도	原編, 속
19	1832	1834	八重山	이인수 등 12명	전주	原編, 속
20	1833	1837	八重山	손익복 등 9명	해남	原編, 속
21	1849	1851	鶴島	임상일 등 7명	제주	『濟州啓錄』
22	1854	1856	大島	이자정 등 6명	제주	『濟州啓錄』
23	1855	1857	薄山島	한치득 등 3명	제주	『濟州啓錄』

19) 손승철, 「조선시대 한일 관계 사료의 소개」 『한일관계사연구』 18, 2003, p.44의 자료 및 이수진, 「조선 표류민의 류큐 표착과 송환」 『洌上古典研究』 48, 2015, pp.446-448의 〈표 1〉을 참조하여 재정리함. 이수진에 의하면 조선시대 표류민의 류큐 표착은 도합 37건, 표류민 수는 약 398명이다. 이수진의 위의 논문, p.450 참조.

연번	표착	송환	표착지	표착인물	출신지 등	출전
24	1865	1867	大島	문백익 등 16명	제주	『濟州啓錄』
25	1870	1871	久米島	이대유 등 6명	제주	『濟州啓錄』

* 출전 『同文彙考』의 附編은 부편의 漂風, 原編은 원편의 漂民我國人

　오키나와에의 표류는 오키나와로부터의 표류와도 상관성을 갖는다. 한 연구에 의하면 조선시대 류큐인의 조선 표착 사례는 총 19건이 확인된다. 표류 발생 시기는 6월부터 10월에 집중되어 있어 조선에서의 표류와는 대조를 이루고 있다.[20]

02　광주시 국립아시아문화전당에서 열린 〈아시아의 표해록〉 특별전(2019)

---

20) 김경옥, 「15-19세기 류큐인의 조선 표착과 송환 실태」 『지방사와 지방문화』 15-1, 2012, pp.115-125.

3) 오키나와 표류 기록

표류의 경험에 대해서는 관련 기록에 의하여 파악할 수 있지만, 관련 자료가 풍부한 것은 아니다. 가장 좋은 자료는 표류 경험자가 직접 그 경위와 과정을 정리한 자료가 있다면 최선일 것이다. 알려진 대표적인 표류기록으로는 15세기 최부의『표해록』(중국), 18세기 이지항의『표해록』(일본), 이방익의『표해가』(중국) 등이 있는데, 오키나와와 관련해서도 장한철의『표해록』(1770), 문순득의 표류(1805)에 대한 기록이 있다. 한편 오키나와와 관련해서는 표류민에 대한 정보는 15, 16세기의 경우 왕조실록에 실려 있다. 피로인 쇄환문제가 걸려 있던 이 시기 정부의 관심을 보여주는 대목이다.

오키나와 표류 기록 현황[21]

순번	표류자명	발생시기	출발지	표착지	사유	직업	기록자	전거
1	만년 외 6명	1450.12~1453				船軍		단종실록
2	양성 외 10명	1456.1.25.~1461	제주			船軍	한계체	세조실록
3	초득성 외 8명	1462.1.24.~7.6	제주					세조실록
4	김비의 외 8명	1477.2.1.~1479.5.3	제주		진상	사공		성종실록
5	박손 외 12명	1542	제주				윤결	중종실록
6	김여휘	1661~1663	제주	大島	귀향			표해록

---

21) 최성환,『문순득 표류 연구』, 민속원, 2012, pp.26-27의 표 자료를 발췌하고 보완함.

순번	표류자명	발생시기	출발지	표착지	사유	직업	기록자	전거
7	김일남, 부차웅 등	1726.2.9. ~1728.4.18	제주		장사	상인	정운경	탐라문견록
8	장한철 외 29명	1770.12.25. ~1772.1.15	제주		과거 응시	幼學	장한철	표해록
9	문순득 외 6명	1801.12 ~1805.1.8	우이도		교역	상인	정약전	표해시말
10	제주도민 외 33명	1831.11.23. ~1832.12.23	제주	伊江島	장사	상인	김경선	연원직지

　　표류와 해난사고와 발생은 계절과도 밀접한 관련이 있다. 조선 후기에 있어서 상선 표류의 발생 시기를 월별로 집계하면 총 162건 중 정월 32건, 2월 12건, 3월 8건, 4월 3건, 5월 1건, 6월 0, 7월 1건, 8월 5건, 9월 11건, 10월 30건, 11월 30건, 12월 29건으로 나타난다.[22] 표류의 발생 여부는 곧 해난 사고의 빈도를 나타내주는 것이라 할 수 있는데, 이를 참고한다면 서남 연해에서의 항행 조건이 10월부터 정월까지 4개월이 최악(월 평균 30여 건의 사고)이고, 4월부터 8월까지의 5개월간이 항행에 가장 좋은 시기(월 0~5건)라는 점을 짐작할 수 있다. 오키나와의 경우 표류 발생 시기를 알 수 있는 22건 중 16건이 11월에서 2월 사이에 발생하였다. 오키나와에의 표류 발생은 주로 바람에 의한 것이지만, 해류의 작용도 있는 것으로 보인다.[23]

---

22) 고동환, 「조선후기 상선의 항행조건」『해양사관으로 본 한국사의 재조명』, 해상왕장보고기념사업회, 2004, pp.200-202 참조.

23) 이수진, 「조선 표류민의 류큐 표착과 송환」『洌上古典研究』48, 2015, pp.451-452.

2. 김비의의 경험(1477)

1) 요나구니시마에의 표착

김비의(金非衣) 등 8명[24]은 1477년(성종 8) 2월 1일 제주에서 진상품 감귤을 서울로 운송하던 중 추자도에 못 미쳐서 바람을 만나 표류하게 되었다. 14일이 지나 섬이 가까웠으나 상륙하지 못한 채 배가 파선하여 김비의, 강무, 이정 3인 만이 판자 조각에 함께 흘러가다 어선의 도움을 받아 목숨을 구하게 된다. 이렇게 하여 도착한 곳이 윤이시마(閏伊是磨)였다. '윤이시마'는 요나구니시마(與那國島)로서, 현재 오키나와현 최서단의 섬으로 타이완과는 100여 km 밖에 떨어지지 않은 위치이다.[25] 오키나와는 서남으로 길게 열을 지어 흩어져 있는 3개의 열도군을 중심으로 형성되어 있다. 그 가운데 가장 서남쪽 이시가키지마(石垣島)와 이리오모테(西表島) 일대의 해역을 중부의 야에야마제도(八重山諸島)라 칭한다. 그 야에야마 지역 가운데서도 가장 서단에 위치한 섬이 '윤이시마', 즉 요나구니시마(與那國島)인 것이다. 김비의는 오키나와의 가장 서쪽 끝까지 표류해 간 셈이다.[26]

김비의는 표류하는 동안 내내 멀미로 인하여 14일간 물도 먹지 못하

---

24) 김비의 일행의 명단은 姜茂, 李正, 玄世修, 金得山, 李淸敏, 梁成突, 曺貴奉 등이다.

25) 閏伊是磨는 둘레가 '이틀 길'이라 하였는데, 與那國島의 크기는 28.9㎢, 둘레 27.5㎞이다.

26) 김비의의 표류와 오키나와 경험에 대해서는 최근에 정영문에 의하여 「김비의 일행의 표류체험과 류큐제도에 대한 인식」(『한국문학과 예술』 30, 2019)이라는 논문이 발표되었다.

였는데, 윤이시마에서 섬 사람들이 쌀죽을 쑤어 먹이고 밥을 먹여 목숨을 살릴 수 있었다. 몸이 조금 회복되자 일행을 세 마을에 나누어서, 돌려가며 대접하여 지냈다. 섬 사람들은 귀를 뚫어 푸른 소옥(小玉)을 이은 귀걸이를 하고, 꿴 구슬을 3, 4겹으로 하여 목걸이를 하였다. 사람들은 신발을 신지 않고 모두 맨발이었으며, 솥은 흙을 뭉쳐 햇빛에 쪼여 만드는데 5, 6일을 쓰면 부서져 버린다. 숟가락, 젓가락, 자기, 기와 같은 문물은 볼 수 없는 곳이었다. 밥은 대나무 상자에 담아 주먹밥을 만들어 한 덩어리씩 먹었으며, 밥상은 없고 작은 나무 궤를 사용하여 각 사람 앞에 놓았다. 술은 누룩을 사용하지 않고 만든 탁주가 있는데, 쌀을 물에 불려 여자들이 이를 씹어서 죽 같이 만들어 나무통에서 빚는 식이었다. 맛은 담담한데, 빚은 뒤 3, 4일이면 익고, 오래 되면 쉬어서 버려야 하는 것이었다. 이 섬에서 두 달을 지낸 후 김비의는 7월 그믐에 다른 섬으로 옮기게 된다.

하루 반 배를 타고 옮긴 섬은 소내시마(所乃是麿)라는 섬이었다. 지형이 좁고 긴 형태였는데, 크기는 4, 5일정(日程) 정도였다. 산에는 재목이 많아 다른 섬에 팔기도 하고, 동백나무는 높이가 두어 길, 마(薯)는 사람 몸체만큼 커서 두 여자가 함께 하나를 이고 도끼로 잘라 삶아 먹는다고 하였다. 대체적인 풍습은 윤이시마와 유사하였다.

50일을 지내고 다시 하루 반 배를 타고 이른 곳은 포월로마이시마(捕月老摩伊是麿)라는 섬이었다. 섬은 평평하고 넓어 산이 없고, 모래와 돌로 된 땅이었으며 소내시마보다 조금 작은 섬이었다. 기장, 조, 밀, 보리가 있지만 논과 벼는 없어서 소내시마에서 사온다고 하였다. 재목이나 과일 나무도 없어서 집지을 때 재목은 소내시마에서 가져온다.

여기에서 한 달을 머무른 후 다시 섬사람들의 안내로 포라이시마(捕

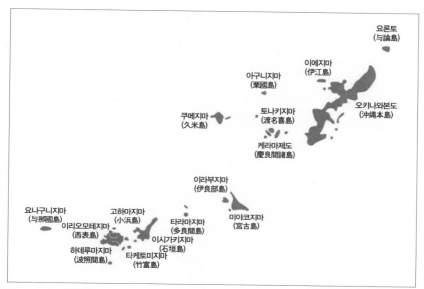

03 오키나와현의 섬들

刺伊是麿)로 옮긴다. 크기는 2일정 정도에 역시 산이 없이 평평하며, 인가는 40호 남짓이었다. 한 달을 지나 다시 이른 곳은 훌윤시마(欻尹是麿), 땅은 평평하고 넓어 산이 없고 둘레는 1일정 정도의 크기였다. 쌀은 생산되지 않아 소내시마에서 사온다고 하고, 과일나무나 재목도 없었다.

윤이시마(閏伊是磨, 與那國島) 이후 김비의 일행이 경유한 소내시마(所乃是麿)-포월로마이시마(捕月老摩伊是麿)-포라이시마(捕刺伊是麿)-훌윤시마(欻尹是麿)는 현재의 이리오모테시마(西表島)의 소나이(祖納)-하데르마지마(波照間島)-파나리시마(新城島)-쿠로시마(黑島)로 추정된다.27) 경유지 섬에 대한

27) 須田牧子,「朝鮮使節‧漂流民の日本‧琉球觀察」『倭寇と日本國王』(荒野泰田 等編), 吉川弘文館, 2010, p.226; 하우봉, 「류큐와의 문물교류와 상호인식」

현 지명 비정에서 훌윤시마(歘尹是麿)의 경우는 쿠로시마(黑島)로 비정할 근거가 없으며, 경로의 맥락상 다케토미시마(竹富島)의 가능성을 지목하는 견해가 제시되기도 하였다.[28]

　김비의는 훌윤시마(歘尹是麿)에서 한 달을 머물다 타라마시마(他羅馬是麿)로 옮긴다. 타라마시마는 이시가키지마(石垣島)와 마야코지마(宮古島)의 중간에 위치한 현재의 타라마시마(多良間島)이다. 섬 사람은 50여 호가 살고 둘레는 1일정 크기의 섬이었다. 재목이나 과일나무가 없어 재목은 소내시마나 이라부시마에서 구해온다고 한다. 의복은 저포(苧布)에 남색(藍色)을 물들여 두드려 만들었다.

　타라마시마에서 한 달을 머문 후 다시 이동한 곳은 이라부시마(伊羅夫是麿, 지금의 伊良部島)였다. 섬의 크기는 2일정 정도이고, 의복은 타라마시마와 같았다. 부인은 수정으로 된 큰 구슬을 목에 걸고, 닭고기는 먹지 않고, 누룩을 사용한 술을 빚었다. 이곳에서 한 달을 머물다 멱고시마(覓高是麿), 미야코지마(宮古島)에 이른다.

　멱고시마(覓高是麿, 宮古島)는 산이 없고 평평하며 둘레는 5일정 정도의 큰 섬이었다. 의복은 타라마시마와 같고, 술을 빚는 것은 이라부시마와 같았다. 밥을 짓는데 쇠솥을 쓰는데 류큐에서 무역한 것이었다. 다시 한 달 후 김비의 일행은 류큐국 왕도 슈리(首里)에 이른다. 섬 사람 15명의 안내를 받아 이틀 반을 배를 탄 것이었다. 파도가 험악하여 모두가 배멀미를 하였다.

『조선시대 해양국가와의 교류사』, 경인문화사, 2014, pp.368-369 참조.

28) 袴田光康,「'朝鮮王朝實錄'成宗朝の琉球漂着に關する考察」『淵民學志』24, 2015, pp.19-26.

김비의 일행이 이처럼 여러 섬을 거친 것은 바람을 기다려 조금씩 오키나와 본 섬 쪽으로 옮겨가는 과정이었다. 바람을 타고 이동하는 섬사람들의 이동 습속을 따른 것이라 할 수 있으나 그 거리는 본 섬까지가 요즘 비행기 편으로 1시간 반이나 소요되는 먼 거리였다. 그러나 본 섬으로의 이동도 조선으로 돌아가기 위한 중간 경유지였다.

2) 오키나와에서의 귀환

류큐 왕국에서 김비의 일행은 바다에서 5리 거리의 한 객관에 머물게 된다. 항구와 슈리성과의 중간쯤 위치일 것이다. 객관은 판자로 집을 덮었고 두 길 되는 돌담장으로 둘러싸인 집이었다. 거처하는 동안 국왕의 모후(母后)가 나들이하는 것과 맞닥뜨려 배알하는 기회가 있었는데, 마침 국왕이 세상을 뜨고 세자가 어리기 때문에 임시로 모후가 청정(聽政)을 한다는 설명을 들었다. 이 무렵 류큐 왕국은 정치적으로 불안정한 시기였다. 1470년 상원왕(尙圓王)의 즉위로 제2 상씨왕조가 시작되었는데, 1476년 7월 상원왕이 죽고 반년을 지나 1477년 2월 상선위왕(尙宣威王)이 즉위한다. 그러나 6개월 만에 퇴위하고 다시 상진왕(尙眞王)이 즉위한 것이다.[29]

왕도가 있는 시내에는 시장이 설치되어 있는데 면포, 자기, 채단 등 각종 물품이 활발하게 거래되고, 강남과 남만 상인의 왕래가 끊이지 않는 등 무역도시로서의 면모가 드러나는 곳이었다. 술은 청주와 탁주 이외에 '남만국(南蠻國)'의 술이 있었는데 "빛은 누렇고 맛은 소주 같으며 매우 독하며 두어 잔을 마시면 크게 취한다"고 하였다. 오키나와의 소주

---

29) 田名眞之 外, 『沖繩縣의 歷史』, 山川出版社, 2004, pp.88-91.

인 아와모리(泡盛)일 것이다. 밥은 옻칠한 목기에 담고, 국은 자기에 담는 등 생활의 모습이 이제까지의 섬들과는 사뭇 달랐다.

김비의 일행은 국왕에게 고국으로의 귀환을 청원하였다. 때마침 류큐에 온 하카타의 상인 신이사랑(新伊四郎)이 돌아가는 편에 동행하여 일단 일본으로 돌아올 수 있었다. 귀국에 즈음하여 국왕은 김비의 일행에게 돈 1만5천 문(文), 3개월 분 식량과 함께 후추, 포(布), 칠기 등 여러 가지를 선물로 주었다. 1478년 8월 1일 1백 여 명이 승선하여 4주를 소요하여 사쓰마에 도착하여 한 달을 머문 다음, 9월에 3주를 걸려 타가서포(打家西浦)에 이르고 다시 하카타에 도착하였다. 마침 병란이 있어서 움직이지 못하고 6개월을 머물다가 조선에 가는 하카타 상인 신이사랑(新伊四郎, 新四郎, 新時羅)과 함께 잇키, 쓰시마를 거쳐 1479년 4월 울산으로 들어왔다.[30]

6월 김비의 등 3인은 제주로 돌아왔다. 정부에서는 이들에게 2년의 역을 면제하고, 반년의 녹료, 귀향하는 식량과 의복 등을 지급하였다.[31] 하카타의 상인 신이사랑(新伊四郎)은 쓰시마 출신으로 1483년에도 무역을 위해 조선에 입국하였다. 귀국도상 1478년 연말의 병란은 오우치씨(大內氏)와 쇼니씨(少貳氏)의 내전이었다.[32]

---

30) 『성종실록』 105, 성종 10년 6월 을미. 김비의 등의 오키나와 표류 경험 내용은 윤치부, 「김비의 일행의 표해록 고찰」『멱남 김일근교수 정년기념 어문학 논총』, 1991에 상세히 소개되어 있다.

31) 『성종실록』 105, 성종 10년 6월 을사.

32) 佐伯弘次(손승철 · 김강일 역), 「15세기 후반 이후 博多 무역상인의 동향」『조선전기 한일관계와 博多 · 對馬』, 경인문화사, 2010, pp.116-119.

3. 만년 등의 경험

1) 만년과 정록(1450)

만년(萬年)과 정록(丁祿)은 1450년(세종 32) 12월, 사쓰마 남쪽 토카라열도의 와사도(臥蛇島, 카지야시마)에 표착하였다. 이때 배에는 두 사람 이외에 돌(石乙), 돌돌이(石石今), 덕만(德萬), 강보(康甫) 등 6명이 한 배에 타고 있었는데 강보, 덕만은 먼저 병사하였다. 와사도 섬사람들은 만년과 정록을 데리고 3일을 행하여 간 곳이 가사리도(加沙里島)였다.[33] 이 섬에서 10여 일을 억류되어 있었는데 마침 류큐인 감린이(甘隣伊), 백야귀(伯也貴)가 일 때문에 섬에 왔다가 만년을 오키나와 본섬의 왕도로 데리고 가 팔았다. 3개월 뒤 류큐 사람 완옥지(完玉之)가 역시 가사리도에 왔다가 정록을 보고 돈을 주고 노예로 본섬으로 데리고 왔다.

먼저 왕도에 들어온 만년은 류큐 국왕의 창고직에 임명되어 근무하고 있었다. 마침 정록이 왕도에 팔려왔다는 소식을 듣고 왕에게 청하여 노예 한 사람으로 값을 치르고 그를 데려왔다. 이렇게 3년을 근무하면서 여러 가지를 관찰하는 기회를 갖게 되었다.

그의 보고에 따르면 조선에서 표류해 온 사람 수는 60여 명에 이르는데, 그 사이 모두 죽고 나이 많은 사람 5명이 생존해 있었다. 그들의 자녀는 현지인과 혼인하여 살고 있었다. 국왕은 1, 2개월에 한 번, 또는 1개월에 두 번 조회를 받는데, 조회할 때는 3층 전에 앉고 신하들은 뜰 아래에서 배례하였다. 중국의 사신선 2척이 꿀, 양, 술 등 여러 물건

---

33) 加沙里島는 가고시마현 奄美大島의 동북에 위치한 '가사리(笠利)'인 것으로 보인다.

04 슈리성의 상징인 슈레이몽(守禮門)

을 가지고 들어오자 국왕의 동생이 교외까지 나가서 직접 맞이하여 궁
전 안에서 연회를 개최하였다. 오키나와 사람들은 부모가 죽어도 상복
을 입지 않고 보통 때처럼 고기를 먹으며, 곡하는 데 슬퍼하지 않고 제
사나 불사를 행하지 않는 것이 특이하다고 생각되었다. 류큐는 따뜻하
여 겨울철에도 얼음과 눈이 없고, 소와 말이 사철 푸른 풀을 먹는 것도
인상적이었다.[34]

만년과 정록은 이렇게 3년을 지내다가, 1453년 류큐 국왕사(國王使)
도안(道安)을 따라 함께 조선으로 돌아왔다.[35] 이들이 오키나와에 있을

---

34) 『단종실록』 6, 1년 5월 정묘.

35) 류큐 국왕사로 조선에 온 道安은 류큐와의 무역에 종사하는 하카타의 상인
이다. 1453년 이외에도 1455년, 1457년, 1459년 등 4회에 걸쳐 류큐 표류
민을 동반하여 조선에 들어와 무역 활동을 하였다. 이후에도 1468년, 1470
년, 1485년 등 여러차례 수직인으로 조선에 입국하여 무역활동을 지속하였

때는 상금복왕(尙金福王, 1450~1453) 때였다. 1452년 명의 책봉사 진모(陳謨)가 류큐에 와서 상금복왕을 중산왕(中山王)에 책봉하는 일이 있었다. '중국 사신선 2척'은 바로 이 명의 책봉사선이었을 것이다. 만년과 정록이 류큐를 떠난 직후인 1453년 4월 상금복왕이 죽자 지로(志魯), 포리(布里) 등의 반란이 일어나 만년이 보았던 슈리성은 불타고 말았다.[36)

2) 제주의 양성(1456)

제주의 선군(船軍) 출신 양성(梁成)과 사노비 고석수(高石壽) 등 10명은 1456년(세조 2) 1월 제주도에서 표류하여 2월 2일 오키나와 구미도(仇彌島, 久米島)에 표착한다. 구미도(구메지마)는 나하에서 서쪽으로 90km 거리에 위치하며 산호초에 둘러싸인 63㎢의 비교적 큰 섬이다. 섬 둘레는 '2식(息)' 가량이라 하였는데, 현재 섬 둘레는 47.6km이다. "섬 안에 작은 석성이 있어서 도주(島主)가 혼자 거주하고, 촌락은 모두 성 밖에 있다"고 하였다.[37)

1개월 후 양성은 공선(貢船)을 타고 류큐 왕도가 있는 본섬으로 옮겼다. 왕궁에서 5리 떨어진 공관(公館)에서 머물게 된다. 공관 옆 토성에는 조선사람과 중국사람 1백여 집이 있어 돌아가며 양성을 공궤하였다. 류큐 왕성은 3중으로 된 성인데 외성에는 창고와 마구(馬廐)가 있고 중

다. 이에 대해서는 佐伯弘次(손승철 · 김강일 역), 「무로마치 후기의 博多 상인 道安과 동아시아」 『조선전기 한일관계와 博多 · 對馬』, 경인문화사, 2010, pp.91-101 참고.

36) 田名眞之 外, 『沖繩縣の歷史』, 年表, 山川出版社, 2004.

37) 久米島에는 宇江城을 비롯하여, 具志川城, 伊敷索城, 鹽原城 등의 구스크(石城)가 있다.

성에는 시위군 2백여 명이 상주하고 있었다. 내성에는 근정전과 같은 2, 3층의 전각이 있었다. 왕은 중층에 거하고, 상층에는 진기한 보물, 하층에는 먹거리와 술을 보관하였다. 오키나와 본섬은 지세가 중앙은 협소하지만 남북으로는 매우 길어 마치 장구 모양을 하고 있다. 섬 안에는 군현을 설치하고 석성을 쌓아 관의 수령이 거처하고 있었다.[38]

양성은 오키나와 체재 5년이 지난 1461년(세조 7) 류큐 왕사(王使) 덕원(德源)을 따라 조선으로 귀환하게 되었다. 귀국 후 상태구왕(尙泰久王, 재위 1454~1460) 대의 오키나와에 대한 많은 정보를 31개 사항에 걸쳐 보고하였다.[39]

3) 초득성(1461)

8명 일행의 초득성(肖得誠)은 1461년(세조 7) 정월 24일 나주에서 출항하였다가 표류, 2월 4일 오키나와 서남쪽 멀리 떨어진 미아괴도(彌阿槐島, 宮古島)에 표착한다. 섬 사람들이 술과 고기를 실어와 먹이고, 돌아가며 음식을 공급하였다. 미아괴도에는 인근 굴이마도(屈伊麻島), 일남포도(日南浦島), 시마자도(時麻子島), 우감도(于甘島) 사람들까지 서로 왕래하며 술을 마셨는데 매번 초득성을 불러 후하게 접대 하였다.

섬에는 2월인데도 보리를 수확하고, 참외와 가지에 열매가 맺히고 있었다. 4월 16일 류큐 상선(商船) 편으로 섬을 출발하여, 27일 왕도가 있는 본섬에 도착했다. 류큐 국왕이 궁성 남쪽 행랑에 있게 하여 날마다 부르고 후히 대접하였다. 왕은 당시 나이 33세, 왕자가 4명이었다.

---

38) 『세조실록』 27, 8년 2월 신사.

39) 하우봉, 「류큐와의 문물교류와 상호인식」『조선시대 해양국가와의 교류사』, 경인문화사, 2014, p.369.

1460년 상태구왕(尙泰久王)이 죽고, 이듬해 1461년 즉위한 상덕왕(尙德王)이다.

왕도는 시내 집들이 조밀하여 담장이 붙었고 길거리가 매우 좁았다. 강가에 성을 쌓고 그 가운데 주고방(酒庫房)을 설치하였다. 주고방 안에는 큰 옹기를 배열했는데 술을 가득 채우고 1년치, 2년치, 3년치의 주고(酒庫)에 그 정액

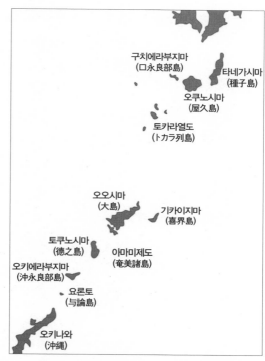

05 가고시마현에 편입되어 있는 오키나와 북부의 섬들

구치에라부지마
(口永良部島)

타네가시마
(種子島)

오쿠노시마
(屋久島)

토카라열도
(トカラ列島)

오오시마
(大島)

기카이지마
(喜界島)

토쿠노시마
(德之島)

아마미제도
(奄美諸島)

오키에라부지마
(沖永良部島)

요론토
(与論島)

오키나와
(沖縄)

을 나누어 써 붙였다. 군기고를 설치하여 철갑, 창, 검, 궁시를 그 가운데 가득 채워 놓고 있었다. 배(船)는 벌레 먹을 것을 염려하여 강가에 초막을 지어 들여 놓았다. 시장은 강 가에 있는데 남만, 일본, 중국의 상선이 와서 교역하느라 붐볐다. 12월에 류큐 왕사 보수고(普須古)를 따라 귀국하였다.[40]

---

40) 류큐에서는 道安 이래 한동안 일본 상인을 국왕사에 임명하여 조선에 파견하였지만, 普須古는 류큐인으로서 파견된 사신이었다. 普須古는 조선에서 세조로부터 큰 환대를 받았으며, 불교 경전을 비롯한 많은 선물을 받아 갔다. 高

초득성의 신분이나 출신에 대해서는 잘 알려져 있지 않다. 아마 나주에서 제주로 돌아가는 도중 조난을 당한 것으로 보인다.

4) 제주인 박손

제주사람 박손(朴孫, 일행 12명)은 오키나와에 표류했다가 1546년(명종 1) 정월, 중국 복건성과 북경을 경유하여 동지사 편으로 귀국하였다. 오키나와에 있는 동안에는 왕으로부터 후한 대접을 받았다. 류큐 사람들에 대한 인상도 긍정적이다. 류큐 사람들은 서로 헐뜯거나 비방하지 않고 싸우거나 다투지도 않았다. 상인이 보화를 가게에 벌여놓고 팔다가 혹 일이 있어 밖에 나가도 도둑질하는 사람이 없다는 것이다.

장사를 지낼 때는 바위를 깎아 궁옥(宮屋) 형태를 만들고 그 안을 파낸 다음 나무로 문을 만들고 널을 그 안에 안치한다. 한 집안에서 죽은 자는 모두 그 안에 넣는다. 제사 때에는 문을 열고 끝나면 즉시 닫는다. 혼인을 할 때는 신랑 집에서 돈을 신부집에 실어 보낸다. 잔치는 모두 신부 집에서 준비한다. 혼인 날 신랑은 성장(盛裝)을 하고 말을 타고 가면 여러 사람들이 뒤를 따른다. 귀국할 때에는 왕비가 불러 직접 후한 선물을 내렸다.[41] 상청왕(尚淸王, 재위 1527~1555) 대의 일이다.

5) 해남 선비 김여휘(1662)

해남의 선비 김여휘(金麗輝) 일행 32명은 1662년(현종 3) 9월 24일 제주도 별도포(別刀浦, 제주시 화북동)를 출발하여 항해 중 추자도 부근에서 폭풍

瀨恭子,「琉球と朝鮮」『アジアの海の古琉球』, 榕樹書林, 2009, pp.120-121.
41) 『명종실록』 3, 1년 2월 무자.

을 만나 표류하였다. 32명 중 신원이 확인되는 사람은 김여휘 이외에 아들 처서(處西), 제자 이세준(李世峻), 해남의 선비 이정시(李挺時), 양인 박예원(朴禮元), 그리고 상인 이덧쇠(李加叱金), 제주 사람 남인(南麟, 南仁) 등이다. 여기에 정성일은 양인 신분 박봉필(朴奉弼), 홍춘립(洪春立), 박명생(朴命生), 서후현(徐後玄)과 김춘의(金春儀) 가족을 기록에서 찾아내고, 당시 배에는 우마 20여 필이 함께 실려 있었던 사실도 밝혔다.[42] 이들은 기근 때문에 제주로 들어갔다가 다시 고향으로 돌아가는 참이었던 셈이다. 출항한 배는 한 척이 아니고 2척이었다.

6일간을 표류해 배가 떠내려가는데 가장 큰 문제는 굶주림과 식수였다. 배안에 식수가 떨어지자 바닷물을 끓여 물방울을 모아 마셨지만, 결국 갈증으로 4명이 사망하였다. 표류한 지 11일 만인 10월 4일, 김여휘 일행은 아마미대도(奄美大島) 부근의 한 섬에 도착한다. 류큐 사람들이 이들을 보고 죽을 쑤어 먹여 겨우 기력을 회복하였다. 이들은 '걸쭉한 술(粘酒)'과 '우모(牛毛)'라고 하는 식물도 제공하였다. '우모'라는 것은 "겉은 붉고 속은 희었으며, 삶아 먹으면 그 맛이 마와 비슷하다"[43]고 하였는데, 고구마를 지칭하는 것이다.

10월 7일 현지인의 도움으로 4명의 사망자에 대한 장례식을 치렀다. 다음날 일행은 아마미대도(奄美大島)로 이송되었다. 여기에서 이들은 반

---

42) 정성일, 「해남 선비 김여휘의 류큐 표류와 송환경로(1662-1663)」『한일관계사연구』 43, 2012, pp.438-439.

43) "有一菜 名曰牛毛 皮赤肉白 蒸食之 味如薯蕷 此物最宜於久飢 雖過食不傷人云"(宋廷奎의 『海外聞見錄』 記琉球漂還人語) 책의 저자 송정규(1656~1710)는 제주목사를 지낸 인물이며, 김용태 등이 옮긴 『해외문견록』(휴머니스트, 2015)을 참고하였다.

년을 머물렀다. 이들에게는 1인당 하루 1되의 쌀이 지급되었고, 5일 걸러 반찬거리 등이 함께 지급되었다. 간장 7되, 소금 4되, 건어 1근, 채소 2근, 소주 한 사발, 담배 1근 등이 그것이다.[44]

이듬해 1663년 4월 김여휘 일행은 아마미대도(奄美大島)를 출발하여 귀로에 오른다. 사쓰마, 나가사키, 쓰시마를 거쳐 부산에 도착하고, 7월 해남으로 귀향하였다.[45]

6) 제주 상인 김일남 · 부차웅(1726)

제주 북포(北浦)의 김일남(金日南), 부차웅(夫次雄) 등이 장사하러 나갔다가 1726년(영조 2) 2월 9일 추자도 근해에서 표류하여 3월 하순 류큐의 섬에 표착하였으며 왕부(王府)에 호송된 후 같은 해 11월 조공사신 편으로 복건성으로 보내졌다. 이후 항주, 남경, 북경 등을 거쳐 1728년 4월 18일 제주로 귀환한다.

표착지는 확실하지 않으나 류큐에 속한 둘레 50리, 200~300호 규모의, 산이 있는 섬이라고 하였다. 일정으로 보아 『동문휘고(同文彙考)』에 언급된 '손응성 등 9명'과 같은 일행이었던 것으로 보인다.[46] 왕부(국도)에서 머물면서 견문한 의복, 장례, 가옥, 형벌 등 여러 풍속을 전하고 있

---

44) 정성일, 앞의 논문, pp.445-460.

45) 왕조실록의 표류 기록에 대해서는 하우봉, 「류큐와의 문물교류와 상호인식」 『조선시대 해양국가와의 교류사』, pp.368-371 및 정성일, 「한국 표해록의 분류와 성격」 『동아시아 표해록의 문화사』(학술회의 자료집), 국립해양문화재연구소 · 목포대학교 도서문화연구원, 2012, pp.36-39를 참고하였음.

46) 『同文彙考』에 의하면 손응성 등의 표착지는 '鳥岐奴(조기노)'라 하였다. '오키나와(우치나)'에 해당하는 것이 아닌가 한다.

다. 전하는 견문 가운데는 '임위(林尉)'라 불린다는 고구마에 대한 소개도 포함되어 있다. "뿌리는 무와 비슷하고 큰 것은 술잔만 하다. 맛은 달고 물러 사람이 먹기에 아주 좋다. 반드시 껍질을 벗겨 쪄서 먹으며 끼니를 대신한다"고 하였다.[47]

7) 제주 어부 임상일 등(1849)

1849년(헌종 15) 8월 12일 제주 임상일(任尙日) 등 7명의 어부가 고기 잡으러 나갔다가 돌아오는 길에 태풍을 만나 노가 부러지고 표류하였다. 8월 21일 한 섬에 닿았는데 배가 암초에 부딪쳐 파선한다. 판자를 타고 흘러가던 중 학도(鶴島)라는 섬에 도착한다. 섬 사람들이 급히 죽을 끓여와 이들의 목숨을 구하였다. 13일을 머물고 9월 5일 섬사람들이 덕지도(德之島)로 옮겨 준다. 여기에서 석 달을 살다가 11월 11일 출발, 2백리 거리를 이동하여 30일에 윤호도(允好島)라는 섬에 도착한다. 12월 5일 다시 출발하여 21일 본섬 중산부(中山府)에 도착한다. 계속 관사에 머물다가 이듬해 1850년 진공선 편으로 출발하여 복건성, 북경을 거쳐 1851년 4월 제주로 돌아온다.[48]

---

47) 鄭運經, 『耽羅聞見錄』. 이 책은 鄭運經(1699~1753)이 제주목사로 부임한 아버지 鄭必寧을 따라 제주에 와 견문한 내용을 정리한 것이며 14건의 표류 기록이 소개되어 있다. 단국대와 서강대 도서관에 필사본이 소장되어 있으며, 이에 대한 번역과 해설은 정민 역, 『탐라문견록, 바다 밖의 넓은 세상』(휴머니스트, 2008)을 참고 하였다.

48) 『濟州啓錄』(『제주계록』)은 1995년 서귀포시 간행의 번역본을 참고 하였으며, 관련하여 六反田 豊, 「十九世紀濟州島民の海難と漂流 ー〈濟州啓錄〉の分析」 『年報朝鮮學』 7, 九州大學朝鮮學硏究會, 1999 논문이 있다)

4. 장한철의 표류 경험(1770)

1) 장한철의 표류

제주시 애월읍 애월리 출신의 선비 장한철(張漢喆)은 영조대 과거 응시를 위해 서울 상경 중, 전남 노어도(鷺魚島)[49] 해역에서 표류하여 류큐 열도 호산도(虎山島)에 표착한 인물이다. 당시 승선 일행은 29명(선비 2명, 선원 10명, 상인 15명, 陸商 2명)이었다.[50] 이들은 표류 후 해를 넘겨 이듬해 1771년 1월 3일 류큐의 호산도(虎山島)라는 섬에 이른다.[51]

장한철이 제주항을 출발한 것은 1770년(영조 46) 12월 25일이었다. 그리고 그날 노어도 부근에서 폭풍으로 조난한 것이다. 장한철은 표류가 시작되자 오키나와 방면으로의 표착 가능성을 예측하고 있었고, 사공 또한 탐라 이남의 바다는 크고 넓지만 도리어 한반도 쪽보다 수세(水勢)가 안전하다고 평가하고 있다. 오키나와에 대한 지식을 가지고 있었던 것이다.

장한철은 표류 중 기진한 승선자들에게 죽을 쑤어 먹이려 하였는데, 사람들이 "배에서 죽을 쑤는 것은 그것을 꺼리는 풍속이 있다"면서 밥

---

49) 노어도는 "所安島의 서쪽이고 북으로 육지와의 거리가 70리"(『표해록』)라 하였다. 소안도의 서쪽에 있는 완도군 노화도에 해당하는 것으로 보인다.

50) 장한철의 표해록에는 승선자 29명의 이름(사공 李昌成, 船夫 兪昌道 · 金順起 · 金次傑 · 高得成 · 鄭寶來 · 柳日春 · 李星彬 · 金壽起 · 李福日, 상인 姜方裕 · 金方完 · 梁允夏 · 李道元 · 朴恒元 · 金福三 · 李得春 · 高福泰 · 梁允得 · 李友成 · 李春三 · 李大方 · 金必萬 · 金順泰 · 張元起, 陸商 白士廉 · 金七百, 張漢喆 · 金瑞一)이 열거되어 있다. 대부분 유명을 달리한 이들에 대한 애도의 의미를 포함한 것일 것이다.

51) 표해록은 정병욱 역, 『표해록』(범우사, 1979)을 참고하였다.

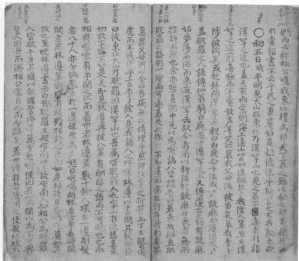

06 장한철 기념비와 표해록

짓기를 권하므로 밥을 물에 말아 먹었다고 한다. "밥이 잘 되었나 못 되었나로 갈 길의 좋고 나쁨을 가히 알 수 있다"고도 하였다. 당시 항해 중의 풍습을 알 수 있는 것이기도 하다. 때는 겨울이라 눈을 모아 물통에 저장하고 그 눈을 끓여 물을 얻어 밥을 지을 정도로 어려움이 많았다. 그나마 땔감과 물이 다 떨어져 절망적인 상황이 지속되었다.[52]

12월 27일 날이 저물 무렵 물새가 나타나 모래 섬이 멀지 않다고 기대하며 희망을 갖는다. 배가 류큐에 가까워지는 듯하자 사람들이 차고 있는 호패를 모두 바다에 던져버리도록 한다. 탐라 사람이라는 것이 확

---

52) 장한철, 『표해록』 영조 46년 12월 26일.

인되면 보복이 있을까 두려워 한 탓이다. 광해군 때(1611) 류큐 왕국의 태자가 제주도에 표류해 왔는데 그 때 목사가 이들을 불태워 죽이고 재보를 절취한 적이 있다는 것이다.[53] 생사의 미래는 여전히 예측할 수 없었고, 장한철은 잠을 이룰 수 없었다.[54]

12월 28일, 드디어 사람이 살지 않은 작은 섬에 도착한다. 섬의 크기는 남북이 20리, 동서 5리 미만으로 추산되었다. 나중에 들으니 '호산도(虎山島)'라는 이름의 섬이었다.[55] 마침 샘물을 찾아 죽을 쑤어 허기를 채운다. 챙겨보니 남은 식량은 쌀이 한 말 남짓, 좁쌀이 5, 6말 정도였다. 승선자 29명이 2, 3일 버틸 수 있는 양이다. 이튿날 산 계곡에 오르니 굴나무도 있고, 약초도 있다. 포구 물속에 전복이 있어 요기 하는데 도움이 되었다.[56]

---

53) 장한철, 『표해록』 신묘년(영조 46) 1월 3일.

54) "아이는 아직도 어리고 집은 몹시 가난하니, 어찌 밥을 먹고 자라나서 어른이 되기를 바랄 수 있으리요. 설사 내가 요행히 죽음을 면한다 하더라도 어느 세월에 고국에 살아 돌아갈 수 있으리요. 만약 내가 살아 돌아갈 수만 있다면, 나는 반드시 책 보는 일을 집어치우고 바깥 일에 구속됨 없이 밭을 직접 갈아 효도로써 부친을 봉양하며, 늙은 아내는 종이에 바둑판을 그리게 하고, 어린 아이에게는 바늘로 낚시를 만들게 하여 내 일생을 이와 같이 해서 마칠 수 있을테니 천지 간에 다시 무엇을 구하리요."(정병욱 역, 『표해록』, 범우사, 1979, pp.47-48) 이날 밤새 잠을 이루지 못한 장한철의 간절한 고백이다.

55) 장한철 일행이 표착한 호산도의 현재 지명은 불명이지만, 가고시마 남쪽 奄美諸島의 서북에 위치하는 토카라열도에 위치한 섬 중의 하나가 아닐까 추측한다. 토카라열도에는 臥蛇島, 小臥蛇島, 平島, 寶島, 小寶島 등의 작은 섬이 열 지어 있다. 1450년 표류했던 萬年 등도 그때 臥蛇島에 표착했었다.

56) 장한철 표류의 전체적 경과에 대해서는 김경옥, 「18세기 장한철의 '표해록'을 통해 본 해외체험」『역사학연구』 48, 2012 참조.

2) 장한철의 귀향

1770년의 마지막 날인 12월 30일은 천둥과 함께 비바람이 몰아치는 악천후였다. 날이 개이자 또 산나물과 전복을 채취하여 요기하였다. 다음날은 해가 바뀌어 1771년(영조 47) 정월 초하루이다. 지나는 배가 나타나기를 기다려 기를 쓰고 신호를 하였더니 왜적의 해적 떼가 나타나 도리어 조난당한 사람들을 매달고 약탈까지 자행하였다. "저 왜놈이라는 종자는 사람에게 터럭만한 이로움도 주지 못하고, 그 해독으로 말하면 호랑이, 뱀보다 더 심하다. 하늘이 어찌 이런 종자를 만들어 내었을까."

다음날 1월 2일, 섬을 지나는 일본으로 가는 중국의 대선(大船)에 의하여 장한철 일행은 구조된다. 그날 밤, 중국 선박 속에서 장한철은 꿈을 생생한 꿈을 꾸었다. "꿈에 나는 고향에 가 있었다. 감나무 잎사귀는 파릇파릇하게 막 돋아나고 버드나무 그늘이 한창 무르익었는데, 집의 아이가 손으로 앵두를 만지작거리고 있었다, 나는 그를 무릎 위에 꿇어 안았다." 동행한 친구 김서일에게 꿈 이야기를 하였더니, '푸른 버들, 붉은 앵두'로 보아 내년 4, 5월에나 고향에 돌아갈 수 있겠다는 해몽을 하는 것이었다.

1월 5일, 중국의 대선이 제주도 부근에 이르자 장한철로 하여금 배를 다시 내어 돌아가게 하였다. 일본으로 가는 중국 배와 헤어져 다음날 6일 처음 표류했던 노어도 부근까지 올라왔는데, 장한철 일행은 여기에서 또 다시 폭풍을 만난다. 선판은 부서지고 산더미처럼 밀려드는 파도에 배는 다시 표류하였다. 바위에 충돌하는 위기를 몇 차례 겪은 뒤 물속으로 뛰어내려 해안으로 걸어 나와 겨우 목숨을 구한다. 배는 파선하여 흘러갔고, 섬에 상륙한 사람은 겨우 열 명, 그나마 두 명은 이동 도중 절벽에서 실족하여 여덟 명만이 가까스로 목숨을 건질 수 있었다. 앞이

07 장한철이 귀로에 표착한 청산도 해변

전혀 보이지 않은 칠흑 같은 밤이었다. 이 때 상륙했던 섬이 완도 부근의 청산도이다.

1월 9일, 가까스로 목숨을 건진 장한철 일행은 바다에서 죽은 이들에 대한 제사를 지낸다. 장한철은 제문을 지어 먼저 간 스물 한 사람의 혼을 위로 하였다. "오호, 슬프도소이다. 사람에게는 죽음보다 더한 슬픔이 없으며, 살아 있는 것보다 더한 즐거움은 없습니다. 그러나 우리가 살았음을 즐거워할 수 없으니, 그것은 그대들의 죽음이 너무 슬프기 때문입니다."

장한철은 바로 다음달 2월 서울에 올라 과거 시험을 치르고 낙방하고 나서야, 비로소 제주에 귀향하였다. 표해록은 1771년(영조 47) 5월 초에 귀향하여 바로 그 달 말에 집필한 것이라 한다. 그가 귀향 후 생환했던 승선자를 수소문해보니, 일곱 중 둘은 병들고, 넷은 벌써 사망한 뒤였다. 대양에서의 표류 경험이 얼마나 치명적이었나를 짐작하게 한다.

장한철은 1775년(영조 51) 드디어 과거에 합격하였고 뒤에 제주의 대정현감, 강원도 취곡현(吹谷縣)의 현령을 역임했다고 한다.[57] 만일 살아 돌아갈 수 있다면 "책 보는 일을 집어 치우고" 오직 가정에만 충실하겠다던 표류 중의 다짐은, 아마도 지켜지지 않은 것 같다. 2011년 제주시 애월읍 한담공원에는 장한철을 기리는 기념비가 건립되었다.

5. 문순득의 표류 경험(1802)

1) 문순득의 표류

전남 신안군 우이도(牛耳島, 소흑산도)의 문순득(文淳得)은 1801년(순조 1) 12월에 우이도를 출발, 1802년 1월 18일 태사도(苔士島, 흑산도 인근 현재의 삼태도)에서 홍어를 사 돌아오던 중 표류하게 된다. 문순득과 함께 승선한 사람은 작은아버지 문호겸(文好謙)과 이백근(李白根), 박무청(朴無碃), 이중원(李中原), 김옥문(金玉紋) 등이었다.[58]

이들 문순득 일행은 제주도 서쪽을 지나 1월 29일 류큐 왕국의 오시마(大島, 아마미제도)에 표착하였다. 2월 2일에는 50여 리 떨어진 양관촌(羊寬村)[59]으로 이동하여 상륙한다. 3월 20일 100여 리를 남하하여 우금촌

---

57) 정병욱 역, 『표해록』, 범우사, 1979, p.10.
58) 문순득의 경험을 기록으로 정리한 정약전의 『漂海始末』은 신안문화원, 『柳菴叢書』(2005)의 자료를 참고함.
59) 양관촌을 최성환은 大島(오시마) 동측에 소재한 笠利灣(港)으로 추정하였다.

08 2012년 국립해양문화재연구소의 문순득 특별전(포스터)

(于禽村)60) 앞에 도착, 9일을 체류한 후 덕지도(德之島), 양영부(洋永府)61)를 지나 입사도(笠沙島)에 이른다. 바람에 막혀 여기에서 4일을 머무른 후, 4월 4일 왕도 슈리부(首里府)와 10리 거리인 백촌(白村)62)에 도착한다. 여기에서 움막 한 채를 짓고 거처하였는데, 1인당 매일 쌀 한 되 다섯 홉, 채소 여러 그릇과 함께 하루걸러 돼지고기도 제공되었다. 나하에서의 이러한 생활을

'用(요우)'이라는 마을, 옛 관청인 봉행소의 터가 있다는데 착안한 것이다.(최성환, 「표류 노정과 송환체제」『문순득 표류 연구』, 민속원, 2012, pp.129-132) 그러나 多和田는 與路島(요로시마)에 비정하였다.(多和田眞一郞, 『琉球‧呂宋 漂海錄 硏究』, 조강희 역, 박문사, 2011, p.115)

60) 多和田는 우금촌을 請島(우케시마)에 비정하였으나(多和田眞一郞, 위의 책, p.115), 최성환은 大島의 宇檢村에 해당한다고 하였다.(최성환, 앞의 책, p.133)

61) 永良部島는 현재의 沖永良部島(오키노에라부지마)에 비정된다. 최성환, 앞의 책, p.133.

62) '백촌'은 '泊村(도마리무라)'이다. 최성환, 앞의 책, p.135.

통하여 문순득은 오키나와 사람들을 자세히 관찰하고, 언어와 선박에 이르기까지의 다양한 자료를 제공할 수 있었다.

6개월이 지난 10월 7일 문순득 일행은 나하를 출발, 11월 1일 필리핀(여송) 서남마의(西南馬宜)에 도착한다. 그리고 1803년 9월 오문(마카오), 1804년 4월 14일 남경, 5월 19일 황성(북경), 의주, 한양을 거쳐 3년만인 1805년 1월 드디어 고향 우이도에 돌아오게 된다. 그의 표류 경험은 우이도(소흑산도)에 귀양 가 있던 정약전에 의하여 1805, 6년경 「표해시말(漂海始末)」로 기록되었고, 그 내용이 이강회(李綱會)의 『유암총서(柳菴叢書)』에 필사되어 알려지게 되었다. 「표해시말」이 『유암총서』에 필사된 시기는 1818, 9년경으로 추정된다.[63]

2) 오키나와 풍속

「표해시말」은 경로에 표류와 귀향 경위에 대해서는 매우 소략하게 정리되어 있는 반면, 현지에서의 견문 자료가 비교적 자세히 기술되어 있는 것이 특징이다. 「표해시말」에 문순득의 류큐 풍속에 대한 견문이 상세하게 언급되어 있다.[64]

문순득이 견문한 오키나와 풍속은 이렇다. 예절은 꿇어 앉아 합장하고 엎드려 인사. 앉을 때는 반드시 꿇어앉음. 신분이 높은 사람에게는 반드시 절한다. 남녀가 한 자리에 모여 이야기 하고, 귀인의 처도 분별하지 않으나 같이 앉지는 않는다. 식사는 젓가락으로 반찬을 집어서 손바닥에 놓고 입으로 빨아 먹는다. 장례문화는 시체를 염하며 상여 나가

---

63) 최성환, 「문순득 표류 관련 사료 현황과 특징」 『문순득 표류 연구』, 민속원, 2012, pp.36-40.

64) 최성환의 정리를 참고하여 재정리함. 최성환, 위의 책, pp.186-187.

는 예의가 거의 우리나라와 같다. 부인이 상여를 따르면 밖을 포장으로 둘러치고 앞에서 승려가 방울을 들고 인도한다. 묘제는 돌 상자를 땅속에 만들어 위를 석회로 봉하고 옆에는 석문이 있어 장사 지낼 때는 관을 상자에 넣고 문을 닫는다. 상자의 크기는 3, 4칸 혹은 5, 6칸으로 족장(族葬). 책을 읽을 때는 배를 바닥에 붙이고 엎드려 읽는다. 항상 차를 마시고, 몸에는 약을 지니고 때때로 이를 마신다. 담배는 연대(烟臺)와 연통(煙筒)을 휴대하는데, 목기에 불과 타호(唾壺)를 넣고 외출 시 휴대한다. 용모와 관련, 코 밑 수염은 자르고 턱수염은 놓아둔다. 두발은 정수리는 깎고 바깥쪽은 놓아둔다. 밀납 기름으로 붙여 상투를 만들고 위에는 굽은 고리를 만들며 아래로는 남은 머리카락을 감아 묶는다. 천인은 어깨에 묵경(墨鯨)의 문신을 하지만, 직업에 따라 같지 않다. 부인은 손등에 자자(刺字)가 있음. 용변시 품안에 항상 종이를 가지고 있다가 그 종이로 밑을 닦는다. 귀인은 성이 있지만, 천인은 성이 없다. 말을 잘 부리며, 낭떠러지를 뛰어넘기도 한다.

가마는 대나무로 광주리처럼 엮어 만들며, 운행 시에는 가마를 밑으로 드리우고 두 사람이 멘다. 시장에서 저자에 앉아 장사하는 것은 모두 여성이다. 밭을 가는 데는 큰 괭이를 쓰고, 무논은 쟁기를 사용한다. 모기장은 종이로 장막을 만들어 잠 잘 때 덮고, 바깥의 습기도 피한다. 집은 네모지고 반듯하며, 온돌이나 창문은 없다. 벽과 바닥은 판자이다. 부잣집은 문을 설치하고, 지붕은 기와 혹은 풀을 사용한다. 복장은 남녀 모두 바지 없이 긴 저고리를 입는다. 버선은 귀인만 사용하고, 짚신은 엄지발가락을 사이에 끼운다. 스님 복장은 조선의 장삼과 비슷하고, 부자는 반드시 우산을 휴대한다. 관(冠)은 귀인만 있는데, 조선의 아전 모자처럼 낮고 짧다. 천인은 나뭇잎으로 삿갓을 만들어 해를 가린다.

머리 비녀는 은이나 구리로 만들고, 머리 장식은 상투에 가로, 세로로 하나씩 꽂는다. 부인은 비녀를 사용하는데 가난한 사람은 대나무를 사용한다. 토산으로는 구파(구바나무), 감저(고구마), 마사(麿沙), 닥나무종이 등이 있고, 왕뱀을 말렸다가 기가 허할 때 삶아먹는다. 백자기와 가마솥은 없다.

「표해시말」에는 풍속 이외에 오키나와의 선박, 언어에 대해서도 기록을 남기고 있다.[65] 문순득의 표류 경험담은 국립해양문화재연구소에서 특별전을 열었고, KBS에서 다큐로 제작 방영된 바 있다.[66] 우이도 항에는 문순득의 동상이 세워져 있다.

맺는말

류큐 왕국과의 공식적 교류는 고려 말 1389년의 일로 기록되어 있는데, 그 매개가 된 것이 왜구들에 의해 발생한 피로인 문제였다. 이 때문에 조선조에 들어와 양국 관계는 빠르게 정착되어 갔다.

본고는 조선시대 오키나와에의 표착 사건의 전반적 개황을 확인하는 한편, 표류 경험에 대한 기록의 내용을 소개함으로써 표류라는 특정의 사건에 의하여 이루어진 조선과 오키나와의 교류사를 정리하였다. 오키나와에의 표류에 대한 기록은 조선시대에 한정되어 있다. 이는 표착 이후 본국에의 송환이 이루어져야 알려지거나 남게 되는 표류 기록의

---

65) 「표해시말」의 류큐 언어에 대해서는, 多和田眞一郎, 『琉球・呂宋 漂海錄 研究』, 조강희 역, 박문사, 2011, pp.173-194 참조.

66) 서미경의 『홍어장수 문순득, 조선을 깨우다』(북스토리, 2010)는 다큐의 내용을 정리한 책이다.

특성 때문이다. 이러한 자료를 참고한다면 고려시대의 경우도 오키나와 해역에의 표류가 종종 발생하였을 것이고, 필요한 경우 항해가 가능하였다고 할 수 있을 것이다.

한편 본고에서는 표류 기록에 묘사된 오키나와의 풍경과 표류 경험 등에 대해서도 간략하게 정리하여 소개 하였다. 우리시대의 오키나와 경험과는 같지 않지만, 어떤 부분 공감되는 내용들을 포함하고 있는 것이기도 하다.

13세기 고려시대에 오키나와와의 교류 관계는 문헌상으로 확인되지 않는다. 그러나 14세기 말 이후 안정적 교류가 정착되고, 오키나와에의 표류가 종종 발생하는 사례는 고려시대에도 오키나와에 대한 지식을 제한적이나마 가지고 있었을 것을 짐작하게 한다. 오키나와의 '계유년' 고려기와는 아마도 찰도왕대 이전, 고류큐(古琉球) 왕국의 초기 양국 관계의 단면을 보여주는 자료일 것이다.

* 이 논문은 『역사와 역사교육』 37, 웅진사학회, 2018에 실린 같은 제목의 원고를 보완한 것임.

제3부
동아시아
세계로서의
오키나와

제1장 중세 동아시아에 있어서 해양 방어시설의 구축

제2장 '대교역의 시대', 류큐의 항구와 도성

제3장 오키나와의 '아카하치 홍가와라의 난'에 대하여

제1장
중세 동아시아에 있어서
해양 방어시설의 구축

머리말

동아시아 세계는 문화를 통한 상호 교류와 전수에 의하여 일정한 동일 문화권으로서의 공통적 기반을 다져오는 과정을 고대 이래 줄곧 경험해왔다. 그 가운데 불교문화, 유교문화의 확산은 동아시아의 문화적 공통성을 확산하는 데 크게 기여한 것이었다. 그러나 이같은 공동체 확산의 플러스적 요소 이외에 민족과 국가 간 갈등에 의한 전쟁, 침략과 저항이라는 마이너스적 운동도 한편으로 끊임없이 진행되었다. 이같은 양면이 동일 공간에서 고대 이래 지금까지 진행되어온 역사였다는 점이 동아시아의 중요한 역사적 특징이 되고 있는 것이다.

전쟁은 공동체의 생활공간이 되었던 육지에서 주로 전개되었지만, 해양을 건너 뛰어 전쟁이 보다 광역화함으로써 해안을 방어해야 하는 상황으로 전개되는 경우도 있었다. 7세기 후반, 당의 백제 침략과 백제를 지원하려는 대규모 일본군의 한반도 파견은 동아시아 최초의 대규모 국제전쟁으로서 기억되고 있다. 잘 알려진 바와 같이 이때 일본은 당군의 일본 압박 위협을 예상하고 이를 저지하기 위한 방어시스템을 구축한 바 있다.

　13세기에 이르러 몽골 제국의 강력한 군사적 압력으로 아시아 대륙은 크게 동요하였고, 세기 후반까지 동아시아 세계는 격렬한 전쟁의 소용돌이에 휘말리게 되었다. 이에 의하여 중원을 포함한 북중국을 지배하고 있던 북방 왕조 금, 강남(남중국)을 지배하고 있던 남송이 차례로 멸망하여 몽골에 의한 원제국 수립으로 정리되었다. 한편 고려는 오랜 저항 끝에 몽골의 압력에 복속하였고, 일본은 그 침략의 파도를 막아내기는 하였지만 미증유의 충격으로 기성의 질서가 크게 동요하는 경험을 맛보게 되었다. 동아시아만이 아니라, 몽골의 압박은 베트남, 미얀마, 인도네시아와 같은 동남아시아 여러 지역에까지 미쳤고, 그 과정에서 다양한 해양 방어 시설이 출현하게 되었다. 몽골 제국의 확산은 대륙에서만이 아니라, 해양에까지 확산되어 군사적 방어시스템 역시 해양 세계에까지 구축되지 않으면 안되었던 것이다.

　몽골 세계에 뒤이어 14세기 동아시아 세계의 화두는 왜구 문제로 바뀌었다. 일본 열도에서 발생한 무장 집단이 바다를 건너 한반도와 중국 연해에까지 내습하여 민생을 위협하고 사회적 갈등을 증폭시키는 요소가 되었다. 13세기의 몽골이 육지로부터 해양으로의 확대였다고 한다면, 14세기의 왜구는 해양으로부터 대륙으로의 내습이었다는 점에서 그 풍향(風向)은 상반(相反)하는 것이었다. 그러나 해양이라는 요소가 매개로 되어 있다는 점, 그리고 동시에 해양을 경계로 하는 방어시설의 강화가 이루어진다는 점에서는 서로 공통적이었다. 특히 왜구의 장기간에 걸친 발호는 고려에 있어서 지금까지의 내륙 위주 방어체제를 근본적으로 수정하면서, 수륙 양면의 2원적 방어체제 수립의 계기를 만들었다고 할 수 있다. 왜구는 고려만이 아니고, 중국(명) 혹은 동남아시아 연안까지 위협하였다.

본고에서는 몽골과 왜구로 대표되는 13세기 후반으로부터 대략 15세기에 걸치는 동아시아 정세를 전체적인 시야에 넣고, 아울러 이같은 정세를 배경으로 한 해양 방어 체제 구축의 흐름을 개략적으로 언급하고자 한다.[1] 동아시아 세계에의 정체성(正體性)은 문화발전과 교류에 의하여 촉진되었지만, 동시에 전쟁이라는 마이너스적 운동에 의해서도 촉진되었다는 점을 유의하고자 한다.

1. 대륙에서 해양으로, 해양에서 대륙으로

몽골 세계 확대는 1206년 테무진이 징기스 칸에 오른 시점이 그 출발점이었다. 1213년 금의 수도를 점령하고, 1234년에는 동북아의 패자(覇者) 금을 멸망시켰다. 1231년부터는 고려를 치기 시작하였으며, 그 전쟁은 1259년까지 이어졌다. 1237년 몽골은 러시아를 치고 1241년에는 북유럽연합군을 왈슈타트에서 격파하였다. 1279년에는 남송을 멸망시켰으며 1274년과 1281년에는 복속한 고려와 남송을 동원하여 일본을 침입하였다. 1280년대 후반 쿠빌라이의 몽골 원제국은 베트남과 참파왕국(중부 베트남)을 수륙으로 공격하였다. 1280년대 전반에는 미얀마의 수도 바간을 점령하고, 1293년에는 인도네시아의 자바, 1297

---

1) 본고에서 사용되는 '중세'라는 용어는 대략 13세기 후반으로부터 15세기까지를 시야에 두고 편의적인 수준에서 사용되는 것이다. 그러나 이같은 용례는 이미 그 전례가 있는 것이기도 하다. 심민정이 전근대 한일 해양관계사 전체를 고대, 중세, 근세로 시대를 나누어 간략히 개관하면서, '중세'에서 '여몽연합군의 일본 정벌', '여말 선초의 왜구', '삼포를 통한 교류'를 언급한 것이 그것이다. 심민정, 「한일해양관계사 연구의 현황과 전망」『동북아문화연구』 21, 2009, pp.79-82 참조.

년에는 오키나와에까지 이른다. 13세기 초부터 시작하여 1세기 내내 진행된 이러한 몽골의 침입은 처음 대륙을 중심으로 시작되어 점차 해양 세계로 그 무대를 확대해나간 점이 주목된다. 이같은 운동에 의하여 대륙과 해양을 묶는 하나의 세계를 13세기의 몽골제국은 만들어낸 것이다. 육상과 해상을 아우르는 세계의 확산에 의하여 육상 중심으로 구축되어온 방어시설은 해안과 도서로 자연 확산되었다. 육지와 마찬가지로 해양과 도서가 군사적 공격과 방어의 무대가 되었기 때문이다.

몽골이 특히 해양 지배에 대한 관심을 적극화 했던 시기는 원 제국을 건설한 쿠빌라이 시대였다. 고려를 복속시키고 남송을 그 지배하에 넣으면서 그 정복에의 수레는 일본열도와 동남아시아 인도차이나 반도에까지 미쳤기 때문이다. 이같은 몽골의 해양세계에 대한 관심은 특히 남송의 정복에 의하여 자극된 것으로 보인다. 남송이 보유하고 있던 해상 능력과 교역에의 시스템을 제국의 발전의 새로운 동력으로 쿠빌라이는 적극 활용하였던 것이다. 이에 의하여 14세기 전반까지 원 제국은 정치적 구조를 초월한 경제적 네트워크라는 또 다른 세계로 확산하였으며, 이에 의하여 세계 경제의 새로운 패턴을 형성하였다. 14세기 왜구 등으로 고려와 일본의 관계는 소원하게 되었지만, 일본과 원의 사이에서는 대양을 뛰어넘어 활발한 무역이 이루어지고 있었다. 14세기 원과 일본의 교류는 일본에서의 사원 조영을 재정적으로 뒷받침하기 위한 무역선이 많은 비중을 차지하였다.[2] 1323년 신안선의 침몰은 이같은 원·일간 교역의 구조 안에서 야기된 것이었다.

---

[2] 윤용혁, 「14세기 초 동아시아 교역의 제문제 -신안선의 역사적 배경」『신안선과 동아시아 도자교역』, 국립해양유물전시관, 2006.

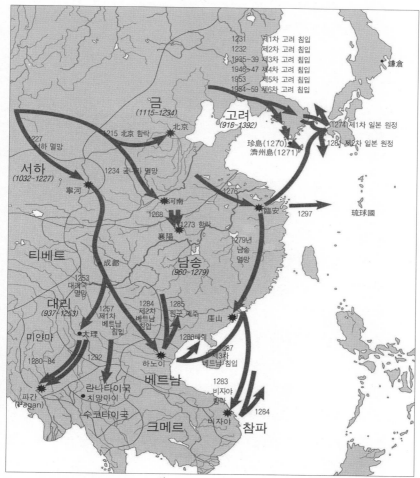

01 몽골의 아시아 침입(13세기)[3]

---

3) 村井章介, 「高麗の元寇, アジアの元寇」 『週刊朝日百科 日本の歴史』 9(蒙古襲
    來), 1986, p.271의 지도에 근거하여 필자 재작성.

14세기 중반, 대략 1350년 이후 서일본과 도서 지역을 근거지로 한 왜구가 고려의 연안을 휩쓸기 시작하였다. 이후 고려에 침구한 왜구는 1370년대에 더욱 심각한 단계로 확산되었다.[4] 전란이 장기화되고 그 피해가 내륙까지 깊숙이 미치게 되자 고려는 왜구 침입을 막는 항구적인 방어설비와 군사 체계를 새로 수립하지 않으면 안되었다. 왜구는 몽골 침입 이후 야기된 일본 내부의 분열적 정세와 관계가 깊다. 1336년 가마쿠라(鎌倉) 막부가 무너지고, 무로마치(室町) 막부가 성립하였다. 이러한 내부 세력 변동과 연계하여 일본 열도는 이 시기 이른바 남북조(南北朝) 내란으로 홍역을 치르게 되고, 그 와중에 남조(南朝, 征西部) 무장 세력이 열도를 벗어나 주변 한반도와 중국 해안에 내습하였던 것이다. 마침이 시기에는 일본만이 아니라 한반도, 원명 교체 등 동아시아 대륙의 세력 변동이 전반적으로 함께 진행됨으로써 주변 제국에 미친 파장은 크게 확산되었다.[5]

왜구의 발호가 특히 격화하는 것은 무로마치 막부의 큐슈 정서부(征西府)에 대한 공격적 전략이 중요한 계기가 되었다. 1371년 이마가와 료순(今川了俊)을 큐슈의 탐제(探題)로 새로 임명하였고, 이마가와는 이듬해 1372년 다자이후(大宰府)에 대한 공격을 개시하였는데, 남북조의 대립이라는 이러한 일본 내부의 정세는 한반도에서의 왜구의 발호와 밀접한

---

4) 이영은 「왜구의 단계별 침구양상과 고려의 대응」(『동북아문화연구』 31, 2012)에서 14세기 후반 고려의 왜구를 1350년부터 1371년까지를 1단계, 1372년부터 1375년까지를 제2단계, 1376년부터 1385년까지를 3단계로 구분하여 왜구의 고려에 대한 공격이 확산되어가는 것을 단계별로 설명하고 있다.

5) 김기섭, 「14세기 왜구의 동향과 고려의 대응」 『한국민족문화』 9-1, 부산대학교 한국민족문화연구소, 1997.

연관이 있는 것으로 분석된 바 있다.[6]

1364년 주원장(朱元璋)이 일어나 1368년에 명을 건국하였다. 1369년 몽골세력은 새로 발흥한 명의 압박에 밀려 북경으로부터 몽골 초원 원

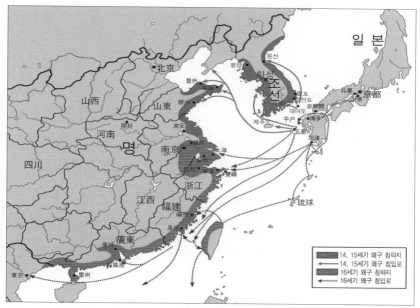

02 왜구의 아시아 침입(14~16세기)[7]

---

6) 김보한, 「동아시아 해역의 아웃로(Outlaw) -13·14세기 왜구활동과 그 원인」『일본역사연구』24, 2006, pp.103-107; 이영, 「고려말 왜구와 남조 -경신년(1380)의 왜구를 중심으로」『한일관계사연구』31, 2008; 이영, 「동아시아 국제질서의 변동과 왜구 -14세기 후반에서 15세기 초를 중심으로」『한일관계사연구』36, 2010, pp.192-196.
7) 田中健夫, 「倭寇の登場」『週刊朝日百科 日本の歴史』15(海 -環ジナ海와 日本海), 1985, p.104의 지도에 근거하여 필자 재작성.

래의 거점으로 물러났다. 요동 등지에는 북원(北元)의 세력이 여전히 잔류함으로써 이 지역에 명의 지배권이 확보되는 데에는 20년의 시간이 더 필요하였다. 1388년 북원(北元)은 역사상에서 국가로서 자취를 감추게 되고, 이어 1392년에는 고려 왕조가 조선 왕조로 교체되었다.[8] 14세기 후반의 이같은 동아시아 정세 변동은 원 제국의 쇠퇴와 왜구의 발흥이 밀접하게 연계되어 있음을 알 수 있다. 동시에 왜구의 강력한 군사적 발흥은 이후 대륙의 명과 조선으로 하여금 바다로의 진출을 억제하는 해금의 정책을 취하게 하는 배경이 된다.[9] 14세기 후반 이후 왜구의 발호는 이를 저지하기 위한 연안 지역의 방어 설비와 해양방어 체계를 체계화하는 계기가 되었다.

명과 조선은 고려 혹은 송·원대의 활발한 민간 차원의 교역이 허용되었던 분위기와는 달리 이른바 '해금정책'을 채택함으로써 전대에 비하여 보다 폐쇄적 대외교류의 정책을 유지하게 된다. 명에서 왜구에 대한 대책의 하나로 해금령(海禁令)이 처음 내려진 것은 1371년의 일이었다. 1374년에는 시박사(市舶司)가 폐지되고 민간무역이 전면 금지되었다. 이같은 명의 정책은 조선 왕조에도 영향을 주어 1426년부터는 아예 바다로 나가는 것 자체가 규제 되었다.[10]

---

8) 14세기 후반 동아시아 세계의 전반적 변동 상황에 대해서는 이익주의 「14세기 후반 원·명 교체와 한반도」『전쟁과 동북아의 국제질서』, 일조각, 2006 및 「14세기 후반 동아시아 국제질서의 변화와 고려 –원·명·일본 관계」『진단학보』114, 2012 참고.

9) 대륙에 있어서 원명 교체와 왜구와의 연관에 대해서는 이영, 「동아시아 국제질서의 변동과 왜구」『한일관계사연구』36, 2010 참고.

10) 민덕기, 「중·근세 동아시아의 해금정책과 경계 인식 –동양삼국의 해금정책을 중심으로」『한일관계사연구』39, 2011, pp.106-114; 일본역사교육자협

왜구는 15세기 조선의 적극적 정책과 군사 조치에 의하여 일단 종식되었으나, 중국 연안에서의 왜구는 16세기에 다시 발호하였다. 다만 16세기 왜구는 명의 생산성 증대와 해금정책의 영향이라는 중국의 내부적 상황과 밀접한 관계를 갖는 것으로 인식되고 있다.[11] 이점에서 16세기 왜구의 구성에는 중국인들이 다수 포함되어 있는 등 14,5세기의 왜구와 16세기의 왜구는 그 성격을 달리한다.[12] 왜구의 발호는 한반도와 중국 연안만이 아니라 오키나와 혹은 베트남까지도 그 파장이 미쳤다.

기록상 최초의 류큐 왕국 찰도왕(察度王)의 교류사절이 1389년 오키나와로부터 개경에 이르렀다. 이에 대해 고려에서도 바로 답사(答使)를 보냈다. 1392년 고려에서 조선으로의 왕조 교체, 혹은 상씨 왕조의 성립에도 불구하고 오키나와와 한반도의 교류는 활성화하였다.[13] 찰도왕은 명과도 사대관계를 유지하였으며, 특히 무령왕(武寧王)은 1404년에 명의 책봉을 받았다. 일본과의 교류 역시 활성화되어 있어서 오키나와

의회(송완범 등 역), 「명의 해금과 류큐」 『동아시아 역사와 일본』, 동아시아, 2005, pp.119-123.

11) 田中健夫, 『倭寇』, 教育社, 1982, pp.148-176.

12) 13세기에서 16세기에 이르는 왜구에 대하여 김보한은 가마쿠라 왜구(鎌倉倭寇, 13~14세기 전반), 무로마치 왜구(室町倭寇, 14세기 후반~15세기), 센코쿠 왜구(戰國倭寇, 16세기) 등으로 구분하여 지칭할 필요가 있다고 하였다.(김보한, 「중세 왜구의 경계침탈로 본 한일관계」 『한일관계사연구』 42, 2012, p.6) 이같은 구분에 따르면 본고에서의 왜구는 주로 무로마치 왜구에 해당한다.

13) 『조선왕조실록』에 의하면 1392년부터 1840년까지 도합 437건의 류큐관계 기사가 수록되어 있다고 한다. 민덕기, 「유구의 역사」 『조선과 유구』, 아르케, 1999, pp.26-29 참조.

가 포함된 '동아시아 해양세계'의 또 다른 구도가 만들어지게 된다.

2. 해안 방어를 위한 대응 시설

몽골의 침입에 의하여 고려는 산성과 함께 섬으로의 입보를 주요 전략으로 채택하였다. 첫 침입을 받은 바로 이듬해 1232년 개경에서 가까운 강화도로 전격 천도한 것이 그 전략의 획기가 되었다. 강화도는 개경에서 가깝지만, 고려의 섬 가운데 4번째의 크기를 가진 비교적 큰 섬에 해당한다. 고려 정부는 천도 이후 궁궐 관아와 함께 방어시설도 구축하였다. 몽골의 공격 우려가 있었으므로 방어시설 구축은 필수적이었다. 내성, 중성, 외성이라는 대략 3중의 성곽 구축이 이에 의하여 이루어진다. 이는 개경의 방어 체계를 옮긴 것인데, 동시에 해안을 둘러 외부로부터의 상륙과 침입을 방어하고자 하는 것이었다.

1270년 고려정부는 강화도에서의 항전을 포기하고 개경으로 환도하였지만, 잔여 항몽세력인 삼별초는 이같은 정부의 결정에 반발하여 서남단의 진도(珍島)로 거점을 옮기면서 고려에 맞서는 새 정부를 구성하였다.[14] 이때 해변을 포함하여 성을 구축한 용장산성이 진도의 거점이다. 진도에 들어온 이들은 다시 제주도를 후방기지로 확보하고 1271년 진도에 이은 새 거점으로서 제주도를 활용하였다. 이에 의하여 내외 토축으로 지은 항파두성과, 돌로 해안을 둘러친 '환해장성'이 제주도에

---

14) 동아시아 해양사의 관점에서 삼별초에 대하여 접근한 근년의 연구로서 강봉룡의 논고(「몽골의 침략과 고려 무인정권 및 삼별초의 '도서해양전략'」 『동양사학연구』 115, 2011)가 유의된다.

03 후쿠오카 이마즈(今津)의 원구방루(복원)

이루어졌다.[15] 1273년 몽골의 공격으로 제주도가 함락되고, 바로 이어 1274년 몽골은 고려군을 앞세워 일본에 침입하였다. '문영(文永)의 역(役)', 혹은 '갑술의 역'이라는 사건이다. 전투는 짧았지만, 대륙 세력의 내습이라는 이 미증유의 사건이 가마쿠라 막부의 일본에 미친 영향은 적지 않았다.

가마쿠라 막부는 몽골의 재침 위협을 대비하였다. 상륙하는 적을 저지하기 위하여 해변에 구축한 차단성(遮斷城)이 '원구방루'(石築地)이다. '원구방루(元寇防壘)'는 1276년 3월부터 8월까지 약 반년간 이마즈(今津)에서 카시이(香椎)에 이르는 하카타만(博多灣) 연안 약 20km에 걸쳐 구축한 방어시설이다. 고고학적 연구에 있어서는 일찍부터 이에 대한 조사와 연

---

15) 근년 삼별초 유적에 대한 고고학적 조사는 괄목할 만한 점이 있다. 이에 대한 간략한 소개는 尹龍爀, 「韓國における最近三別抄遺跡の調査と硏究」『韓國硏究センター年報』, 九州大學 韓國硏究センター, 2013 참고.

04 제주 화북 환해장성(복원)

구가 진행되었고 7지구(10지점)에 걸치는 잔존 유적이 국가 사적으로 지정되어 있다.[16] 그리고 이 방루는 1281년에 2차 침입 여몽연합군의 상륙을 저지하는 데 크게 기여하였다. 이 석축지의 방어선 때문에 연합군은 연안에 직접 상륙하는 데 실패하였고, 뒤늦게 도착한 구 남송군과 다카시마(鷹島)로 일단 후퇴하여 있던 상태에서 태풍을 만나 궤멸되고 말았던 것이다.[17] 이점에서 '원구방루'의 구축은 대륙세력의 침입을 막아 내는 데 크게 기여하였던 방어시설이었다고 할 수 있다.

　이 시기 외부로부터의 침입을 막기 위해 해안을 따라 석축 방어시설을 길게 구축한 것은, 제주도에서의 전례가 있다. 제주도의 '환해장성(環海長城)'이 그것이다. 1270년경 시공되어 1273년까지 기능하였다. 1273

---

16) 일본에 있어서 근년 '원구방루'의 연구 현황에 대한 소개는 윤용혁, 「일본에 있어서 '元寇' 연구의 현황(1276-2011)」『도서문화』 41, 2013 참고.

17) 근년 다카시마(鷹島) 해저 유적의 조사에 대한 개요는 池田榮史, 「長崎縣松浦市鷹島海底遺跡の發掘調査」『戰跡からみたモンゴル襲來』, 九州史學會, 2012, pp.36-41 참고.

05 산동성 봉래 수성

년 제주도를 함락하였던 여몽군은 1274년 큐슈 후쿠오카 상륙전의 주력이 되어 있었다. 이같은 상응점 때문에, 석축의 방루를 구축하여 적을 저지한다는 원구방루의 착상(着想)이 제주도의 환해장성과 관련성이 있을 것이라는 의견을 필자는 피력한 바 있다.[18] 아이디어의 공유에 대한 다양한 루트의 가능성이 없지 않다고 생각한다.

　해안 거점 도시의 방어와 군사적 필요에 의하여 건설한 방어시설의 역사는 훨씬 오랜 역사를 가지고 있다. 중국 산동성(山東省)의 봉래(蓬萊, 登州) 수성(水城)이 그 예가 된다. 산동반도는 고대 이래 동아시아의 주요 통로로서, 한반도 혹은 일본과의 대외교류 및 군사적 필요의 주요 관문이 되었던 곳이다. 신라의 고승과 학자들이 당을 출입한 것도 모두 이 산동 반도를 통해서의 일이었다.[19] 634년(당 정관 8) 봉래진(蓬萊鎭)을 처음

18) 윤용혁, 「삼별초와 여일관계」 『몽골의 고려 · 일본침공과 한일관계』, 경인문화사, 2009, p.187.
19) 신형식 외, 『중국 동남연해지역의 신라유적 조사』, 해상왕장보고기념사업회,

설치하고, 707년(당 神龍 3) 등주(登州)의 치소가 된다. 1042년(북송 慶歷 2) 해로를 이용한 거란의 남침을 막기 위하여 해구(海口)에 말발굽(馬蹄) 형태의 토축을 쌓고 '도어수채(刀魚水寨, 刀魚寨)'[20]라는 방어 요새를 구축하였다. 이 시기 요(遼)·금(金)의 침입 위협으로 경제적 교류보다는 군사적 성격으로 전환되었다. 1376년 등주(登州)는 1주 7현의 영현(領縣)이 딸린 부(府)로 승격되었는데, 이 무렵 방어 시설을 강화하여 성곽을 수축하고 뒤이어 그 시설을 보강함으로써 해항(海港)과 육지를 묶어, '진가공(進可攻) 퇴가수(退可守)'의 군사적 거점으로 발전하였다.[21]

봉래(蓬萊) 수성(水城)이 근년 특히 한국에서 주목된 것은 2005년 수성(水城) 안에서 발견된 2척의 고려 고선(古船, 봉래 3, 4호선) 때문이었다. 명(明) 초기의 선박(蓬萊 2호)과 함께 발견된 이 배는 특히 3호선의 선상에서 사용된 것으로 보이는 고려시대 도자기류가 출토함으로써 '해외에서 발견된 고려 선박'으로 주목을 끌었다. 발굴보고서에서는 이들 선박의 국적에 대한 문제는 논의되어 있지 않으나, 그 후 국립해양문화재연구소에서 열린 신안선 발굴 30주년기념 국제학술대회에서 봉래 3, 4호선을 '고려 고선(高麗 古船)'으로 지칭하여 발표하였다.[22] 편년에 대해서는 김성

2004, pp.53-76.

20) '刀魚寨'라는 것은 당시 송 수군의 戰船 모양이 刀魚와 같은 형태라는 것에서 유래된 것이라 한다.(山東省文物考古研究所 外,『蓬萊古船』, 文物出版社, 2006, p.8)

21) 山東省文物考古研究所 外,『蓬萊古船』, 文物出版社, 2006, pp.3-9.

22) 袁曉春,「中國蓬萊水城古船發掘與成果」『14세기 아시아의 해상교역과 신안 해저유물』(신안선발굴 30주년 기념 국제학술회의 자료집), 국립해양유물전시관, 2006, pp.477-490 참조. 봉래 3, 4호선이 고려 선박으로 규정된 것은 김성범과 김병근의 견해(「韓國安佐島船和中國蓬萊第3號船的比較研究」『文集』

06 청해진 완도 장도의 토축성

범이 '고려 말 조선 초'로 규정하였는데, 출토유물 중 청자 접시의 편년을 감안한 것이었다.[23] 14세기 말에서 15세기 초에 걸치는 이 시기는 왜구의 피해가 많았던 시점이고, 명 뿐만 아니라 조선에 있어서도 해금(海禁)의 조치가 내려지는 무렵이라는 점에서 더욱 흥미가 있다.

　해안 혹은 도서의 육지부에 시설하는 방어시설 이외에 해변의 수중에 설치하는 해양 방어시설의 존재에 대해서도 유의할 필요가 있다. 가령 목책을 해안의 수중에 시설하는 유구가 그것이다. 알려진 대표적 사례는 장보고 유적으로 알려진 완도(莞島)의 장도(將島) 해변의 것이다. 직경 35cm 내외의 원목(圓木)을 해변을 따라 열을 이루며 촘촘히 박은 것인데, 이러한 원목렬(圓木列, 木柵)은 조선시대의 해안 군사기지에서 종종

　2006)가 반영된 것이었다.
23) 김성범, 「중국 봉래수성 출토 고려선」『한국중세사연구』 27, 2009, pp.258-260.

제3부 제1장 중세 동아시아에 있어서 해양 방어시설의 구축　257

확인되는 것이기도 하다. 원목렬의 성격은 아직 정확히 확정된 것은 아니지만 장도의 경우 방어용 목책으로 추측되고 있다.[24] 진도 벽파진 해변에서도 여러 해 전 뻘 층에 박힌 원목렬(圓木列)의 존재가 확인된 바 있다.[25]

목책 유구로 생각되는 원목렬 혹은 잔목(殘木) 시설의 예는 조선조 방어시설에서는 무안 다경진(多慶鎭)을 비롯하여 제포(薺浦, 진해)와 당포(唐浦, 통영) 및 고흥 발포진성(鉢浦鎭城)의 예가 보고되고 있는데, 일종의 방어용 목책(木柵), 혹은 접안시설(接岸施設)의 예로 인식되고 있다.[26] 조선조의 경우를 참고하면 진도 목책렬(원목렬) 역시 벽파진(碧波津)항에 대한 방어용 목책의 일부였을 것이다. 1270년부터 이듬해에 걸쳐 이 벽파진 항이 삼별초 거점의 관문으로 이용되었기 때문이다. 항구와 선박을 보호하기 위한 방어용 목책을 해안에 시설하였던 것인데 이같은 수중 목책 시설의 예는 아직 그 사례가 많지 않다. 그러나 해로를 통한 일본의 침입에 대비하였던 조선시대에 훨씬 일반적인 시설로서 조성된 것으로 보이며, 따라서 향후 새로운 사례의 발견이 더 있을 것으로 생각된다. 1287년 몽골의 베트남 3차 침공시 베트남군이 바익당강(白藤江) 하상(河床)에 나무를 박아 놓고 저항하였다는 시설도 위에 언급한 일종의 목책

---

24) 국립문화재연구소, 『장도 청해진유적 발굴조사보고서』 II, 2002, p.195.

25) 김종, 『삼별초, 그 황홀한 왕국을 찾아서』 하, 바들산, 1994, pp.54-56; 김성범, 「장도 청해진 유적의 성격」 『장보고대사의 활동과 그 시대에 관한 문화사적 연구』, 해상왕장보고기념사업회, 2007, pp.43-44 참조.

26) 김성범, 「장도 청해진 유적의 성격」 『장보고대사의 활동과 그 시대에 관한 문화사적 연구』, 해상왕장보고사업기념회, 2007, pp.35-43; 심봉근 외, 『진해 제포 수중유적』, 동아대학교 박물관, 1999, pp.79-118.

렬에 해당하는 것일 것이다.[27]

3. 군사체제의 전환과 연안 방어체계 구축

14세기 후반 왜구가 지속적으로 침입하자 고려는 연해의 주민들을 내륙으로 이동시키는 청야정책을 취하였다. 몽골 전란기에 사용하였던 내륙과 산악의 성들은 이때 거의 이용되지 않았다. 이러한 소극적 청야 책은 고려의 피해를 확대시키는 것이었다. 말하자면 고려는 북쪽 국경 선으로부터의 육상 침입에 대해서는 비교적 효율적 방어전을 운용하 였지만, 해안을 통하여 들어오는 침입에 대해서는 제대로 된 대책을 마 련하지 못했던 것이다. 이 때문에 왜구들은 장기간에 걸쳐 고려의 내륙 깊숙이 침입해 들어갔다.

왜구에 의한 피해는 농사를 짓기 어렵도록 하는 연해지역의 문제도 그렇지만, 특히 연안의 해로를 축으로 하여 운용된 조운제가 마비됨으 로써, 국가재정의 확보가 근본적으로 마비되는 문제점을 야기하였다. 왜구의 피해가 심화되자 고려는 해양 방어를 위한 새로운 시스템의 구 축을 모색하지 않으면 안되었다. 이에 의하여 침입한 왜구를 해상에서 직접 대응하여 방어한다는 이른바 '해방(海防)' 전술이 채택되었다. 그것 은 수군의 조직과 병력을 강화하는 것이 첫째였고, 다른 한편으로는 연 해 지역에 군사 거점을 구축하는 방향으로 추진되었다.[28] 해안의 주

---

27) 당시 몽골군은 강 바닥에 박아놓은 나무에 걸려 배가 뒤집히거나 화공에 의 하여 전소되었다고 한다. 이에 대해서는 송정남, 「쩐(陳)조의 대몽항쟁에 관 한 연구」『부산사학』 34, 1998, p.106의 주28 참조.

28) 고려 말 대왜구 대책으로서의 '海防' 전술의 기초가 되는 수군 강화 문제

요 요충에 수소(戍所)를 설치하는 것은 그 대책의 시작이었고, 뒤이어 연해 지역에 있는 기존의 산성을 수리하거나 새로운 산성을 수축하여 왜구를 저지하는 방침을 추진하게 된다.[29] 내륙에 침입한 적에 대응하는 거점으로서의 산성 수축이, 해안을 통하여 침입하는 적에 대한 대응방안으로서도 응용되는 셈이다. 경남 지역의 예에 의하면 조운로 등의 보호를 위하여 이미 신라 혹은 고려 초에 축성되어 있던 성城을 이 시기에 다시 수, 개축하여 사용한 예가 많은 것으로 파악되었다.[30]

왜구 대책으로서의 수군(水軍)의 강화는 조선조에 들어서 육(陸), 수(水) 2군(軍)의 체제 확립에 의하여 뒷받침되었으며 해안 요해처에 설치한 수군진(水軍鎭)이 증설되었다. 대형선박에 의한 화기(火器)의 탑재는 고려 말 이후 왜구에 대한 새로운 전술로서 일정한 효과를 발휘하였다. 수군이 배치된 수군진은 15세기 세종조에 전국 69개처에 걸쳐 설치되었는데, 영, 호남의 남해 연안이 42개처(전체의 58%)의 높은 비중을 보인다.[31] 수군진의 설치 위치는 주요 항구를 엄호할 수 있는 곳, 내륙수로와 연결

에 대해서는 임용한, 「고려후기 수군 개혁과 전술변화」『군사』54, 2005, pp.286-299 참조.

29) 14세기 후반 이후의 이같은 방어시스템의 근본적 변화에 대해서는 최종석의 논문(「고려 말기 지역방어 체제와 그 시대성」『역사와 현실』85, 2012)에 잘 제시되어 있으며, 구산우의 「고려 말 성곽 축조와 향촌사회의 동향」(『역사와 경계』75, 2010)도 많은 참고가 된다.

30) 안성현, 「고려후기 경남지역 성곽연구」『한국중세사연구』34, 2012, pp.66-69.

31) 이민웅, 「해상방어체제의 정비와 수군」『한국군사사』5(조선전기 1), 육군본부, 2012, pp.402-406.

07 서해 연안의 수군진성, 태안 안흥성(원경)

되는 요지, 육지 안쪽으로 깊이 들어가 있는 곳 등이 선호되었다.[32]

연해 지역 수군 진영의 설치 및 산성의 축조에 의하여 해안 방어의 체계는 조선조에 더욱 보완되었다. 한편 연해지역민의 안전과 보호에 대한 문제를 해결하고자 한 것이 연해 지역에 대한 읍성의 축조였다. 즉 해안 요충의 군사적 방어시설에 구축에 짝하여 연해 지역 치소에 읍성을 축성하여 이를 거점으로 군현을 복구하고 황폐한 전지를 회복하여 연해지역민의 생활이 안정적으로 확보될 수 있도록 한다는 것이다. 읍성 축성은 대략 왜구 피해가 심각해지는 우왕(1374~1388)대로부터 시작되었는데, 기록에 의하면 고려 말 연해지역에 축성된 29개의 읍성 중 23개가 경상도 지역에 소재한다.[33] 이 시기의 읍성이 중앙 정부에 의한 일관된 전략에 의한 축성이라기보다는 외관 등에 의하여 현지의 지역

---

32) 임용한, 「조선 건국기 수군 개혁과 해상방어체제」 『군사』 72, 2009, pp.82-86.

33) 심정보, 「문헌에 수록된 읍성의 축조 기사」 『한국 읍성의 연구』, 학연문화사, 1995, pp.48-50.

적 필요에 따라 산발적으로 이루어졌다는 특징을 반영한다.[34] 읍성은 고려시대의 방어 기능을 염두에 둔 치소성과는 구분되는 것으로, 지리적으로는 해양을 통한 외적의 침입이 예상되는 평지(혹은 구릉지)에 위치하는 것이 일반적이었다.[35] 고려 말에 시작된 연해 읍성의 축성은 조선 건국 이후 15세기에 중앙정부의 정책으로 적극 추진되었던 것이다.

16세기 읍성의 수치는 『신증동국여지승람』을 근거로 하면 122개로 확인되고 있다. 이는 전국 행정구역(329개소)의 37%에 해당하는데, 일본과 가까우며 연해 지역을 많이 가지고 있는 지역이 현저히 높은 수치를 보이고 있다.[36] 충남의 경우 16건 중 고려 말 축성이 3건이며, 금산 1건을 제외하면 모두가 연안(혹은 내륙 수로)에 위치하여 있는 공통점을 가지고 있다. 동시에 축성의 입지로서는 풍부한 수원(水源), 산이나 개천 등의 자연적 방어 요소를 포함하려 한 경향이 있다. 성곽의 크기는 반드시 방어력에 비례한다고 보기는 어려우며, 읍성 규모는 입보할 대상 인원에 부합하는 것이 필요하였다.[37] 연해 읍성의 축조는 조선 성종조(1457~1494)에 이르러 대략적 정리가 이루어진다.

---

34) 최종석, 「고려시대 성곽의 변화」『한국 군사사』 14(성곽), 육군본부, 2012, pp.282-288.

35) 최종석, 「조선 초기 '읍성' 용어 출현의 배경과 읍성의 유형」『동방학지』, 2007, pp.13-16.

36) 유재춘, 「조선전기 성곽과 수축과 변천」『한국 중세 축성사 연구』, 경인문화사, 2003, pp.147-154; 유재춘, 「조선전기의 축성」『한국 군사사』 14(성곽), 육군본부, 2012, pp.306-331; 차용걸, 「고려 말 왜구 방수책으로서의 진수와 축성」『사학연구』 38, 1984 참고. 『신증동국여지승람』에 의한 도별 읍성 수는 경상도와 전라도 각 30, 충청도 17 등으로 집계되었다.

37) 심정보, 「읍성의 현황 및 특징」『한국 읍성의 연구』, 학연문화사, 1995, pp.341-359.

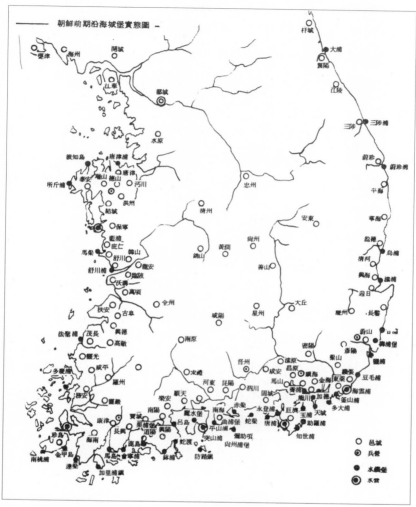

08 조선 전기 연해지역 방어시설(읍성과 수군진영)[38]

---

38) 차용걸, 『고려말·조선전기 대왜관방사 연구』, 충남대학교 박사학위논문, 1988, p.177에서 옮김.

읍성의 축성 재료는 토축과 석축으로 크게 나누어지며, 이는 자연적 여건 혹은 인력 등의 주변 요소에 의하여 결정된 것으로 보인다. 그러나 대체로 토성이 석성에 비하여 공력이 적게 드는 장점이 있고, 토성을 잘 쌓으면 석성에 비하여 내구성이 크게 떨어지지는 않는다는 평가가 있다.[39] 수군진의 설치가 조운로의 안전성을 보장하고 외구(外寇)의 침입에 대비하려는 노력이었다고 한다면, 읍성은 연안 거주민들의 안정을 도모하는 측면이 많았고 할 수 있다.

4. 13, 14세기, 베트남과 오키나와

중국 남부에 접경된 동남아시아의 국가 베트남(安南, 交趾)은 리(李)왕조 (1009~1225)에 이어 1225년 쩐(陳)왕조(1225~1400)가 성립하여 1400년까지, 뒤이어 호(胡)왕조가 이어졌으나 1407년 이후 20년간은 한때 명(明)의 지배하에 놓여지기도 하였다. 13, 14세기의 베트남은 말하자면 쩐(陳)왕조의 시대라 할 수 있다. 이때 북부의 쩐(陳)조에 대하여, 베트남의 중남부지역에는 참파(占城)가 존재하였는데,[40] 쩐왕조와 참파의 베트남은 13세기 후반 원의 세 차례에 걸친 군사적 압박을 물리친 역사적 경험을 가지고 있다.

원래 쩐(陳)왕조는 송대에 '안남(安南)'으로 칭해지면서 중국과 사대관계를 유지하고 있었다. 몽골의 헌종은 남송에 대한 정벌 과정에서

---

39) 『세종실록』 56, 14년 4월 경자; 『세종실록』 13, 3년 10월 갑인 및 심정보, 「읍성의 현황 및 특징」『한국 읍성의 연구』, 학연문화사, 1995, pp.395-397.

40) 쩐 왕조(안남)는 비엣족(Viet, 大越族), 참파는 참족(Chamas)으로 차이가 있다.

1257년 베트남에 침입하였고(1차 침입) 1267년 쿠빌라이는 쩐(陳)을 복속국으로 간주하여 국왕의 입조를 비롯하여 호구조사 등 고려에 대해서와 같은 요구(6事)로 압박하였다. 송의 멸망 이후인 1282년 원은 베트남 중남부지역의 참파(占城)에 출병하면서 원군의 안남 통과를 요구하였다. 1283년 원군은 참파의 수도 관문인 대주항(大州港, 현재의 퀴논)을 함락하고 이듬해 1284년에 재침하여 참파를 복속시켰다.[41] 그 과정에서 육로를 통한 군사작전을 위하여 쩐조(陳朝)의 베트남(안남)에 협조를 요구하였지만 이에 응하지 않자 1284년 쿠빌라이는 강남군과 군선 2백 척을 동원하여 안남 점령을 시도한다.(2차 침입) 아시아에 있어서 해양으로의 확대에 관심을 가지고 있던 쿠빌라이의 기도가 베트남에 대한 침공으로 이어졌던 것이다.[42]

1287년 원은 몽한연합군 7만, 운남의 군 6천, 해남도(海南島) 여족(黎族)의 군 1만 5천 등 10만에 육박하는 대군과 군선 5백 척을 동원하여 안남(安南, 陳朝)을 공격, 일시 수도 탕롱(昇龍, 하노이)을 점령한 다음 철수하였다.(3차 침입) 그러나 쩐조(陳朝)는 저항을 포기하지 않았고 특히 원군은 철수 과정에서 바익당강(白藤江)에서 베트남군에게 큰 패배를 맛보게 된다. 시기적 차이가 조금 있기는 하지만, 베트남의 몽골에 대한 항전은 개전의 계기, 목표, 전개 양상 등에 있어서 고려의 경우와 유사한 점이 많다.

---

41) 서규석, 『잊혀진 문명 참파』, 리북, 2013, pp.377-388; 송정남, 「占城의 대몽항쟁에 관한 연구」『베트남연구』5, 2004, pp.29-45.

42) 유인선, 『베트남사』, 민음사, 1984, pp.127-139; 송정남, 『베트남 역사 읽기』, 한국외국어대학 출판부, 2010; 송정남, 「쩐(진)조의 대몽항쟁에 관한 연구」『부산사학』34, 1998; 송정남, 「중세 베트남의 외교 -대몽항쟁을 소재로」『국제지역연구』10-1, 2006.

09 1287년 베트남이 몽골군을 격파한 현장, 하롱베이(문기정 사진)

전란 이후 대원관계에 있어서 '6사(事)'의 원칙에 기조를 둔 사대적 관계 유지를 전제로 왕조의 독립성을 일정부분 보장받았던 점도 양국 간 공통적 요소가 되고 있다.[43)

　원의 무력 침입에 대한 저항의 과정에서 참파(占城)와 쩐조(陳朝)의 베트남에 방어시설이 마련된 것은 당연한 일이다. 참파 수도의 관문인 참파항(현재의 퀴논歸仁) 서측에는 대규모 목성(木城)이 구축되었는데, 목성은 4면(面) 약 20여 리에 걸치는 규모였다.[44) '목성'은 기본적으로는 토성에 해당하지만, 토질, 성저(城底)의 기반 등의 취약점 때문에 토축을 목조 가구시설에 의하여 지탱하도록 한 형태로 짐작된다.[45) 쿠빌라이의 동남

---

43) 고병익, 「몽고·고려의 형제맹약의 성격」 『동아교섭사의 연구』, 서울대학교 출판부, 1970, pp.178-183.

44) 山本達郎, 「陳朝の元との關係」 『ベトナム中國關係史』, 山川出版社, 1975, pp.97-106.

45) 그 밖에 근세의 것이기는 하지만 베트남의 대표적 해양 방어시설로는 1805

아시아에 대한 전략은 베트남전의 실패에도 불구하고 포기되지 않았는데 1292년에는 인도네시아 자바에 대하여, 그리고 비슷한 시기 류큐, 오키나와에 대한 공격도 시도되었다.[46)]

『원사』 등에는 원의 군대가 류큐에 침입하였다는 기사가 있다. 1291년 쿠빌라이(世祖)는 부만호(副萬戶) 양상(楊祥)에게 명하여 6천 군으로 류큐의 정벌을 시도했으며, 그 후 1297년(元貞 3) 성종대(成宗代)에 다시 장호(張浩)를 보내 재침, 130인의 포로를 잡아 갔다고 한다.[47)] 여기에서 언급된 류큐(流求, 瑠求)는 현재의 오키나와의 류큐(琉球) 왕국이 아니고 타이완을 지칭한다는 견해[48)]가 함께 논란되고 있다. 따라서 관련 기록이 과연 오키나와에 대한 침입이었는지에 대해서는 확정되어 있지 않다.[49)] 그러나 몇 가지 점에서 필자는 이것이 오키나와 열도 권역에 대한 침공

년에 착공하여 1832년에 완공한 '후에' 요새가 있다. 방형의 형태에 둘레가 10,571m이며, 京城(외성), 王城, 紫禁城(내성)의 3중성과 성밖의 해자 등으로 되어 있다. 이에 대해서는 Nguyen Tuan Lam, 「베트남 19세기 초 대표 해안 방어시설 -후에 요새를 중심으로」『중세 동아시아의 해양 방어시설』, 국립해양문화재연구소, 2013 참조.

46) 오키나와가 포함된 것은 아니지만 중세 동남아시아와 고려, 조선 왕조의 교류에 대하여는 조흥국의 논고(「근대 이전 한국과 동남아시아간 접촉에 대한 역사적 고찰」『국제·지역연구』8-1, 1999)가 있다.

47) 『원사』 210, 열전 瑠求;『신원사』 253, 열전 琉求.

48) "史臣曰琉求今之臺灣 今之琉求之名 始與中國通"(『신원사』 253, 열전 琉求)

49) 가령 高良倉吉이 류큐라고 "속단하면 안된다"(『琉球の時代』)고 다소 유보적인 입장인데 비해, 東恩納寬淳은 사실로서 인정하고 있고(『琉球の歷史』), 上原兼善 等은 원의 파병이 "이상한 것은 아니다"(『南島の風土と歷史』)고 하였다. 학교의 지역사 교과서에서는 원 침입에 대한 사료의 내용을 소개한 다음 "현재의 오키나와라는 확증은 없다"고 하여 다소 유보적이다.(新城俊昭, 『高等學校 琉球·沖繩史』(신정증보판), 2007, pp.32-33)

이었다고 생각하고 있다. 첫째는 시기적 적합성이다. 1291년이라면 남송 정복이 완성되고(1289), 일본 큐슈에 대한 2차 침입이 시도된 지 10년 뒤의 일이다. 베트남을 거점으로 한 남양(南洋) 진출이 모색되고 있었던 시기의 일이다. 둘째는 침입 대상 지역의 조건에 대한 문제이다. 이 시기 타이완은 국가가 형성되어 있지 않은 상태로서 침입할 만한 이유가 불분명하고, 더욱이 몽골군을 맞아 싸울만한 조직을 갖고 있지 못하였다.[50] 이에 비하여 류큐 왕국의 오키나와는 해양의 교류 거점의 확보 및 일본을 압박하는 효과도 있었기 때문에 원정을 검토할 만한 대상으로서 보다 적합한 조건을 갖추었다고 보는 것이다.

오키나와는 13세기 이후 대형 구스크(城)가 조영되기 시작하는데, 우라소에(浦添) 구스크에 근거한 영조왕권(英祖王權, 1260~1299)의 성립이 그 시초로 인식되고 있다.[51] 14세기에는 오키나와 각지에 지역에 거점을 둔 정치세력이 대두하면서 중산, 남산, 북산의 삼산시대(三山時代)가 전개된다. 중산왕조(中山王朝)는 찰도왕(察度王, 1350~1395) 때인 1389년(창왕 1) 고려에 사신을 보내 공식적 교류의 시초를 열었다. 고려도 이에 대해 답사(答使)를 파견함으로써 류큐 왕국과 조선 왕조는 본격적 교류의 시대를 맞게 된다. 이 시기 창궐한 왜구는 오키나와에도 영향을 미쳤고, 이에 의하여 발생한 피로인(被虜人) 문제는 조선 왕조와 류큐 양국 관계를 보다 밀접하게 만드는 한 가지 요인이 되었다.[52]

---

50) 타이완은 16세기 유럽인에 의하여 발견되기 전까지도 이렇다 할 정치체나 문명이 존재하지 않았다. 周婉窈, 『圖說 臺灣の歷史』, 平凡社, 2007, pp.27-41 참조.

51) 安里 進, 『琉球の王權とグスク』, 山川出版社, 2006.

52) 이훈, 「인적 교류를 통해서 본 조선·유구관계」『조선과 유구』, 아르케, 1999.

10 오키나와(北中城村)의 나카구스크(中城)

1406년 남산(南山)의 쇼하시(尙巴志)에 의하여 중산 왕통은 무너졌고, 이로부터 이른바 상씨(尙氏) 왕조가 개시된다. 우라소에(浦添) 시대는 종식되고 슈리성(首里城)이 개발되어 슈리성은 1429년부터 1879년까지 450년간 류큐 왕국의 왕성이 되었다.[53] 왕궁이 있는 슈리성의 외항인 나하(那覇)항에는 미에구스크(三重城), 오모노구스크(御物城) 등의 해안성이 구축되어 있었다. 무역과 관련한 저장용 창고 및 방어 요새의 성격을 갖는 것인데, 주변 해저에서는 이미 1908년에 조선의 도자기 유물이 다수 수습된 바 있다.[54]

13, 14세기 오키나와 역사 및 방어시설 관련의 중요한 문제는 대형

---

53) '슈리(首里)'의 지명 어원에 대해서는 조선의 수도 '서울(한양)'에서 옮겨온 것이라는 의견이 있다. 多和田眞淳,「古都首里と古圖」『古稀記念 多和田眞淳選集』, 古稀記念選集刊行會, 1980, p.222.

54) 東恩納寬淳,『黎明期の海外交通史』, 1941, p.83.

11 오키나와(우루마市)의 카츠렌구스크(勝連城)

'구스크'의 출현에 대한 문제이다. 오키나와 구스크(城)의 실수(實數)는 250개소 이상으로 추정되는데, 그 본질에 대해서는 성역(聖域, 拜所)설과 방어집락 설로 나누어져 있다.[55] 오키나와에 있어서 대형 구스크의 출현이 13, 4세기에서 비롯되고 그 변화가 매우 급격한 것이었다는 점에서, 구스크 시대로의 돌입 계기는 외부로부터의 충격 혹은 도래(渡來)의 가능성이 역시 크다고 생각한다. 이러한 점을 고려하면 13세기 후반 동아시아에 있어서 몽골세계의 전반적 확대와 같은 외부로부터의 충격이 오키나와에 있어서의 대형 구스크의 출현과 연관이 있을 것이라는 생각을 갖는 것은 자연스러운 일이다.

　구스크의 발굴 조사 보고에 의하면 중국의 자기류가 보편적으로 확

---

55) 安里 進,「考古學におけるグスク論爭の整理と問題點」『グスク・共同體・村』, 榕樹書林, 1998.

인된다. 수준 높은 기술이 동원된 축성 기술의 원류에 대해서는 중국과 한반도 기원설에 대한 논의가 이루어지고 있지만, 구체적 결론에 이르고 있지 못하다.[56] 이와 관련, 최근 국내에서는 삼별초와 같은 고려로부터의 집단 이동을 지목하는 논의가 제기된 바 있다.[57] 1273년 고려에서의 삼별초 항몽세력의 붕괴, 1276년 몽골에 의한 남송의 수도 임안(臨安, 항주)의 함락과 같은 대륙의 정세 변화가 오키나와에 어떤 영향을 미쳤는지에 대해서는 앞으로 더 구명해 보아야 할 과제이다. 그러나 이같은 몽골 세계의 확대가 오키나와 제도에서의 정치 세력 혹은 국가 발생의 기폭제가 되고, 국가 간의 상쟁이 다시 대형 방어시설의 성립으로 이어졌을 것이다. 즉 13, 14세기의 대형 구스크 출현에는 오키나와 내부의 정치적 여건만이 아니라 이 시기 동아시아 대외 정세의 변화가 한 요인이 된다는 것이다.[58]

맺는말

동아시아에 있어서 13, 14세기는 전란의 시대였다. 13세기는 몽골 세계의 확대에 의하여 전란은 대륙을 넘어 해양으로 확산되었으며, 14

---

56) 嵩元政秀, 「中·近世考古學의 動向 -グスク(城)」 『考古學ジャーナル』 182, 1980, pp.39-41.

57) 임영진, 「오키나와 구스쿠의 축조 배경 -삼별초 세력의 이주 관련성」 『호남 문화연구』 52, 2012. 그러나 이것이 구체화되기 위해서는 앞으로 보다 적극적인 자료의 뒷받침이 필요한 것으로 생각한다.

58) 오키나와의 쿠스크(城) 유적은 2000년에 '류큐왕국의 쿠스크 및 관련유산군'이라는 이름으로 유네스코 세계유산에 지정되었다. 首里城, 中城, 勝連城, 座喜味城, 今歸仁城 등 5개의 쿠스크와 제사유적 등 도합 9개 유적을 묶은 것이다.

세기 이후에는 일본 열도에서 발생한 왜구가 동아시아 해역 일대를 다시 소요와 혼돈에 몰아넣었다. 이러한 침략의 파도를 막기 위하여 각 지역에서 15, 16세기에 이르기까지 여러 종류의 많은 해안 방어시설들이 축성되었다. 마침 이 시기(14세기 후반)에 원과 명, 고려와 조선, 가마쿠라와 무로마치 등 동아시아 각국의 정권 교체가 거의 비슷한 시기에 이루어짐으로써 혼돈의 폭과 파장은 적지 않았다.

몽골의 군사적 압박으로 고려에서는 지금까지 주목되지 않았던 연안 도서의 중요성이 부각되었으며, 특히 고려는 몽골에 저항하는 주요 방편이 국가의 중심을 섬으로 옮기는 것이었다. 이에 의하여 강화도는 38년 동안 고려 왕조의 수도가 되었으며, 몽골에 대한 복속 이후에도 항전파는 진도 혹은 제주도 등의 섬을 거점으로 방어시설을 구축하고 항전의 지속을 모색하였다. 일본에서는 몽골 세력의 상륙을 저지하기 위하여 해안에 장성을 구축하는 작업을 하였는데 이러한 해안 방어시설의 구축은 13세기 원제국의 지배권 확대 시도에 대한 일종의 방어책이었다. 13세기 후반 남송 정벌 이후 원제국은 아시아 해양에서의 지배권 확보에 큰 관심을 보였으며, 그 결과 몽골은 일본만이 아니라, 베트남(안남)과 참파, 혹은 미얀마와 자바, 혹은 류큐 등지까지도 원정을 시도하였다. 해양 세계에 대한 몽골의 군사적 공격이 성공적이지는 못했지만, 이러한 노력의 결과 적어도 원제국은 아시아에 있어서 해상 교역권의 확보에는 일정한 성공을 거두었다.

14세기 무로마치 막부의 성립과 함께 격심해진 왜구의 발호는 특히 말기의 고려조에 커다란 위협이었다. 왜구의 장기간에 걸친 침입에 대하여 고려는 수군의 군사력을 강화하는 한편 지금까지 내륙 위주의 방어체제를 근본적으로 수정하여, 수륙 양면에 걸치는 2원적 방어체제 수립의 계기를 만들었다. 연해 요해처에 대한 수군진의 설치, 연해지역 산성의 수축과 읍성 축성 등은 연해 방어를 위한 방어시설을 크게 강화한 조치였다.

13, 14세기 몽골 혹은 왜구의 압력은 동아시아 지역만이 아니라, 베트남, 미얀마, 인도네시아 등 동남아 제국에도 미쳤으며, 이러한 점에서 14, 15세기는 대륙세력과 해양세력의 운동력이 서로 교차하는 특별한 정세를 초래하였고, 이에 의하여 해양 방어시설이 크게 강화되는 결과를 가져왔다. 그리고 그 영향은 다시 명과 조선, 동아시아에 있어서 '해금(海禁)'이라는 일찍이 존재하지 않았던 폐쇄적 해양 정책을 채택하는 배경이 되기도 하였다.

아시아에 있어서 13, 14세기는 인접한 지역의 사람들이 서로 협조하고 교류하는 것보다 공격과 방어, 혹은 그것을 준비하거나 대비하는 행위가 일상화되었던 점이 있다. 21세기 우리 시대는 아시아 각국의 상호 협조와 교류에 의한 이해와 공동적 발전이 어느 시대보다 더욱 필요한 시기가 되었다. 그럼에도 불구하고 국가 혹은 민족 간 갈등과 장애 요인이 도처에 여전히 도사리고 있다. 이같은 상호간의 장벽을 완화하고 서로의 발전을 도모해야 하는 과제를 오늘 우리들이 안고 있는 셈이다. 해양에의 역사를 배우고 연구하는 것은 무엇보다 이같은 교류와 소통, 협력과 공감의 정신을 서로 키워나가는 데 그 의미가 있다고 생각한다.

---

* 본고는 국립해양문화연구소 주최 학술대회 〈중세 동아시아의 해양 방어시설〉 (2013.9.6)의 기조발표 원고로서, 한국성곽학회, 『한국 성곽연구의 신경향』, 2014에 실었던 논문을 보완한 것임.

제2장

'대교역의 시대', 류큐의 항구와 도성
우라소에(浦添)와 나하(那覇), 슈리(首里)

머리말

한반도를 중심으로 보면 정서쪽에 중국이 있고, 정동 쪽으로는 일본이 있다. 그런데 이 동아시아 세계에 사실은 또 하나의 나라가 있었다. 한반도의 정남쪽에 있는, 지금은 오키나와로 칭해지는 류큐 왕국이 그 것이다. 한반도는 이들 동, 서, 남 3국의 중심점에 위치해 있는 셈이 된다.[1]

류큐(琉球)의 역사에서, 가장 중요한 문제의 하나가 구스크(城)이다. 오키나와 역사는 수 천년에 걸치는 패총시대에서 대략 11세기 이후 구스크시대로 옮겨간다. 구스크시대는 농업, 수공업의 생산경제와 교역의 전개라는 새로운 경제적 단계를 배경으로 하면서 구스크라고 하는 일종의 성새적(城塞的) 거점을 중심으로 정치권력의 존재가 부각된 오키나와 역사의 특징을 보여주는 대목이다.

---

1) 서울(인천공항)-동경 1,160km, 서울-북경 950km, 서울-오키나와(나하) 1,270km 등으로, 서울을 중심으로 보면 대략 각 1천 km 내외의 거리가 된다.

류큐 왕조의 초기 중산 왕조의 도성은 우라소에 구스크(浦添城)였다. 우라소에에서 도성이 슈리(首里)로 옮겨진 것은 15세기 초 상씨(尙氏) 왕조의 성립에 의한 것이다. 오키나와 류큐 왕국에서의 중심 왕조는 상씨 왕조의 시대이다. 상씨 왕조는 쇼하시(尙巴志)에 의하여 건국되어 16세기까지 대략 150년 동안 이른바 '대교역의 시대'로 칭해지는 류큐 왕국의 전성기를 누린다. '동아시아 해상 실크로드의 거점'으로 칭해질만큼 이 시기 류큐는 교역에 의한 괄목할 발전을 이룩한 것이다.

오키나와는 섬의 면적이 크지 않기 때문에[2] 기본적으로 독립적 생활 단위로서의 자체 생산력에 일정한 한계가 있다. 왕국으로서 국제적 지위를 확보하고 문화를 발전시켜 나가는 동력은 해양과 대륙, 혹은 남방 지역과 북방 지역을 연결하는 대외교통과 무역에 의하여 발생되는 생산성이었다. 따라서 우라소에와 슈리 모두, 이러한 교역을 가능하게 하는 항구를 수반하고 있는 도성이라는 점이 공통적인 특징으로 드러난다.

본고는 이같은 점에 착안하여 '대교역의 시대',[3] 중세 류큐 왕국의 국제적 통상 발전을 가능하게 했던 관련 항구 및 도성의 전개와 특성을 고찰하고자 한다.

---

2) 오키나와 본섬의 현재 면적은 1,208㎢, 인구 126만 6천, 현의 총 면적 2,276㎢, 총 인구 138만 6천(2010년 통계)이다. 1,849㎢ 면적에, 총인구 60만 7천(2014년 통계)인 제주도와 비교 된다.

3) 류큐가 명조의 進貢 무역권에 포함된 이후 아시아의 교역 거점으로 부각되었던 대략 15, 16세기에 걸치는 약 150년을, 류큐사에서는 일반적으로 '대교역의 시대'로 칭한다. 田名眞之, 「海外交易と琉球」『沖繩縣の歷史』, 山川出版社, 2004, pp.106-107.

1. 류큐, 우라소에(浦添)에서 슈리(首里)로

오키나와 역사에 있어서 13세기 이후로 대형 구스크(グスク, 城)가 조영
되기 시작하는데, 우라소에성(浦添城)은 이 시기의 가장 큰 규모의 대표
유적으로 꼽히고 있다. 이 시기는 비록 후대의 것이기는 하지만, 소략하
나마 역사기록이 남겨지는 초기 역사의 시대이기도 하다. 초기 중산왕
통의 거점이었던 우라소에성(浦添城)은 말하자면 오키나와 초기 역사시
대의 공간적 중심으로서 주목되는 지역이다.

오키나와 열도에 변화의 바람이 불기 시작하는 것은 대략 12세기부
터의 일이다. 석와(石鍋, 돌냄비) 혹은 '가뮈야키'라는 도기 등 새로운 문명
이기가 유통되기 시작한 것이다. 서일본에 기원을 두는 석와(石鍋)는 보
온성이 뛰어난 고급생활품이었고, 가뮈야키는 색감, 기형, 문양 등이
고려 도기와 흡사하여 고려계의 도기 제작 기술로 인식되고 있다. 이
어 12세기에는 중국 도자기가 유통되기 시작한다.[4] 이같은 변화는 국
제적 대외 교통의 요지로서의 오키나와의 지리적 중요성이 차츰 부각
되는 것을 의미한다. 다만 이 시기의 급격한 사회 변화는 외부로부터의
신집단의 이동으로 밖에는 설명이 되지 않는다.[5]

---

4) 安里 進,「大形グスクの時代」『沖繩縣の歷史』, 山川出版社, 2004, pp.40-45;
    吉岡康暢,「中世須惠器の語る列島海域の物流」『日本の對外關係 3-通交 · 通商
    圈の擴大』, 2010, pp.322-329.

5) 오키나와 열도에 이동하여 구스크 시대를 열게 한 새 집단의 정체에 대해서
    는 일본열도로부터의 이동을 상정하는 것이 일반적이다. 현대의 琉球人이 현
    대 일본인과 미토콘드리아DNA, 골격의 형태 등을 포함한 형질적 특성의 공
    통점이 이를 뒷받침한다는 것이다. 리차드 · 피아슨,「グスク時代の
    社會發展の諸過程」『琉球 · 東アジア人と文化』(上)(高宮廣衛先生古稀記念論

오키나와 열도에는 도합 300~400에 이르는 많은 수의 구스크가 존재한다. 초기 구스크는 창고, 성역, 성채 등의 다양한 기능을 가진 작은 규모였지만, 13세기 이후 대형 구스크가 등장함으로써 정치권력의 집중이라는 커다란 사회적 변화가 반영되고 있다. 구스크는 입지에 따라 구릉의 정상을 중심으로 하는 것과, 독자의 조금 높은 독립 구릉, 1~2면이 절벽 같이 형성된 대지(台地)에 형성된 것 등으로 나누이는데, 우라소에와 슈리는 모두 첫 번째에 해당한다.[6] 대형 구스크의 권력자는 보통 '아지(按司)'로 불린다.[7] 이러한 변화의 흐름 속에서 사실상 최초의 통일적 정치권력이 집중된 공간이 바로 13세기 영조왕(英祖王, 재위 1260~1299)에 의하여 건설된 우라소에 구스크(浦添城)이다. 이것이 상씨(尚氏) 왕조에 선행하는 중산왕권의 성립이다. 고려기와가 다량 출토한 우라소에에서의 근년의 발굴 조사 결과는, 우라소에의 성립에 고려 삼별초 세력과의 연관성을 제기하는 근거가 되고 있다.[8]

우라소에에 거점을 둔 중산왕통은 말하자면 오키나와 열도에 있어

　　集), 高宮廣衞先生古稀記念論集刊行會, 2000, p.272.

6) 　名嘉正八郎, 「グスクの歷史と考古學」『琉球弧の世界』, 谷川健一 外, 小學館, 1992, pp.148-149.

7) 　'아지(按司)'는 『おもろさうし』에 'てだ' '世の主'로도 불렸으며, 『明實錄』 혹은 『조선왕조실록』에는 '寨官'으로 기록되어 있다.(安里 進, 앞의 책, p.50) 한국사에 비견하자면, 9~10세기 지방 호족의 '성주' '장군'에 해당하는 셈이다.

8) 　"浦添요도레의 연화문 I 類 B는 계유년명 암키와와 셋트로서 생각되는 기와이다. 용장성 기와와의 형식적 유사함은 浦添요도레의 조영 연대가 1273년 계유년일 것임을 뒷받침할 뿐 아니라, 그 조영에 삼별초가 관여하고 있었음을 시사하고 있다. (중략) 몽골 침공으로 동아시아 세계가 대혼란에 빠진 가운데 고려와 남중국인들의 유입에 의하여 등장한 것이 英祖 왕권이었다."(安里 進, 『琉球王權とグスク』, 山川出版社, 2006, p.100)

01 우라소에성(좌)과 슈리성의 정전(우)

서 역사시대의 출발이다. 『중산세감(中山世鑑)』(1605), 『중산세보(中山世譜)』,
『구양(球陽)』 등 오키나와의 사서에 의하면 1187년 순천(舜天)이 왕권을
성립시킨 이후, 1260년 영조(英祖) 왕통으로 교체되고, 1321년에는 다
시 찰도(察度) 왕통으로 바뀐다. 이 무렵(14세기 전반)에 이르러 중산(中山)에
서 산남(山南)과 산북(山北)이 분열하여 독립함으로써, 이른바 삼산시대
(三山時代)가 전개된다. 1406년 산남 출신 쇼하시(尙巴志)에 중산 찰도(察
度) 왕통의 무령왕(武寧王)이 복속하고 쇼하시(尙巴志)는 이어 1416년 북산,
1429년 남산을 격파함으로써 분열된 삼산왕조는 상씨왕조로서 재통
일 된다.[9] 이 가운데 초기 순천(舜天) 왕권은 아직 입증되지 않은 전설의
시대이고, 역사성이 입증되는 것은 대체로 13세기 후반 영조 왕통 이후
이다.

---

9) 통일과정의 연대는 사서에 따른 차이가 있다. 『中山世譜』에 1406년 중산,
   1416년에 북산, 1429년 남산을 차례로 격파하여 통일한 것으로 되어 있으
   나, 『中山世鑑』에는 1421년 중산 격파, 1422년 북산 격파 등으로 정리 되어
   있어 확실하지 않은 점이 있다. 田名眞之, 「古琉球王國の王統」 『沖縄縣の歷
   史』, 山川出版社, 2004, pp.60-79 참조.

초기 대표적 대형 구스크인 우라소에는 13세기 후반 이후 14세기 초에 이르는 기간 중산왕통의 거점이었다. 1406년 쇼하시(尚巴志)에 의한 찰도(察度) 왕통의 종식은 도성으로서의 우라소에의 종식을 의미하기도 한다. 남부 사시키(佐敷)의 아지(按司)였던 쇼하시(尚巴志)는 1406년 중산을 격파한 후 부(父) 시소(思紹)를 왕으로 옹립하여 통일을 주도한 것이다. 쇼하시(尚巴志)는 1422년 시소(思紹)에 이어 왕위에 올랐는데, 쇼시소(尚思紹) 대에 시작된 슈리성(首里城) 건축 사업은 쇼하시(尚巴志) 대에 거의 이루어진다.[10] 말하자면 중산왕조의 정통성을 계승하여 통일을 완성한 쇼하시(尚巴志)는 우라소에를 대신하는 새로운 도성으로서 슈리성을 건설한 것이다. 이에 의하여 신왕조의 정통성을 강조하고 통일왕조의 왕권에 상응하는 정치적 권위를 슈리성의 건설에 의하여 과시하였던 것이다.

우라소에에서 슈리성으로의 천도 시기에 대해서는 찰도왕대(察度王代, 1350~1396)라는 주장과 쇼하시(尚巴志)가 찰도(察度) 왕통을 무너뜨린 1406년이라는 두 가지 주장이 있다. 찰도왕대(察度王代)라고 하면 찰도왕(察度王)이 중산왕통의 중흥을 기약하는 차원에서 슈리성을 건설했다는 것인데, 이 둘 중 후자가 보다 유력한 천도 시점이라 할 수 있다.[11] 우라소에

---

10) 1427년에 세워진 '安國山樹樺木之記碑'에 슈리성의 연못(龍潭을 지칭) 조성과 조경에 대한 내용을 상세히 묘사하고 있어서, 이 무렵에 도성 조성 작업을 마무리한 것으로 추측한다. 田名眞之, 위의 책, p.80 참조.

11) 찰도왕대 천도설의 대표적 주장자는 유명한 多和田眞淳이다. 씨는 우라소에에 건설한 슈리성을 '구슈리성'으로 칭하고 있는데, 중요한 근거는 우라소에성에 사용된 고려와장의 '계유년'명 기와가 슈리성에서도 확인되고 있는 점이다. 1406년 쇼하시가 우라소에를 공략한 사실에 근거하여 당시 우라소에가 중산조의 도성이었다는 근거를 삼고 있지만, 多和田는 오히려 바로 그것이 이미 슈리에 도성이 조성되어 있었던 때문이라고 달리 해석하고 있다. 多和田眞淳, 「古都首里と古圖」『古稀記念多和田眞淳選集』(考古 · 民俗 · 歷史 · 工

에에서 슈리는 대략 남쪽으로 4km 정도의, 멀지 않은 거리이다. 조선조 건국 이후 개성에서 한양(서울)으로의 천도와 유사한 점이 많다. 슈리에의 천도는 쇼하시(尚巴志)에 의하여 이루어진 것이지만, 그러나 천도의 계획과 준비는 앞서의 찰도왕대(察度王代)에 시작된 것이었다고 필자는 생각한다.

2. '대교역의 시대'의 류큐

14세기 이후 류큐 왕국이 동아시아 중계 무역의 거점으로 부각되는 것은 우라소에의 중산왕조가 명조에의 책봉 체제에 가입하여 진봉무역을 전개하는 것이 중요한 계기가 된다. 1372년 명의 초유사 내방을 계기로 중산의 찰도왕(察度王)은 명(明)에 대한 입공(入貢)을 시작 하였고, 고려(조선) 혹은 무로마치 막부에 대해서도 조공을 통한 교역을 추진하였다. 이같은 진공무역(進貢貿易)은 삼산(三山)이 통일되는 상씨왕조 이후 슈리(首里)를 중심으로 지속되었으며, 이를 바탕으로 교역은 동남아시아 여러 나라와도 연계 되었다.

1372년 류큐의 명에 대한 진공의 횟수는 찰도(察度) · 무령왕대(武寧王代, 1372~1406) 40회, 쇼시소(尚思紹) · 쇼하시대(尚巴志代, 1407~1439) 79회를 기록하고 있고, 이후 대략 2년 1공(貢)의 공기(貢期)에 의하여 진행되어 도합 171회를 기록하였다. 명에의 진공품목으로는 말, 유황, 소목(蘇木), 후추 등이 기록되어 있다. 류큐 선박의 중국 기항지는 처음 천주(泉州)였지만, 명대에는 광주(廣州), 혹은 복주(福州)로 중심이 옮겨졌다. 마침 명조

藝篇), 1980, p.219.

의 해금정책으로 중국의 대외교역이 위축된 것은 류큐의 해외 교역이 크게 확산되는 결정적 배경이 되었다.

『역대보안(歷代寶案)』에 의하면 한중일 이외, 류큐와 교역하는 동남아의 국가는 타일란드, 파렘방, 자바, 말라야, 수마트라, 베트남, 캄보디아 등 8개국에 이른다.[12] 조공무역을 중심으로 하는 류큐 왕조의 171회에 이르는 진공(進貢) 교역은 주변 동남아 제국 중 최다 횟수를 기록한 안남의 89회에 비교하더라도, 류큐가 최대의 대중교역의 거점이었음을 잘 말해주고 있다.[13] 동남아 제국과의 무역량도 적지 않아서, 당시 명으로 도항하는 류큐인은 연(延) 10만에 이르고, 동남아제국도 연(延) 3만 2천에 이른다는 추산이 있다.[14] 중국의 문물을 동남아제국에까지 보급하고, 동남아 특산의 물품을 조선, 중국과 일본 등에 유통시키는 중계무역의 역할을 류큐가 담당하였던 셈이다. 이로써 류큐는 북으로 중국, 조선, 일본 이외에 남으로 동남아 제국을 연결하는 결절(結節) 거점으로서, 독특한 역사적 위치를 갖게 된 것이다.

조선과의 교류는 1389년 중산왕(中山王) 찰도(察度)가 옥지(玉之)를 고려에 보내 칭신(稱臣)한 이래, 1695년에 이르기까지 활발한 교류관계를 보여준다. 류큐로부터 수입된 상품은 유황, 소목, 후추 이외에 울금, 백반,

---

12) 田名眞之,「海外交易と琉球」『沖繩縣の歷史』, 山川出版社, 2004, pp.98-123.

13) 池田榮史,「유구에서 본 중세 동북아시아의 교역로와 교역품」『14세기 아시아의 해상교역과 신안해저유물』(신안선 발굴 30주년기념 국제학술대회 자료집), 국립해양유물전시관, 2006, p.217.

14) 龜井明德,「東海シナをめぐる交易の構圖」『考古學による日本歷史』10(對外交涉), 雄山閣, 1997, p.85.

침향 등의 약재류, 각종 직물류, '천축주(天竺酒)'15) 등의 주류, 설탕, 무기류 등 상당히 다양한 품목에 걸치고 있다.16) 특히 세종 때는 류큐로부터 선장(船匠)을 들여와 조선조 군선(軍船)의 개량에 참고하고 있다. 이에 의하여 선체에 쇠못을 사용하는 것, 빗물을 처리하는 구조 등에 있어서 효과를 보았다는 것이다. 조선으로부터의 수출품은 모시, 면, 비단 등의 직물류, 인삼 등의 약재, 도자기와 대장경을 비롯한 불교서적 등이었다.17)

명조의 해금정책은 중국 상인의 해외 도항뿐만 아니라 해외에 있던 중국 상인의 귀국도 금지되었다. 15, 16세기 류큐의 대교역은 이들 해외 중국 상인의 네트워크를 이용함으로써 가능하였다. 교역의 거점은 나하항이었다. 1451년 상금복(尙金福) 시대에 석교(石橋)를 포함한 통로(長虹堤)를 만들어 섬이었던 나하항을 연륙시켜 슈리성에 연결함으로써 나하의 도성 외항으로서의 기능을 크게 확대하였다.18) 특히 '민인36성(閩人三十六姓)'으로 대표되는 나하항 인근의 구미촌(久米村)은 도래중국인의 집단거주지로서, 류큐의 해외 교역을 주도하였다.19) 명의 해금정책에

---

15) '천축주'는 야자나무에 해당하는 桄榔樹를 절여 태워 만든 것인데, "맛이 향기롭고 極烈해서 두 잔을 마시면 종일토록 醉한다"고 하였다.(『세조실록』 27, 세조 8년 2월 계사)

16) 『조선왕조실록』에 게재된 내용을 분석한 결과에 의하면, 등장하는 품목은 88종, 그 가운데 특산물과 공예품이 33종, 식물류 29종, 직물류 14종의 등의 분포를 보이고 있다. 정성일, 「조선과 유구의 교역」『조선과 유구』, 아르케, 1999, pp.149-151 참조.

17) 정성일, 위의 논문, pp.156-171.

18) 池田榮史, 「琉球における港灣と都市」『中世東アジアの周緣世界』, 同成社, 2009, pp.4-5.

19) 신숙주의 『해동제국기』 소재 〈유구국지도〉에 기재된 나하항 인근의 '九面里'

의한 해외 교역의 침체를 기회로 류큐는 도리어 '대교역'의 전성기를 맞을 수 있었던 것이다.

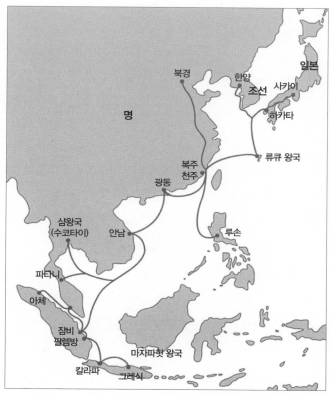

02 류큐 왕국의 교역루트(15~16세기)[20]

가 바로 九米村에 해당한다. 현재 나하시의 久米에 조성된 중국식 정원 福州園은 대교역시대의 교류항인 복주의 명승을 재현한 것이다. 1992년 福州市와의 우호도시 체결 10년, 나하시 성립 70주년을 기념하여 이루어진 사업이다.

20) 高良倉吉, 『琉球の時代』, 筑摩書房, 1980에 의거하여 필자 재작성.

15세기 중반인 1458년 상태구왕(尙泰久王)은 '만국진량(萬國津梁)의 종'을 주조하여 슈리성의 정전(正殿)에 걸었다. 종의 몸체에는 15세기 중계무역 거점으로서의 류큐의 입지를 강조하는 다음과 같은 글이 적혀 있다.

> 류큐국은 남해(南海)의 승지(勝地)에 위치해 삼한(三韓, 조선)의 빼어난 점을 모두 취하고, 대명(明)과 일역(日域, 일본)을 보차순치(輔車脣齒, 불가분의 관계)로 삼아 상호 의존하고 있다. 그 중간에 불쑥 솟아오른 봉래섬. 배를 타고 만국의 진량(津梁, 가교)으로서 이국의 산물과 보물(異産之寶)이 나라에 넘친다. (하략)[21]

1458년 슈리성의 '만국진량(萬國津梁)의 종'은 14세기에서 16세기에 걸치는 150년의, 이른바 류큐 왕국의 '대교역 시대'를 상징하는 것이다. 류큐 왕국의 번영과 경제적 성장에 따라서 집권력이 강화된 류큐 왕부는 원근의 여러 섬에 대한 지배를 강화하였다. 이시가키지마(石垣島), 미야코지마(宮古島) 등의 먼 섬에 대한 중앙집권적 지배를 실현하는 1500년경의 상황이 그것이다. 1500년 이시가키지마를 거점으로 야에야마(八重山)의 세력이 저항한 '아카하치 홍가와라의 난'이 그 상징적 사건이었다.[22]

이상 언급한 '동아시아 실크로드'의 거점으로서의 류큐의 위치를 말해주는 대표적 증거품은 오키나와에서 확인되는 다수의 도자기 유물이

---

21) 한문으로 된 원문의 번역은 外間守善(심우성 역), 『오키나와의 역사와 문화』, 동문선, 2008, pp.85-86에 의함.

22) 홍길동의 오키나와 망명 사건으로 해석되기도 한 1500년 아카하치의 난에 대해서는 윤용혁, 「오키나와의 '아카하치 홍가와라의 난'에 대하여」『지방사와 지방문화』15-1, 역사문화학회, 2012 참고.

03 '만국진량의 종'과 류큐 진공선(모형) (오키나와현립박물관)

다. 오키나와에 광범히 분포하는 구스크 조사에서는 다량의 자기류가
확인되고 있는데, 가령 가츠렌성(勝連城)의 경우 1회 조사에서 5천 편(片)
이상의 도자기가 검출된 바 있다.[23] 주로 14~15세기, 송, 원, 명대에 이
르는 중국 무역도자의 유물은 활발했던 류큐의 대외교역을 입증하는
실물자료이다.[24] 이러한 도자 자료에는 양은 많지는 않지만 고려의 도
자기와 타이, 베트남의 도기까지 포함되어 있다.[25] 오키나와 현내에서

23) 龜井明德, 「東海シナをめぐる交易の構圖」『考古學による日本歷史』 10(對外
    交涉), 雄山閣, 1997, p.86.
24) 池田榮史, 「球球における中世貿易陶瓷の樣相」『九州史學』 144, 2006, pp.74-
    77.
25) 西谷 正, 「九州 · 沖繩出土の朝鮮産陶磁器に關する豫察」『九州文化史研究所

출토한 고려 청자 유물은 슈리성 17점을 비롯하여 나키진성(今歸仁城) 39점, 우라소에성(浦添城) 12점 등 도합 10개 유적에서 확인된 바 있다.[26] 송, 원대의 자기, 혹은 고려 청자의 유입 경로는 다소 불확실하지만, 명대의 도자기는 이 시기의 활발한 교역의 결과로서 현저한 질량적 증가를 보인다.[27] 특히 일본에서 확인되는 14, 15세기 명대 청자의 절대량이 오키나와현에서 출토한 것이라는 점은 활발했던 중계무역 거점으로서의 류큐의 역사를 입증해주는 것이다.[28]

그러나 이처럼 번창하던 류큐의 해외 교역은 16세기 후반 이후 쇠퇴의 길을 밟는다. 명(明)이 진공무역을 제한하는 한편 해금정책(海禁政策)을 완화함으로써 동아시아 대외교역에 있어서 류큐의 입지가 약화한 것이다. 임진왜란이 끝난 직후인 1609년 사쓰마 군의 침입과 류큐 점령은 류큐 왕조의 독자적 발전에 커다란 타격이 되었다.[29]

紀要』28, 九州大學九州文化史研究所, 1983; 한성욱 「고려청자와 류큐왕국」 『흙으로 빚은 보물, 부안청자』, 학연문화사, 2008 참조.

26) 下地安光,「朝鮮と琉球」『考古學による日本歷史』10(對外交涉), 雄山閣, 1997, pp.146-147.

27) 龜井明德,「南西諸島における貿易陶磁器の流通經路」『上智アジア學』11, 1993. 龜井는 오키나와에서 확인되는 송원대 도자기의 경우는 중국과 류큐의 직접적 교역에 의한 것이 아니라, 일본 열도를 통하여 유입된 것으로 추정하였다.

28) 오키나와의 무역도자에 전반에 대해서는 池田榮史,「琉球における中世貿易陶瓷の樣相」『九州史學』144, 2006 및 池田榮史,「유구에서 본 중세 동북아시아의 교역로와 교역품」『14세기 아시아의 해상교역과 신안해저유물』(신안선 발굴 30주년기념 국제학술대회 자료집), 국립해양유물전시관, 2006 참조.

29) 오키나와 역사에 대한 간략한 정리는 민덕기,「유구의 역사」『조선과 琉球』, 아르케, 1999 참조.

3. 우라소에, 구스크(城)와 마키항(牧港)

우라소에성(浦添城)은 초기 대형 구스크로서 가장 대표적인 정치 권력의 공간이다. 이는 13세기 후반 영조(英祖) 왕권의 정치적 신장과 밀접한 관련이 있다. 그러나 우라소에가 처음부터 대형 구스크로부터 출발했던 것은 아니다. 우라소에 서쪽에 위치한 이소성(伊祖城)은 우라소에 이전의 초기 구스크로 추정되고 있다.[30] 우라소에는 서쪽에 마키(牧)항을 수반하고 있고, 이 항구를 통하여 실질적 경제 활동과 대외 관계를 유지한다. 찰도(察度)가 쿠데타로 즉위하기 전, 그는 마키항(牧港)을 통하여 유입되는 일본의 철기를 구입하여 사람들에게 농구를 만들도록 하였다고 기록되어 있다.[31] 이 시기 마키항(牧港)의 중요성을 보여주는 자료이다. 마키항(牧港)을 기준으로 하면 이 항구는 이소(伊祖)와 가깝고, 우라소에 성은 동쪽 산곡으로 더 떨어져 있다. 방어를 고려한 대형 구스크 건설의 입지를 새로 선택하여 천도한 것이 우라소에였던 것이다.

영조(英祖) 중산 왕통의 초기 거점은 이소(伊祖) 쿠스크였으나, 영조왕대 왕권이 신장하면서 그에 상응하는 대형 구스크를 건설한 것이 우라

---

30) 伊祖城은 우라소에와 牧港의 중간에 위치하며, 英祖王이 출생한 父祖의 據城으로 알려져 있다. 현재 일부는 공원으로 조성되어 있는 비교적 규모가 작은 성인데, 牧港을 비롯한 주변 지역에 잘 조망되는 전략 지점이다. 성 안에서는 청자, 백자를 비롯한 다양한 중국 도자기가 출토한 바 있어서, 국제무역과 관련된 기능을 엿볼 수 있다. 北原狄一, 『琉球城紀行 -城から見る沖繩の文化』, 三浦クリエイテイブ, 2003, p.88 참고.

31) "당시 일본인이 많은 철을 가지고 와서 牧那渡(마치나토)에 와서 팔고 있었다. (察度는) 牧那渡에 가서 그 철을 매입하였다."(『중산세보』 2, 察度王) '牧那渡'는 牧港을 가리키며, '那渡(나토)'는 '나루터'의 의미인 듯하다. 『중산세보』는 『蔡鐸本 中山世譜』 번역본(榕樹書林, 1998)을 참고함.

04 마키항에 해당하는 우라소에항(원경)

소에 구스크라고 할 수 있다. 이러한 점에서 영조왕(英祖王)은 우라소에 구스크를 건설하고 도읍을 잡았던 중요한 시기이다. 영조왕의 즉위는 쿠데타에 의한 것으로 보며, 그 시기는 대략 1250년경으로 추정한다. 우라소에(浦添) 도성의 정치적 경제적 성장을 〈오모로사우시〉에서는 다음과 같이 묘사하고 있다.[32]

> 천하를 놀래킨 우라소에는
> 임금이 태어난 아버지의 나라
> 유명한 우라소에에
> 동에서 서에서 공물을 가져와
> 천하를 놀래킨 우라소에로

---

32) 우리말 번역은 外間守善(심우성 역), 『오키나와의 역사와 문화』, 동문선, 2008, pp.67-68 참조.

나라의 뿌리인 우라소에여

쌓이고 쌓인 금은

우라소에에 있구나(<오모로사우시> 15-1079)

우라소에(浦添)가 슈리 이전 초기 류큐 왕국의 첫 수도였다는 사실은
근대에 이르러 논증된 사실이다. 이하후유(伊波普猷)는 구전기록인 <오모
로사우시>의 기록에 근거하여, 그리고 히가시온나(東恩納寬淳)는 『중산세
감(中山世鑑)』에 쇼하시(尚巴志)가 '우라소에(浦添)를 공략하여' 찰도(察度) 왕
통의 무령왕(武寧王) 정권을 무너뜨린 기록에 근거하여 슈리 이전 류큐
왕국의 정치적 거점이 우라소에라는 점을 논증한 것이다.[33] 그리고 이
주장은 근년 우라소에성에 대한 전반적인 고고학적 조사에 의하여 과
학적으로 입증된다.

우라소에성 유적에 대한 첫 발굴조사는 1982년부터 1984년에 걸
쳐 이루어졌다. 이에 의하여 성(구스크)의 조영 시기는 일단 13세기 말에
서 14세기 초로 추정되었다.[34] 1989년 국가사적으로 지정되었고, 이
후 우라소에성 복원정비 사업이 추진되어 이를 위한 요도레 유적 발굴

---

33) 安里 進, 「考古學から<おもろさうし>を讀む」 『琉球の歷史と文化 -<おもろ
  さうし>の世界』, 波照間永吉 編, 角川學藝出版, 2007, pp.76-80.

34) 우라소에성에 대한 발굴조사는 1차 1982년 6월부터 3개월, 2차 1983년 6
  월부터 3개월, 1984년 6월부터 2개월간 각각 이루어졌으며 주로 성안의 유
  구에 대한 조사가 중심이 되었다. 이 조사에 의하여 우라소에의 역사는 대
  략 5기로 구분되었다. 그 가운데 제1기(13세기 말~14세기 초) 구스크의 초
  기 단계, 제2기(14~15세기 초) 성의 규모가 확대되고 瓦葺 건물이 등장하는
  시기로 설정하여 고려계 기와 건물의 조성이 제2기에 해당하는 것으로 정리
  하였다. 이에 대해서는 浦添市敎育委員會, 『浦添城跡發掘調查報告書』, 1985,
  pp.158-162 참고.

조사가 1997년부터 시작되어 2004년까지 진행되었고, 그 결과에 의하여 요도레는 2005년 3월 복원 공사를 일단 완료하였다. 우라소에 요도레 복원정비 사업을 위한 조사의 결과는 우라소에시 교육위원회(浦添市敎育委員會)에 의하여 2011년까지 도합 4책의 보고서로 간행되었는데,[35] 요도레 복원 이후에도 우라소에 성에 대한 역사공원 정비사업이 진행되어 그 과정에서 추가 조사가 이루어졌다.[36] 요도레에 대한 발굴 조사에 의하여 이 유적이 13세기 후반 조성 이후 상녕왕대(尙寧王代)의 개축 사이에 한 차례 대대적 개수가 있었던 것이 확인되었다. 그리고 그 시기는 대략 15세기 쇼하시왕대(尙巴志王代, 1422~1439)의 가능성이 높은 것으로 정리되었다.[37]

우라소에에 있어서 마키항(港浦)의 중요성은 우라소에(옛 이름은 '우라오소이')의 어원이 "항포(港浦)들을 지배하는 곳"[38]이었다는 점에서도 짐작된다. 우라소에 구스크는 주변의 '우라(浦)'들을 배경으로 하여 존립하였던 것이다.

한편 찰도(察度)의 출신지인 쟈나촌(謝名村) 역시 마키항(牧港)에 버금하는 파지장(波止場)으로 알려져 있는 곳이다. '당선소굴(唐船小堀)'이라 불렸

---

35) 浦添市敎育委員會, 『浦添ようどれ I, 石積遺構編』, 2001; 『浦添ようどれ II, 瓦溜り遺構編』, 2005; 『浦添ようどれの石廚子と遺骨-調査の中間報告』, 2005; 『浦添ようどれ III, 金屬工房跡編』, 2007.

36) 浦添市敎育委員會, 『浦添城跡-內郭西地區・西側城壁』, 2009; 『浦添城跡平成21年度發掘調査・城壁復元槪報』, 2010; 『浦添城跡 -外郭西地區・外郭南地區』, 2011.

37) 우라소에성의 고고학적 조사 전반에 대해서는 安里 進, 『琉球王權とグスク』, 山川出版社, 2006 참조.

38) 伊波普猷, 「浦添考」, 〈琉球新報〉, 1905.(『伊波普猷全集』 1, 平凡社, 1974)

다는 것으로 보면, 해외 무역선의 출입이 수반된 옛 포구였음을 짐작케
한다. 찰도(察度)의 성장에도 항구가 갖는 지리적 조건이 작용하였던 것
이다. 근년의 고고학 조사에서는 이 쟈나(謝名) 지역에서 일종의 제철 유
적인 단야로(鍛冶爐)와 함께 철재(鐵滓)가 확인되어, 앞에서 언급한 바와
같은 철제 농기구 제작의 전설적 이야기가 역사적 사실로서 입증된 바
있다.[39] 요컨대 우라소에 왕권의 성장, 혹은 찰도(察度)의 집권에는 항구
를 통한 교역과 선진문물의 유입이 결정적 영향을 미쳤으며, 그것은 교
역에 의한 상업적 이익에 그치지 않고 직접적 생산을 전제로 하는 공업
적 단계까지 발전하였음을 말해주는 것이다.

4. 나하항과 슈리성

슈리성으로의 천도에 의하여 부각된 것이 도마리(泊)의 나하(那覇)항[40]
이다. 대외 교통과 교역이 경제의 핵심이었던 만큼, 중심 항구의 확보
는 도성의 필수 조건이 되었기 때문이다. 도마리(泊) 나하항의 개척은 중
산왕통 찰도(察度)에 의한 것으로 알려져 있다. 원래 나하는 '부도(浮島)'라
불리던 작은 산호섬이었는데 찰도(察度)는 명에 요청하여 '명나라 사람
36성(姓)'을 이주시켰고, 주로 대외무역에 종사한 이들의 거주지가 '구미
촌(久米村)'(九面里)이 되었다는 것이다.

---

39) 沖繩縣宜野灣市敎育委員會, 『大謝名ガンジャーガマ岩陰遺跡の鍛冶關聯遺
    物』, 1998 참조.
40) 나하항은 도시의 발전에 의하여 항구 입지의 확대가 진행되었다. 상씨왕조
    시대의 나하항은 현재 나하항의 동북쪽 우라소에와 슈리성에 더 가까운 도마
    리(泊) 나하항이다. 이하 본고에서의 '나하항'은 도마리(泊)항을 의미 한다.

찰도왕(察度王)시대는 대외 교통과 무역을 적극적으로 추구하기 시작한 시점이다. 이에 의하여 왕도(王都) 관문으로서 마키항(牧港) 이외의 통상 거점의 확보가 필요한 시점이기도 하였다. 나하는 이점에서 우라소에와 멀지 않으면서 항구로서의 지리적 여건을 갖춘 곳이어서, 지리적 사정에 밝은 찰도왕(察度王)에 의하여 주목된 것이었다고 할 수 있다. 그리고 바로 얼마 후 쇼하시(尙巴志)의 집권과 슈리성 건설에 의하여 마키항(牧港)의 기능을 포함한 국제적 항구로서 급속한 개발을 가져온 것이다.

슈리는 천도 이전에는 사람이 거의 살지 않는 한적한 곳이었다. '슈리(首里)'라는 지명의 어원이 어디에서 기원한 것인지는 확실하지 않다. 이 때문에 일각에서는 '슈리'가 당시 외교 관계를 수립하고 있었던 한반도의 신왕조 조선의 '서울'이라는 말을 옮겨 온 것이 아닌가 하는 의견도 제시하고 있다.[41]

14세기 이후 국제 무역의 활성화는 나하를 국제적인 항구도시로 발전시켰다. 항구 가까운 곳에 중국인 집단 거주의 '구미촌(久米村)'이 조성되고, 일본인 혹은 조선인들이 활동하였다. 슈리 중심으로 작성된 지도 〈유구국도(琉球國圖)〉에는 나하 항구를 '나파개진(那波皆津)'이라 적고, "강

---

41) "察度王이 (슈리로) 천도하기 이전 슈리는 인가가 거의 없는 高原의 정글이었다. 인가라고 하면 西森採石場의 북쪽 일각에 있는 10에도 미치지 않은 소부락이었을 것이다. '슈리'의 어원을 이 소부락에서 확인하려는 것은 무리일 것이다. 따라서 「오모로」에 나오는 '쇼리'도 察度 이후의 것이라 추정된다. 察度 이전부터 찰도 이후 삼산시대에 걸쳐 가장 관계가 깊었던 것은 한반도이다. 따라서 선진국인 조선의 수도 경성(서울)을 그대로 옮긴 것이라고 보더라도 무리가 아닐 것이다. 왜냐하면 다른 부락명은 자연발생적인 것이라 생각되는 것이 많지만, '슈리'만은 察度王이 사람이 살지 않는 높은 台地에 인위적으로 도읍을 만든 것이어서 자연발생적인 도읍 명이 없었다고 생각되기 때문이다."(多和田眞淳,「古都首里と古圖」『古稀記念多和田眞淳選集』, 1980, p.222)

05 코쿠바가와(國場川) 하구에 있는 나하항

남(江南)·남만(南蠻)·일본의 배가 이 포(浦)에 들어온다", "일본인 본도인
의 집이 여기에 있다", "여기에는 왕의 고장(庫藏)이 중다(衆多)하게 있다"
고 기재하고 있다.[42] 이 나하항에 대해서는 류큐 왕조의 구전시(口傳詩)
인 〈오모로사우시〉에 다음과 같이 묘사되고 있다.

　　　슈리에 계신 임금님이
　　　나하의 항구를 만드시고
　　　당(唐), 남만(南蠻)의 배가 모여드는 나하 항구여(〈오모로사우시〉 13-753)

도마리(泊) 나하항과 슈리성의 밀접한 연관 때문에 5대 상금복왕(尚金
福王) 치세인 1451년에는 나하와 슈리를 연결하는 물자 수송의 통로가
만들어졌다. 한편 나하항 주변에는 석축의 작은 성들이 축성되었다. 오

---

42) 安里進, 『琉球の王權とグスク』, 山川出版社, 2006, pp.12-15 참조. 〈琉球國
　　圖〉는 오키나와현립박물관 소장 자료임.

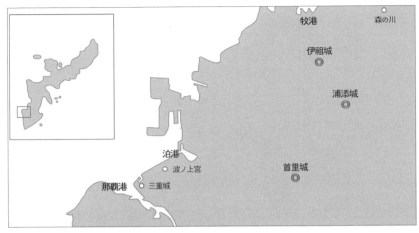

06 류큐의 항구와 우라소에(浦添), 슈리(首里)의 위치

모노구스크(御物城), 미에구스크(三重城), 야라자무이구스크(屋良座森城) 등이
그것이다. 슈리항을 외적으로부터 방어하여 안전을 확보하고, 주요 상
품들의 일시적 유치를 위한 목적이라 할 수 있다. 이들 구스크 유적은
현재 나하항 주변에 유적이 보존되어 있다.

오모노구스크(御物城)는 해외무역의 주요 물자를 보관하는 일종의 공
창(公倉)으로, 상금복(尚金福) 시대(1450~1453)의 고지도에 '보고(寶庫)'라 한
것이 이에 해당한다. 1459년에 상원(尚圓)을 오모노구스크(御物城)의 어
쇄측관(御鎖側官)에 임명한 것이 첫 기록이며, 3년 후인 1462년에 조선
표류민의 보고가 『세조실록』에 실려 있다. 제주에서 출발했다가 표류
한 조선의 선군(船軍) 양성(梁成)의 보고 자료 일부이다. "강변에 성을 쌓
고 그 가운데 주고방(酒庫房)을 설치하였다. 방 안에는 큰 항아리에 술을
가득 채우고, 1년치, 2년치, 3년치의 주고(酒庫)에 그 정액(定額)을 나누어
써 붙였다. 또 군기고를 설치하여 철갑(鐵甲), 창검(槍劍)과 궁시(弓矢)를 그

안에 가득 채워 놓았다."[43] 상태구왕(尙泰久王) 시대(1454~1460)에 남방으로부터 수입한 술과 중국에 수출하고 있던 무기류 등의 무역품이 오모노구스크의 창고에 가득하였다는 것이다.[44] 이러한 기록을 증명하듯, 1908년 나하항의 축항 제1차 공사 때 오모노구스크(御物城) 주변 해저로부터 다수의 한국 도자기가 출토되었다고 한다.[45]

미에구스크(三重城)와 야라자무이구스크(屋良座森城)는 나하항의 출입을 통제하는 요새에 해당한다. 나하항 출입을 위해서는 두 구스크 사이의 약 200m 정도의 수로(水路)를 통과해야만 한다. 야라자무이구스크(屋良座森城)는 1553년 축조되었는데 나하항 확장 공사로 파괴되어 남아 있지 않다. 1930년대 조사 자료에 의하면 "바다 가운데 돌출한 자연 안벽(岸壁)을 이용하여 그 위에 높이 약 5척, 두께 5척 9촌의 장방형으로 성벽을 두르고, 성곽 내부는 동서 57척, 남북 96척"이라고 한다. 미에구스크(三重城)는 해중에 돌출한 석회암의 작은 섬을 이용하여 축성하였는데 나하항의 북안까지 약 300m 거리는 다리를 포함한 통로를 시설하였다. 지금은 주변이 모두 매립되어 남쪽만 해안에 노출된 상태이다.[46]

나하항의 번영과 관련하여 도마리(泊)항의 남서측에 소재한 나미노우에신사(波上宮)의 존재도 주목되는 시설이다. 나미노우에신사(波上宮, 沖繩縣

---

43) 「세조실록」 27, 세조 8년 2월 신사.

44) 御物城에 대해서는 東恩納寬淳, 『南島風土記 -沖繩奄美大島地名事典』, 1950, p.269.

45) 西谷 正, 「高麗・朝鮮 兩王朝と琉球の交流 -その考古學的研究序說」 『九州文化史研究所紀要』 26, 1981 참조.

46) 池田榮史, 「琉球國의 해양방어체제와 시설」 『중세 동아시아의 해양 방어시설』, 국립해양문화재연구소, 2013, pp.122-123 참조.

那覇市 若狹)는 해변에 우뚝 솟은 산호초 암애(巖崖) 위에 건립된 신사로서, 입출항하는 선박이 멀리서도 관측되는 곳이다. 나하항을 출입하는 선박의 항해 안전과 어업의 풍요를 기원하는 제사처로서의 오랜 역사를 가진 이 신사는 말하자면 나하항의 번영을 상징하는 명소인 셈이다. 고려 광종대인 956년 흥해(포항시)에서 제작 봉안되어 있던 한 범종이 일본에 유출된 이후 이 나미노우에신사(波上宮)에 안치되어 있었다는 것도 이러한 상징성을 뒷받침한다. 슈리는 1954년 나하시에 합병되어 오늘에 이른다.

5. 류큐 도성으로서의 우라소에와 슈리

슈리성은 우라소에를 모델로 하면서, 신생의 동아시아 무역 거점이라는 지위에 걸맞게 스케일을 확대하여 만든 성이다. 우라소에의 왕릉인 '요도레'는 '다마우동'으로, '어소굴(魚小堀)'이라는 연못이 '용담(龍潭)'으로 확대되고, '극락사(極樂寺)'는 슈리에서 '원각사(圓覺寺)'로 대치된다. '극락산(極樂山)'은 '안국산(安國山)'으로, 우라소에의 우물 '세지정(世持井)'은 용담에 가설한 '세지교(世持橋)'에 그 이름을 남기고 있다. 여기에는 정통성의 계승이라는 측면과, 전대에 비하여 발전된 왕조로서의 권위를 표현하는 상씨 왕조의 뜻이 포함되어 있다.

슈리성은 1945년 태평양전쟁의 와중에서 전소될 때까지, 여러 차례의 변천을 거쳤다. 이에 대해서는 다양한 정리가 있지만, 그 가운데 아사토(安里 進)는 슈리성 정전(正殿)의 역사를 4기로 구분하여 설명하고 있다. 제1기는 상금복(尙金福, 1450~1453)의 시기, 제2기는 상태구(尙泰久王, 1454~1460)에서 상풍왕대(尙豊王代, 1621~1640)까지, 제3기는 상정왕대(尙貞

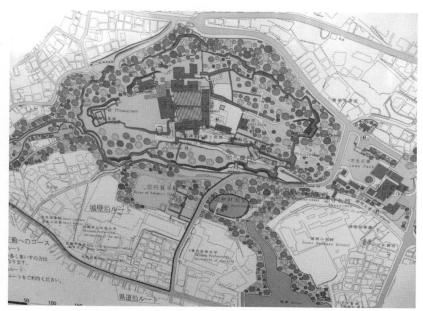

07 슈리성의 평면 배치(슈리성 안내판)

王代, 1669~1709), 그리고 제4기는 1712년 상경왕대(尙敬王代, 1713~1751)의 재건 및 이후로 나눈 것이다.

우라소에와 슈리는 대형 구스크의 발전 과정을 보여주는 것이며, 정치적 권위를 나타내는 도성으로서의 기능을 갖는 점에서 공통적이다. 그러나 양자 간의 분명한 차이점도 인지된다. 슈리는 평지에 이어지는 완만한 구릉에 위치하여 주거지역과 연계되는 공간인데 반하여, 우라소에는 산곡이 다소 거칠게 조성된 곳이어서 주거지역과 단절적이다.[47] 도시로서의 발전이라는 측면에서 보면, 슈리가 훨씬 적합한 지리

---

47) 浦添城은 표고 130~140m 석회암의 가파른 구릉에 조성되어 있는데, 특히

08 나하 시내 풍경

적 조건이다. 우라소에는 거친 산곡의 조건 때문에 유사시 외적으로부터의 방어라는 점에서는 이점이 있지만, 평상적인 도시로의 확대 발전에는 적합하지 않다. 이 때문에 오늘날 우라소에 시의 도시 형성도 우라소에 구스크 지역은 제외된 상태이다. 이러한 점에서 생각하면, 오키나와 역사에서 이소(伊祖) 구스크에서 우라소에 구스크로의 이동이 필연적이었던 것처럼, 우라소에에서 슈리에의 천도 역시 필연성을 갖는다고 할 수 있다.

앞에서 언급한 바와 같이 우라소에에서 슈리에의 천도는 1406년 우라소에가 함락된 후 쇼하시(尙巴志)에 의하여 이루어진 것이다. 그러나 슈리에의 천도에 대한 계획은 아마 찰도왕(察度王) 대에 만들어졌던 것

북쪽은 험한 벼랑으로 되어 있다. 규모는 동서 380m, 남북 60~80m 크기의 대규모성이다. 방어에 유리한 자연 지형 때문에 태평양전쟁 때 집중적인 포화를 받아 유적이 완파되었다.

같다. 나하항의 개발은 그 기반 단계였다고 할 수 있다. 우라소에마기리(浦添間切) 마키항(牧港)에 가까운 쟈나촌(謝名村) 출신 찰도(察度)[48]는 우라소에와 슈리의 장, 단점을 누구보다 잘 파악하고 있었던 인물이었다. 사업가로서의 경영 능력도 남다른 점이 있었다. 왕이 되기 이전 그는 국외로부터 철기를 구입하여 새로운 농구를 만들어 사용하게 함으로써 정치적 기반을 구축한 것으로 알려져 있다. 이렇게 축적된 기반을 바탕으로 쿠데타에 의하여 즉위한 후 명에 대한 진공무역 및 고려와의 무역을 적극 추진하였다. 1389년 찰도왕(察度王)의 사신 파견은 『고려사』 기록에 처음으로 등장하는 류큐 자료이다. 찰도(察度)는 이른바 류큐 왕국을 "아시아 세계에 등장시켜 그후의 '대교역 시대'를 열게 한" 정권인 것이다.[49] 교역과 대외 교통에 기반한 류큐 왕국의 발전을 예측하면서 우라소에로부터 향후 보다 적합한 거점을 찾아서 천도해야 한다는 선구적 생각을 가졌을 법하다. 이렇게 생각하면 찰도왕(察度王)에 의한 나하항의 개발은 천도에의 전 단계에 해당하는 것이었다.

이소(伊祖)에서 우라소에(浦添)로, 우라소에에서 다시 슈리(首里)로 이행하는 도성의 변화와 이동 과정은 곧 오키나와 역사의 흐름과 발전과정

---

48) 察度는 父와 天女와의 사이에서 1321년 출생한 것으로 기록되어 있으며, 출생지 謝名村은 현재 나하시의 安謝間切에 해당한다. 이곳에 현재 '黃金宮'이라는 출생지가 전한다. '선녀와 나뭇꾼'의 이야기를 연상시키는 연애담을 가진 부친이 천녀를 만난 곳은 우라소에 북쪽 현재 宜野灣市의 모리노가와(森川) 유적이다.(眞榮田義見, 「銘苅子」『日本の伝說』18(沖繩), 1981, pp.16-21) 가난한 농부 집안 출신의 察度는 그후 성장하여 당대 중부지역의 유력한 호족이었던 勝連城 성주의 딸과 혼인하는데, 집 주변에 널린 황금의 利를 알게 되어, 부자가 되었다고 한다. 이는 신라 선화공주를 얻어 혼인한 백제 무왕 이야기와 매우 유사하다.

49) 田名眞之, 「古琉球王國の王統」『沖繩縣の歷史』, 山川出版社, 2004, p.66.

을 압축적으로 보여준다. 거기에 마키(牧), 쟈나(謝名), 혹은 도마리(泊), 나하 등 대외 교역의 항구가 전제되어 있다는 점이 또한 류큐 왕국 도성의 특징이기도 하다.[50]

맺는말

류큐 왕국의 역사를 담고 있는 오키나와는 한국의 정남쪽에 위치한 동아시아 지역의 일원이다. 1869년 이후 일본에 병합되고 말았지만 역사적으로는 한국, 중국, 일본과 함께 동아시아를 구성하는 한 국가였던 것이다. 이 류큐의 15, 16세기는 해외 제국을 대상으로 한 중계무역을 통하여 독특한 역할을 수행하며 독자적 문화 발전을 이룩했던 왕국의 전성기이기도 하다. 조선과 중국, 일본과 함께 타일란드, 베트남, 자바 등 동남아 여러 나라를 연계하는 이른바 중계무역으로서 무역을 통한 경제적 부를 취하였던 것이다. 이는 명의 해금정책으로 인한 교역의 약화를 그 배경으로 하고 있다.

본고는 이같은 류큐 왕국의 교역의 활성화와 발전이 항구를 거점으로 이루어진 것이며, 동시에 경제적 성장이 정치적 성장을 뒷받침하여, '우라소에'와 '슈리'의 도성 건설을 가능하게 한 것으로 파악하였다. 즉

---

50) 현재의 오키나와 현은 나하항 중심의 나하 시가 현청이 소재한 제1도시이고, 牧港을 중심으로 한 우라소에시가 현재 제3의 도시이다. 41개 市町村으로 구성된 오키나와 현의 도시별 인구는 나하 시 31만 6천, 오키나와 시 13만, 우라소에 시 11만(2010년 통계) 등이다. 중부 지역에 소재한 오키나와 시는 종래의 코자 시가 1974년 미사토촌(美里村)을 합병하여 이름을 바꾼 것이다. 원래 정치적 중심이었던 우라소에 구스크와 슈리성은 모두 이제 도시 중심부의 외곽이 되어 있다.

우라소에는 마키(牧)항을, 슈리는 나하항을 무역항으로 수반함으로써 경제적 기반을 정치적으로 활용할 수 있었다는 것이다. 한편 이들 무역항을 보호하거나 관리상의 필요에 작은 성이 함께 기능하였다. 우라소에의 마키항(牧港)은 이소성(伊祖城)이 그 기능을 담당했고, 나하항의 경우는 오모노구스크(御物城), 미에구스크(三重城) 등이 항구 기능을 보강하는 부속 성으로서의 역할을 담당하였던 것이다.

슈리와 우라소에의 공통점에도 불구하고, 이들 두 성의 입지는 큰 차이가 있다. 우라소에가 험한 산곡에 위치하여 방어적 상황에 초점이 맞추어진 반면, 슈리의 경우는 개방된 구릉지에 위치함으로써 안정된 정치 상황을 전제로 하고 있다. 13, 14세기 우라소에 시대가 삼산(三山)이 서로 치열한 쟁투를 벌이는 시기였던 것에 비하여, 15세기 슈리의 시대는 류큐 왕조가 상씨(尚氏)에 의하여 통일되고 안정된 정치 기반 위에서 국제무역의 중계 거점으로 경제적 활성을 누리던 시기였다. 바로 이같은 시대적 차이를 우라소에와 슈리는 그대로 반영하고 있는 것이다.

14세기 이후 아시아의 역사에서는 대외관계의 검토에 있어서 류큐의 존재가 적지 않은 비중을 차지하고 있다. 중국 혹은 일본 열도와의 교역이 활발하였지만, 고려 혹은 조선 왕조와의 관계 역시 풍부한 자료를 가지고 있다. 이러한 점에서 아시아 해상 실크로드의 결절점(結節點)에 해당하는 류큐의 역사적 위치에 대하여 앞으로 보다 구체적으로 주목할 필요가 있다고 하겠다.

* 본 논문은 목포대학교 도서문화연구원, 『도서문화』 45, 2015에 실린 논문을 보완한 것임.

제3장
오키나와의
'아카하치 홍가와라의 난'에 대하여

머리말

오키나와는 원래 본섬(沖繩島)을 중심으로 북쪽의 살남제도(薩南諸島), 서남지역의 선도제도(先島諸島)로 3구분되어 언어적으로도 서로 차이가 있다. 그 가운데 살남제도(薩南諸島)는 현재 본토의 가고시마 현에 편입되어 오키나와와는 분리되었고 선도제도(先島諸島)는 다시 미야코지마(宮古島)와 이시가키지마(石垣島)가 전통적으로 중심적 위치를 점하여 왔다. 이시가키지마(石垣島) 주변에는 이리오모테지마(西表島), 하데르마지마(波照間島) 등 여러 섬이 있는데 이를 포괄하여 야에야마(八重山) 제도라고 부른다. 이 야에야마(八重山) 제도(諸島)의 중심지역이 이시가키지마(石垣島)이고, 미야코지마(宮古島)는 그 동쪽에 또다른 중심점을 형성하고 있다.

서남쪽 끝에 위치한 선도제도(先島諸島) 지역의 야에야마(八重山)는 오키나와 본도와는 항공편으로 1시간 가까운 상당한 거리가 있기 때문에 전통적으로는 오키나와 본도와는 별도로 독립적인 생활권을 형성해왔다. 1390년 찰도왕(察度王) 때 이들 지역이 오키나와의 중산(中山) 왕조에 처음 공물을 바쳤는데, 이때 언어가 서로 통하지 않아 종자(從者) 20명을 체류시켜 류큐어를 배워 비로소 언어가 통할 정도였다.[1] 이것은 오키나와의 본도와 선도제도(先島諸島), 야에야마 지역이 원래 별도의 생활권으로서 문화적 혹은 언어적으로 큰 차이가 있었음을 말해주는 것이다.

서기 1500년 2월 오키나와 본도를 거점으로 한 슈리왕부(首里王府)는 야에야마(八重山)의 아카하치(赤峰) 세력을 제거하기 위하여 46척의 군선에 3천의 군사를 분승시켜 이시가키지마(石垣島)에 파견하였다. 이른바 '오야케 아카하치 홍가와라의 난'이다.

아카하치의 난이 한국에서 관심을 끌게 된 것은 역사 인물 홍길동이 바로 '오야케 아카하치 홍가와라'와 동일인물이라는 주장에서 비롯된다. 소설 속의 홍길동은 마지막에 율도국(栗島國)이라는 이상(理想)의 세계로 떠났는데 바로 그곳이 오키나와이며, 1500년 아카하치의 반란의 주동인물이 되었다는 것이다.[2]

홍길동과 아카하치(혹은 홍가와라)와의 관계에 대해서는 차치하고, 본고에서는 우선 논의의 초점인 이 '아카하치 홍가와라의 난'이 어떤 사건이었는지에 대해서 현지의 여러 자료를 종합하여 정리하고자 한다. 홍길동과 아카하치의 연관 문제도 이 사건 자체에 대한 이해 없이는 가능하지 않기 때문이다.[3] 이 아카하치 난에 대한 이해의 전제로서 '아카하치'

---

1) 1767년 泊村(나하시)에 건립한 〈與那覇勢頭豊見親逞留舊跡碑〉에 "中山先王察都 深恤優侍 然而言語不通 由是留置泊村 共計三年已 及言語相通"이라 하였다.

2) 설성경 · 정철, 『실존인물 홍길동』, 중앙M&B, 1998, pp.160-195; 설성경, 『홍길동의 삶과 홍길동전』, 연세대학교출판부, 2002, pp.137-148; 설성경, 『홍길동전의 비밀』, 서울대학교출판부, 2004, pp.33-39.

3) 필자가 홍길동에 대하여 관심을 가진 이유는 충청남도 공주시에 홍길동과 관련한 많은 구전들이 전하기 때문이다. 2011년 6월 제4회 충남향토사대회에서 〈홍길동과 공주〉라는 세미나를 기획하여 추진한 바도 있다.

와 '홍가와라'의 문제에서부터 논의를 시작하고자 한다.

1. 아카하치와 홍가와라

　본고에서의 중심 인물 '오야케 아카하치'의 '오야케(オヤケ)'는 '대가(大家)' 혹은 '호가(豪家)'라는 의미로서, 오야케 아카하치는 '호족 아카하치'에 해당한다고 흔히 인식되고 있다. '오야케'가 아카하치의 존칭이라는 것에 대해서는 이의가 없다. 아카하치는 하데르마지마(波照間島)에서 태어나 성인(成人)이 되어 이시가키지마(石垣島)에 건너가 커다란 세력을 형성한 것으로 전한다. 하데르마지마(波照間島)에서의 아카하치의 출생에 대한 전설은 그의 혈연관계가 명확하지 않은, 말하자면 사생자로서 묘사되어 있다.[4] 어렸을 때부터 얼굴은 '괴위(魁偉)'하고 몸집이 크고, 힘은 장사였다는 것이다.[5] 출생에 대한 모호한 근거 때문에 제1상씨 왕조의

---

4)　1911년 石垣市 大浜 거주 小底致市로부터 채록한 전설에 의하면 波照間島는 원래 신성지역이어서 神女(女司祭)들의 제사 공간이었는데, 조난 당하여 섬에 들어온 이국의 남성과 신녀와의 사이에서 생긴 아이가 아카하치였다는 것이다.(遠藤庄治, 『八重山民話集』, 沖繩國際大學, 2000, p.182) '南蠻'으로 지칭되는 이국의 인물은 포르투갈인이라고 전한다.(上間貞俊 外, 『大浜村の鄕土誌』, 1977, p.101) 그의 모호한 출신 때문에 다소 돌출한 의견이기는 하지만, 그가 제1상씨 왕조의 마지막 왕인 尙圓王의 3남이라는 아이디어도 있다. 즉 1469년 왕조 멸망 이후 八重山으로 도피하여 제1상씨 왕조의 부흥을 도모한 것이 바로 아카하치의 난이라는 것인데, 八重山으로의 도피 시점은 1486년으로 추정된다는 것이다.(田島信一, 『おやけ赤蜂の硏究 -おやけ赤蜂の血根素性を追う』, 大田印刷, 2007)

5)　아이는 날 때부터 용모가 '魁偉'하고 머리카락은 붉고 도깨비 같은 특징이 있어 섬 동부의 斷崖가 있는 벼랑에 버려진 것을 부락 주민이 주워 키웠다는 것이다. 이 때문에 아카하치의 혈통, 親父는 유럽인 선원으로 추측되는 경향이

왕자,[6] 혹은 조선 출신의 홍길동과 같은 이야기가 파생되고 있다고도 할 수 있다.

'오야케 아카하치 홍가와라'의 표기는 책에 따라 약간씩 차이가 있다. '堀川原赤蜂'(『中山世譜』), '遠彌計赤蜂保武川'(『球陽』, 1745), '赤蜂·堀川原'(「八重山島年記」), '오야케赤蜂·홍가와라'(「八重山島由來記」), '오야케赤하쓰·홍가와라'(「八重山島大阿母由來記」), '요야케赤蜂·홍가와라'(『琉球國由來記』, 1713) '於屋計赤蜂·保武瓦'(『琉球國舊記』, 1731) 등이 그것이다. 이것은 후대에 이를 한자로 기록한 데서 발생한 차이라고 할 수 있다.

오야케 아카하치 홍가와라에 대해서는 이것이 한 사람인지 혹은 두 사람인지 하는 문제부터 혼란이 있다. 〈팔중산유래기(八重山島由來記)〉(1705), 혹은 『유구국유래기(琉球國由來記)』(1713), 〈팔중산도연래기(八重山島年來記)〉 등은 모두 '아카하치홍가와라'에 대하여 '두 사람(二人 또는 兩人)'이라 명시되어 있는 것이다. 『구양(球陽)』이라는 사서는 1745년에 왕부(王府)에서 편찬한 대표적 공식 역사서이다.

이 문제에 대하여 일찍이 이하후유(伊波普猶)는 사서(史書)에 '2인'이라 적혀 있기는 하지만 이것은 잘못된 것이고, 홍가와라가 아카하치와는

있다.(通事孝作, 「八重山群雄割據時代の波照間島における村落と英雄」『波照間島總合調査報告書』, 沖繩縣立博物館, 1998, p.160) 아카하치에 대한 어린이용 그림책에도 아카하치에 대해 "머리카락도 눈이나 피부색깔도 섬사람과는 크게 달라 본 적이 없는 얼굴" 등으로 묘사하여, 대략 이같은 출생 관련 이야기가 그대로 반영되어 있다.(新川 明(글), 儀間比呂志(그림), 『オヤケ·アカハチ物語, 南風よ吹け』, 琉球新報社, 2003, pp.1-9) '아카하치'라는 이름도 머리가 붉은데서 온 것이라는 주장이 있다.(伊波普猶)

6) 田島信一, 『おやけ赤蜂の研究 -おやけ赤蜂の血根素性を追う』, 大田印刷, 2007, pp.160-163.

01 이시가키지마 아카하치의 기념비(1953년 건립)

별도의 인물이 아니라는 것을 적극 개진한 바 있다. 인명에 히라(平川)가
와라, 히가시(東)가와라, 니시(西)가와라 등으로 '가와라'라는 칭이 붙는
사례가 많이 있다는 것이다.[7] 이후로, 잘못된 사서가 원인이 되어 계속
2인설이 적혀 내려왔다는 인식이 강하게 유포되어 있다. 1705년 편집
되어 슈리왕부에 보고된 〈팔중산도유래기(八重山島由來記)〉에서 '2인'이라
잘못 기재한 것이 이후 다른 사료에서도 교정되지 않은 채 그대로 옮겨
적혔다는 것이다.[8] 이같은 논지가 그대로 이어져 가령 미야기(宮城信勇)
는 '오야케 아카하치 홍가와라'의 어의(語義)를 분석하여 '홍가와라'는 고
유명사의 인명이 아니고 '오하마(大浜)촌락의 두령'이라는 경칭에 불과하
다는 점, 아카하치에 대한 이야기는 풍부히 전하고 있지만, 홍가와라에

---

7) 伊波普猷, 『沖繩考』, 創元社, 1942, pp.235-236.

8) 喜舍場永珣, 『新訂增補八重山歷史』, 國書刊行會, 1975, p.116; 牧野 淸, 『新八
    重山歷史』, 1972, pp.97-98.

대해서는 전승이 없다는 점을 지적하여 1인설의 타당성을 적극 지지하였다.[9] 1인설의 입장에서 홍가와라는 아카하치의 어릴 때 이름이라는 이야기도 나왔다. 남자아이에게 붙여진 일반적 명칭이라는 것이다.

그러나 오야케 아카하치와 홍가와라는 별도 두 사람의 인물이었다고 보아야 한다는 의견도 적지 않다. 2인설을 처음 채택한 것은 『궁고사전(宮古史傳)』(經世村恒任, 1937)에서이다. 이에 대해 전술한 이하후유(伊波普猷)가 1인설을 논증하여 1인설이 일반화하는 근거를 마련하였다. 이 1인설에 정식으로 이의를 제기, 1500년의 사건이 아카하치와 홍가와라 2인의 주도에 의한 것임을 적극 천명한 것이 류큐사 전문가인 다카라(高良倉吉)이다. 『구양(球陽)』 이외의 여러 자료, 심지어 『구양(球陽)』과 마찬가지로 왕부(王府)에서 편찬된 『유구국유래기(琉球國由來記)』에서조차 '2인'으로 기재되어 있다는 점에서 "지금까지 아카하치의 그림자에 가려져 있던 홍가와라라는 인물을 더한 2인설 쪽이 전승으로서는 원형에 가깝다 보지 않을 수 없다"는 것이다.[10] 이같은 논리에 근거하여 오키나와 역사 고교교재에서도 '아카하치와 홍가와라'라는 2인설이 채택되어 있다.[11]

---

9) 宮城信勇, 「オヤケアカハチ, ホンガワラは同一人の呼稱」 『八重山文化論叢』, 1987, pp.113-126. 宮城의 1인설 주장을 名嘉正八郎, 「フルスト原遺跡と'オヤケアカハチホンガワラ'」 『琉球の城』, 株式會社アドバイザー, 1993, pp.133-142에서도 적극 옹호하고 있다.

10) 高良倉吉, 『新版琉球の時代』, 筑摩書房, 1989, p.207.

11) "따라서 赤峰·保武川은 두 사람이라고 생각해야 하고, '오야케 아카하치'의 난도 '아카하치·홍가와라의 난'으로 해야 한다. 다만, 홍가와라는 지역의 유력자인 '머리(頭)'를 나타내는 말이고, '오야케 아카하치 홍가와라'는 1인의 리더의 명칭이라는 설도 강하다."(新城俊昭, 『高等學校 琉球·沖繩史』, 東洋企劃, 2007, p.67)

현재로서 '오야케 아카하치 홍가와라'는 이하후유(伊波普猷)를 중심으로 하는 1인설과 다카라(高良倉吉)를 중심으로 하는 2인설의 사이에서 결론이 확정되어 있지 않은 상태라고 말 할 수 있다.[12] 그러나 필자로서는 두 가지 중에서 후자, 즉 2인설을 취하는 것이 좋다는 생각을 가지고 있다. 여러 사서의 기록에서 '2인'이라는 점을 명기하고 있는데다, 『구양(球陽)』에도 그것이 '1인'이라고 적혀 있는 것은 아니기 때문이다. 1인설의 근거는 어디까지나 언어학적 해석에 기초하고 있는데 이에 의하여 사서(史書)의 기록을 부정하고, 이를 한 사람이라고 단정하는 것은 논리적으로 역시 무리하다는 생각이다. 역사자료의 기록에 결정적 문제점이 확인되지 않은 이상에는 이러한 기록의 신빙성을 인정하는 방향에서 논의를 진행하는 타당할 것이기 때문에 역시 2인설을 취해야 할 것으로 생각하는 것이다.

그런데 문제는 2인이라 할 경우, 아카하치와 홍가와라 두 사람의 관계, 특히 홍가와라의 정체에 대한 것이 문제로 떠오른다. 이에 대해서는 다카라(高良) 역시 '2인의 관계는 불명'이라 하였다.[13] 2인설 주장자들은 이를 형제관계[14] 혹은 부자관계[15]로 설명하고 있다. 홍가와라는 아카

---

12) 이러한 측면을 반영하고 있는 것이 『沖繩縣の歷史』이다. 田名眞之의 집필부분인 「古琉球王國の王統」에서 이 문제에 대해 특정의 입장을 취하지 않고, "2인설과 1인설이 있다"고만 언급한 것이 그것이다. 安里 進 外, 『沖繩縣の歷史』, 山川出版社, 2004, p.96 참조.

13) 高良倉吉, 『新版琉球の時代』, 筑摩書房, 1989, p.207.

14) 經世村恒任, 『宮古史傳』, 1937, pp.103-105; 大濱永亘, 「フルスト原遺跡について」『八重山の考古學』, 先島文化研究所, 1999, p.263.

15) 島袋源一郎, 『傳說補遺沖繩歷史』, 琉球文敎圖書, 1992, p.210.(名嘉正八郎, 「フルスト原遺跡と'オヤケアカハチホンカワラ'」『琉球の城』, 株式會社ア

하치의 동생, 혹은 아들이라는 것이다. 아카하치와 야에야마(八重山) 지역의 고고 및 역사 자료를 폭넓게 정리한 바 있는 오하마(大浜)는 홍가와라가 아카하치의 아들이라는 주장을 결론으로 도출하였다. 그것은 아카하치 난 후의 논공행상에서 장전대주(長田大主)의 아들(장남) 신휴(信休)가 상진왕대(尙眞王代) 홍치(弘治) 연간(1500~1505)에 아카하치가 지배하고 있던 오하마(大浜), 대성촌(大城村)의 역직(役職)을 맡은 것에 근거한다. 구전에 의하면 장전대주(長田大主)와 아카하치는 같은 하데르마(波照間島) 출신의 죽마고우, 비슷한 연배의 인물이다. 장전대주(長田大主)의 아들이 이 전투에 참가하였다고 한다면, 아카하치의 아들도 전투에서 아버지와 함께 일정한 역할을 맡았을 것이라는 추측이다. 따라서 "오하마(大浜)에 옮긴 후 오야케 아카하치와 처(妻) 구이츠바(古乙姥)와의 아들이 홍가와라라고 생각된다"는 것이다.[16] 아카하치와 홍가와라가 형제관계라는 근거는 〈충도씨가보정통(忠導氏家譜正統)〉이라는 마야코지마(宮古島) 측의 자료이다. 여기에서는 아카하치 난을 언급하면서 '오하마(大浜) 아카하치(赤蜂) 형제'라 하여, '아카하치 형제' 설이 제시되어 있다.[17]

아카하치와 홍가와라가 부자관계라는 주장은 아무래도 받아들이기 어렵다. 장전대주(長田大主)의 아들을 예로 들기는 했지만, 이것으로 홍가와라가 아카하치의 아들이라는 논리가 성립하기에는 역부족이다. 봉기

ドバイザ-, 1993, p.134 재인용)

16) 大濱永亘, 「オヤケアカハチ·ホンカワラの亂について」『オヤケアカハチ·ホンカワラの亂と山陽姓一門の人々』, 南山舍, 2006, pp.96-97.

17) 이 자료는 忠導氏의 10세손 玄賢(1698~1774)이 건륭 22년(1757) 10월에 작성한 것으로 되어 있다. 자료는 大濱永亘의 위의 책, pp.59-63에 개재된 것을 참고하였음.

당시 홍가와라의 나이는 대략 30대로 추정되고 있다. 신빙해야 할지는 모르겠지만, 구이츠바(古乙姥)가 아카하치에게 시집간 것도 아카하치의 반의(叛意)가 확인된 이후의 일처럼 되어 있다. 더욱 중요한 것은 장전대주(長田大主)의 장남 신휴(信休)에 대한 언급은 후대 포상에 대한 내용에서 나온 것이고 아카하치 난 관련 자료에서는 그의 존재가 전혀 언급되어 있지 않다는 점이다. '아카하치의 아들' 홍가와라만이 특별히 아카하치의 이름과 함께 연명되어야 할 이유가 이해되지 않는 것이다.

다음은 아카하치와 홍가와라가 형제관계라는 주장이다. 부자관계보다는 차라리 '형제관계'로 보는 것이 기록도 있고 이해하기에도 빠르다. 그러나 두 사람이 형제관계라고 하면, 하데르마지마(波照間島)에서 사생자로 태어났다는 현지의 구전과 크게 어긋난다는 점, 그리고 이 자료가 사건으로부터 250여 년 후에 만들어진 기록이라는 점이 문제가 된다. 이 때문에 '형제관계'의 기록을 사실로 받아들여야 할지는 역시 주저되지만, 하나의 가능성으로 고려할 필요는 있다고 생각한다.

아카하치와 홍가와라를 별도의 인물로 설정할 경우, 두 사람의 관계 내지 홍가와라의 정체에 대해서는 혈연관계가 아닌 차원에서의 특별한 관계의 인물로 상정해 볼 수 있다. 홍가와라가 원래 이시가키지마(石垣島) 오하마(大浜)의 토착 호족이었을 가능성, 그리고 또 다른 가능성을 구태여 찾는다면 지역과 전혀 무관하게 외부에서 유입된 '정체불명'의 세력이었을 가능성도 상정할 수 있을 것이다. 15세기 말의 이시가키지마(石垣島)는 여러 촌락의 지배자가 대두하여 나름대로 지배권 경쟁을 벌이고 있었다. 이시가키(石垣)에는 신흥세력 장전대옹(長田大翁), 카비라(川平)에는 나카마미츠케마(仲間滿慶山), 페쿠부반도(平久保半島)에는 페쿠부가나(平久保加那) 등이 그것이다. 오하마(大浜)의 아카하치도 그중의 한 인물이었던 셈이다. 그런데 아카하치는 본래부터 오하마(大浜)를 거점으로 성장한 호족이 아니었다. 이러한 점에서 아카하치가 오하마(大浜)를 근거로 성장한 데에는 현지 호족의 협조와 연합이 필수적이다. 이 부분에서 홍가와라가 개입될 수 있는 여지가 있다. 즉 아카하치와 연합한 오하마(大浜)의 토착 호족이 홍가와라 일 수 있는 것이다. 앞에서 '형제'라는 기록은 혹시는 양인이 혈연에 의한 형제는 아니지만 일종의 '의형제'와 같은 밀접한 관계의 인물이었음을 지칭한 것인지도 모른다.

또 다른 가능성으로서 거론한 지역과 전혀 무관하게 외부에서 유입된 '정체불명'의 세력은, 근거될 만한 자료가 아직 눈에 뜨이지 않는다는 점에서 이를 적극적으로 주장하기는 어려운 단계이다.[18]

2. 1500년 아카하치 난의 발생과 경과

1509년 슈리성(首里城) 정전(正殿)에 설치한 난간에 상진왕(尙眞王)의 치적 11개조를 기록하여 걸었는데 그 세 번째에 아카하치 난의 진압에 대한 내용이 다음과 같이 언급되어 있다.

서남쪽 지역에 나라가 있는데 이름 붙이기를 '태평산(太平山)'이라 하였다. 홍치(弘治) 경신년(1500) 봄, 전함 1백 척을 파견하여 공격하자 그 나라

---

18) 田島信一은 屋良川大川 按司의 '大川'이 '홍가와라'로 읽히고 그의 가계, 城間家에서 "조선 고려국인의 아들을 養子로 하여 跡目을 계승했다"는 이야기가 있음을 들어, 이것이 홍길동론의 근거인지 모른다는 의견을 낸 바 있다. 田島信一, 『おやけ赤蜂の研究 -おやけ赤蜂の血根素性を追う』, 大田印刷, 2007, pp.169-171.

사람이 깃발을 내리고 복종하였다. (중략) 이때부터 상국(上國)의 세가 점점 더 크고 번성해졌다.(<百浦添欄干之銘>)

아카하치 난의 진압은 슈리왕부(首里王府)의 지배권이 선도제도(先島諸島, 石垣島·宮古島 등 원격지)에 까지 확실히 구현되는 중요한 계기가 되었다. 이에 의하여 류큐 왕국은 본도 이외에 아마미제도(奄美諸島)와 선도제도(先島諸島)를 포괄하는 해양왕국으로서의 위상을 정립해 나간 것이라 할 수 있다.

아카하치 난의 원인에 대해서는 몇 가지 설이 있다. 18세기 만들어진 류큐 왕조의 역사서 『구양(球陽)』에는 아카하치의 난이 종교 문제에 대한 갈등 때문에 일어난 것으로 되어 있다. 즉 이리키야마리신(伊里幾屋安眞理神)이라는 토착신에 대한 제사를 1486년에 금지한 데서 갈등이 야기되었다는 것이다. 이리키야마리신(伊里幾屋眞理神)은 야에야마(八重山)의 토착신으로 최고신의 지위에 있었는데, 1486년 슈리왕부(首里王府)가 모코쿠즈이(毛國端)와 온나(恩納親方)를 야에야마(八重山)에 파견하여 이 제사가 많은 민력을 허비하는 것이라 하여 금지시킴으로써 주민의 커다란 반발을 가져왔다는 것이다. 그러나 다른 사료에 의하면 온나(恩納親方)가 야에야마(八重山) 지역에 건너온 사실 자체가 1486년이 아니고 1678년의 일이라는 것이 확인되었다.[19] 아카하치 이후 2백 년 뒤의 일이라는 것이다. 야에야마(八重山)는 선도제도(先島諸島) 가운데 이시가키를 중심으로 일대의 도서 지역을 지칭하는데, 요컨대 종교문제가 아카하치 난의

---

19) 崎山 直, 「恩納親方の八重山渡海仕置をめぐる一考察-その史料的檢討」 『八重山文化』 創刊號, 八重山文化研究會, 1974.

원인은 아니었다.

아치하치 난의 직접적 계기는 슈리왕부(首里王府)에 대한 야에야마(八重山) 지역의 조공 거부였다. 〈팔중산도연래기(八重山島年來記)〉 등의 여러 사료는 야에야마(八重山)는 중산왕(中山王) 찰도(察度) 때부터 연공(年貢)을 바쳐왔는데 아카하치 때부터 3, 4년 연공을 거부하고 모반하려는 움직임을 보였다는 것이다.

> 이 섬은 홍무년간(弘武年間)에 본국의 할지(割地)가 되어 매년 공물을 헌상하고 바다를 건너왔는데, 그 후 오하마촌(大浜村)에 '오야케 아카하치(赤蜂) · 홍가와라'라고 하는 두 사람이 극히 교만하여 반역할 마음이 있어서 공물을 중단하기에 이르렀다.(『琉球國由來記』 21, 各處祭祀 10, 八重山島)[20]

이시가키지마(石垣島)의 아카하치가 슈리(首里)에 대한 조공을 거부하고 독자적 지배권을 확보하려고 하였던 것은 사실이다. 그러나 그것은 단순한 조공의 거부가 아니라, 슈리왕부(首里王府)의 중앙집권책에 대하여 야에야마(八重山)의 전통적 독자성을 확보하려는 저항, 여기에 지역 자체 내의 분열 대립 양상이 노정되었다는 점이다.

15세기의 야에야마(八重山)는 군웅할거의 시대였다. 이시가키지마(石垣島)에는 이시가키촌(石垣村)의 장전대주(長田大主), 나레토(那礼塘), 나레가사나리(那礼嘉佐成)의 3형제, 오하마촌(大浜村)에는 오야케 아카하치 홍가와

---

20) 유사한 내용이지만, 『球陽』(3, 尙眞王 24년)에는 다음과 같이 언급되어 있다. "八重山은 홍무년간 이래로 매년 입공하기를 감히 끊지 않았다. 그런데 大浜邑의 遠彌計赤蜂保武(오야케 아카하치 홍가와라)가 心志 교만하여 늙은이를 기만하고, 어린애를 업신여겨 드디어 心變하여 모반하고 兩三年間 공물을 끊고 입조하지 않았다."(球陽研究會, 角川書店, 1974, 讀み下し編을 참고함)

라를 비롯하여 코르세(黑勢), 히라에촌(平得村)에는 타케챠(嵩茶), 카비라촌(川平村)에는 나카마미츠케마(仲間滿慶間), 페쿠부(平久保)에는 가나 아지(加那按司) 등 지역별로 많은 지도자들이 대두하여 있었다. 그 가운데 가장 큰 세력을 가진 것이 아카하치였다.

15세기 류큐 왕조의 슈리왕부(首里王府)는 중앙집권책을 강화하였다. 특히 상진왕(尙眞王, 1470~1526) 치세 50년간은 류큐 왕조의 전성기에 해당하는 시기였다. 그는 대외무역을 통한 경제적 부를 바탕으로 행정기구를 정비하고 신분제의 정비, 지방에의 통치를 강화하고 슈리성(首里城) 옆에 원각사(圓覺寺)를 창건하여(1493) 불교를 장려하였다.21)

야에야마(八重山)의 독자적 세력화를 모색한 아카하치는 이시가키촌(石垣村)의 장전대주(長田大主, 名田大翁主)를 공격, 장전(長田)의 동생 2인(那礼塘, 那礼嘉佐成)을 살해하고, 장전대주(長田大主)는 이리오모테지마(西表島)의 고미(古見)로 도주하였다.22) 또 하데르마지마(波照間島) 세력과의 연합을 도모하여 사자가전(獅子嘉殿)과 접촉하였으나 의견이 합하지 않자 고하마지마(小浜島) 연해(沿海)에서 살해하였다고 한다.23) 이것은 아카하치가 일정한 군사력을 행사하면서 이시가키지마(石垣島)를 중심으로 야에야마(八

---

21) 比嘉春潮,『沖繩の歷史』, 沖繩タイムス社, 1959, pp.105-120; 高良倉吉,『新版琉球の時代』, 筑摩書房, 1989, pp.202-203.

22) "이때 石垣邑의 名田大翁主는 동생 둘과 누이 둘이 있었다. 하나는 那礼塘이라는 이름이고, 다른 하나는 那礼嘉佐成이라는 이름이었다. 두 사람을 항상 忠義를 지키고 赤蜂을 따르려 하지 않았으므로 드디어 이들을 살해하였다. 名田大翁主는 古見山으로 도망하여 동굴 안에 은거하였다."(『球陽』 3, 尙眞王 24년)

23) 『大浜村誌』, 2001, pp.178-179.

02 아에야마의 영웅 아카하치 홍가와라(동상)

重山)에서의 지배권을 확보해 간 것을 설명하고 있다.[24] 그리고 그것은 자연히 그 상대 세력인 미야코지마(宮古島)와의 관계로도 확산된다.

이때 미야코지마(宮古島)에는 나카소네(仲宗根豊見親)라는 유력한 인물이 있었는데 1474년(尙圓王 5) 슈리왕부로부터 미야코지마의 수장(首長)에 임명되었다. 슈리왕부에 대한 공납은 왕부의 지배권을 인정하는 것인 동시에 그 경제력을 뒷받침하는 이중적 의미가 있었다. 이 공납은 찰도왕(察度王) 41년(1390)에 처음 바치기 시작한 것으로 되어 있다.[25] 그의 지배

---

24) 홍가와라에 의하여 살해된 장전대주의 동생, 那礼塘 가계의 자료를 정리한 것이 大濱永亘, 『オヤケアカハチ · ホンカワラの亂と山陽姓一門の人々』(南山舍, 2006)이다.

25) 『球陽』 1, 宮古 八重山이 처음 사신을 파견하여 중산왕부에 입조하고 아울러 입공하였다고 하였다. 이후 공납이 끊어지지 않았다고 한다. 그러나 실제로는 의례적인 관계였을 것이다.

력을 이용하여 중앙집권에 활용하고자 한 것이었으며 동시에 나카소네(仲宗根豊見親)는 슈리의 권력을 배경으로 야에야마(八重山)에 대한 영향력을 강화할 수 있었다. 이 나카소네(仲宗根豊見親)에 맞서고 나선 것이 이시가키지마(石垣島)의 아카하치였던 것이다.

나카소네(仲宗根豊見親)를 내세워 슈리왕부의 지배력을 강화하는 구체적인 작업이 공납의 납부였다. 이것은 이시가키지마(石垣島)에 있어서도 예외가 아니었다. 그러나 아카하치가 힘을 얻으면서, 슈리왕부에 대한 공납은 중단되었다. 미야코지마(宮古島)를 거점으로 한 야에야마(八重山)에의 중앙 지배력이 강화되면서 위기를 느낀 이시가키지마(石垣島)의 세력들이 아카하치를 중심으로 결집한 것이라 할 수 있다. 이시가키(石垣)의 공납 거부가 계속될 경우 슈리의 야에야마(八重山)에의 지배력은 큰 타격을 입을 뿐 아니라 미야코지마(宮古島)도 크게 흔들릴 수 있었다.

〈충도씨가보(忠導氏家譜)〉에 의하면 당시 나카소네(仲宗根豊見親)는 이시가키(石垣)에 건너가 아카하치와 만나고 "함께 중산(中山)에 조근(朝覲)하고, 부용(附庸)의 직분을 지키고, 변함없이 조공을 바쳐, 신자(臣子)로서의 의무를 다하는 것이 득책"이라는 충고를 하였다. 그러나 공납 문제로 두 섬이 갈등하면서 아카하치는 미야코지마(宮古島)를 공격하려 하였다고 한다. "이때 미야코(宮古)의 추장 나카소네(仲宗根豊見親)라는 자가 있었다. 아카하치가 장차 미야코(宮古)를 공격하려고 해서 두 섬이 소동하였다"는 것이다.[26]

나카소네(仲宗根豊見親)는 이 문제를 슈리왕부(首里王府)에 정식으로 보고

---

26) 『球陽』3, 尚眞王 24년.

03 1500년 봄 슈리왕부의 군선 1백 척이 침입한 이시가키지마 섬의 해변

하고, 왕부(王府)는 군대의 파견을 결의하였다. 슈리왕부는 1500년 2월 2일(양력 3월 1일) 다이리페칭(大里親雲上) 등 9명을 대장으로 임명하고, 대소 46척의 군선에 3천 명의 군사를 현지에 파견하였다. 이들 슈리(首里)의 왕부군은 미야코지마(宮古島)의 나카소네(仲宗根豊見親), 타라마시마(多良間島)의 도하라(土原)오조로 등과 합류하여 3월 12일 이시가키지마(石垣島)에 도착하였다. 한편 이리오모테지마(西表島)의 고미(古見)에 도망해 있던 장전대주(長田大主)는 이에 호응하여 슈리왕부(首里王府)의 군사를 향도(嚮導)하였다.

3월 19일 정황 파악을 위하여 슈리 왕부군(王府軍) 일부가 섬에 상륙하였는데, 부녀자들이 하늘에 제사를 올리고 있었다. 나뭇가지를 손에 들고 하늘과 땅에 기도하며 주문을 외우고 있었다. 당일 접전은 없었다. 다음날 3월 20일 왕부군 군선이 2대로 나누어 토노시로(登野城)와 아라가와(新川)의 양 방향에서 공격해 들어갔다. 이 전투에 아카하치는 패하여 소토바루산(底原山)으로 도망하였지만, 공격군의 추격을 받아 죽임을 당하였다.[27] 아카하치의 처 구이츠바(古乙姥)도 살해되었다. 구이츠바는 아카하치와 대립하였던 장전대주(長田大主)의 누이동생으로서, 아카하치를 설득하기 위하여 시집보냈으나 도리어 아카하치와 뜻을 같이하게 되었다고 한다.[28]

아카하치 세력이 일망타진되자 이에 대한 논공행상이 이루어졌다. 나카소네(仲宗根豊見親)가 미야코지마(宮古島)의 두직(頭職)을 받고, 차남(眞刈金豊見親)은 야에야마(八重山)의 두직(頭職), 장전대주(長田大主)는 이리오모테지마(西表島)의 두직(頭職)을 각각 받았다. 미야코(宮古) 세력 중심으로 오키나와 슈리왕부(首里王府)의 지배체제에 선도제도(先島諸島)가 편입된 것을 보여주는 것이다.[29]

---

27) 아카하치는 연밭 진흙 속에서 蓮 줄기로 숨을 쉬며 숨었는데, 추격군이 창끝으로 더듬어 찾아 죽였다고 전한다.(遠藤庄治, 『八重山民話集』, 沖縄國際大學, 2000, pp.183-184) 또 大浜 지역 古老의 전승에는 아카하치의 수급을 首里에 보내자 왕이 "누가 아카하치를 죽이라고 명했는가, 생포하라고 명했거늘" 하며 노했다는 것이다.(『大浜村誌』, 2001, p.185) 그만큼 才智 있는 무장을 쓸 데 없이 죽인 것을 개탄했다는 것인데, 아카하치의 죽음을 애석히 여기는 사람들이 만들어 전하는 이야기일 것이다.

28) 長田大主는 원래 아카하치와 같은 波照間島 출신으로, 누이 구이츠바(古乙姥)를 아카하치에게 시집보내면서 틈을 보아 아카하치를 죽이도록 명했으나, 결과가 여의치 않았다고 한다. 宮古島의 仲宗根와도 비공식적인 親子의 혈연관계가 있는 것으로 전한다.(『大浜村誌』, 2001, pp.181-182)

29) 아카하치란 진압의 핵심 인물인 宮古의 仲宗根의 무덤은 국지정중요문화재로, 仲宗根 가문의 고문서 등 자료는 '忠導氏仲宗根家關係資料'라는 명칭으로 시 유형문화재로 지정되어 있다. 『沖縄文化財百科』 1(有形文化財), 那覇出版社, 1988, p.144.

3. 아카하치 난의 원인과 성격에 대한 문제

1500년 아카하치 난의 원인에 대해서는 15세기 상진왕대(尙眞王代)의 중앙집권책, 아카하치의 조공 거부, 선도(先島) 지역에서의 호족들의 지배권을 둘러싼 경쟁 관계 등을 앞에서 언급하였다. 이러한 여러 내용들이 복합적으로 작용하여 아카하치의 난이 일어나고 슈리 정부의 진압이 수행된 것임을 앞에서 언급하였다. 이러한 원인론을 정리한 것이, 미야코(宮古) 야에야마(八重山) 지역에서의 "유력 수장의 등장과 왕부의 조세 요구가 부닥친 것"이라 한 다카라(高良倉吉)의 정리이다.[30]

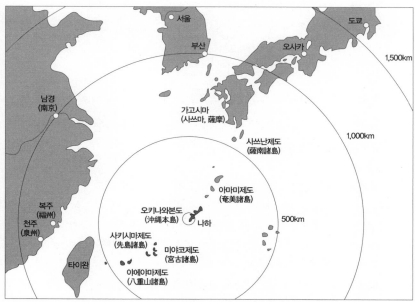

04 야에야마제도는 슈리왕부에서 500km나 떨어진 별도의 문화권이다

그런데 이상의 여러 요인 중에서 1500년 아카하치 난의 가장 핵심적 요인이 어떤 것인가에 대해서 좀 더 논의할 필요가 있다. 각 사료의 기록은 아카하치가 2, 3년간 조공을 거절하고 모반을 기도했다는데 일치하고 있다. 그리고 이에 근거하여 슈리왕부(首里王府)의 중앙집권책 혹은 가혹한 공물 징구 등을 상정하는 것이 원인론의 중요한 한 축을 이루고 있는 것이 사실이다.[31] 그런데 다카하시(高橋)의 다음과 같은 주장은 이 같은 시각에 대하여 인식의 전환을 촉구하는 것이었다.

> 종래 이 오야케 아카하치(赤蜂)의 난은 오키나와 왕권의 강권적 지배에 대한 야에야마(八重山) 도민(島民)의 반란이라는 설이 일반적이었는데 필자는 오히려 이 난의 본질을 선도(先島)의 지역적 통합을 둘러싼 각 공동체 수장(首長) 간의 상쟁이라고 생각하고 있고 또 오키나와 왕권에 의한 군사적 개입도 이러한 항쟁을 빌미로 해서 오키나와 왕권이 선도(先島) 지배를 개시하기 위하여 행한 '침략'전이라고 불러야 할 것이라고 생각하고 있다.[32]

야에야마(八重山)에 대한 슈리왕부(首里王府)의 지배권 강화가 아카하치 난의 원인이라는 이같은 해석을 받아서 스나가와(砂川)는 아카하치 난의

---

30) 高良倉吉, 『新版琉球の時代』, 筑摩書房, 1989, pp.206-207.

31) 八重山에서의 반란의 일반적 흐름을 "심한 착취 때문에 생활의 위협을 받은 도민들이 그 굴레를 벗어나기 위한 것"이었다는 아카하치 난에 대한 伊波普猷의 시각은 초기 이같은 입장을 반영하고 있다. 伊波普猷, 「仲宗根の豊見親の苦衷」 『古琉球』, 琉球新報社, 1942, p.224.

32) 高橋 彰, 「李朝實錄により見た15世紀末の南西諸島.先島社會」 〈第10次沖縄 八重山調査隊與那國島調査報告書〉, 早稲田大學アジア學會, 1971.(砂川哲雄, 「今,アカハチの亂を振り返る -オオヤケアカハチ沒後五百年」 『八重山歴史讀本』, 南山舍, 2004, pp.124-125에서 재인용)

원인과 성격을 다음과 같이 해설한 바 있다.

> 간단히 말하면 아카하치 난의 직접적 원인은 비교적 조기에 미야코지마(宮古島) 전도(全島)와 야에야마(八重山)의 일부를 지배하고 있던 나카소네(仲宗根豊見親)와 이시가키지마(石垣島)에 있어서 유력자의 항쟁 속에서 두각을 나타내고 지배력을 증대해 온 오야케 아카하치와의 세력 다툼에서 발생한 것이라 할 수 있다. 거기에 마침 남산(南山), 산북(山北)을 포함한 통일왕조를 만들고 중앙집권화의 길을 걷고 있던 중산왕부(中山王府)가 개입하는 빌미가 되었다고 하는 역사적 에포크가 겹친 것이다. 조공 거부라든가 모반이라는 것은 나카소네(仲宗根豊見親) 혹은 중산왕부가 아카하치의 세력을 정토하기 위한 대의명분에 불과하였다.[33]

이같은 견해가 반드시 독특한 것이라고는 할 수 없지만, 아카하치 난이 가지고 있는 주요 원인과 성격을 정확하게 짚은 것이라고 생각된다. 사건에는 여러 가지 요인이 있고 그것이 겹치면서 확산되는 것이지만, 그 가운데 가장 중요한 요소가 무엇인가를 잘 짚어내는 것이 또한 중요한 역사적 작업이라 할 수 있을 것이다. 이러한 점에서 필자는 아카하

---

33) 砂川哲雄,「今,アカハチの亂を振り返る -オオヤケアカハチ沒後五百年」『八重山歷史讀本』, 南山舍, 2004, pp.126-127. 이러한 견해는 崎山 直,「オヤケア・カハチ-虛像實像」에 의하여 "아카하치의 '逆心', '모반' 등이라는 것은, 琉球國에의 직접 대결이라기보다도 오히려 仲宗根豊見親=宮古와의 항쟁이 주였던 것이 아닐까라고 생각하고 있다. 결국 아카하치에 있어서는 琉球國에의 '모반'이라는 것보다 역시 群雄間의 세력 부식을 둘러싼 충돌에 지나지 않았던 것이 아닐까"라고 제시된 바 있다.(大濱永亘,「オヤケアカハチ・ホンカワラの亂について」『オヤケアカハチ・ホンカワラの亂と山陽姓一門の人々』, 南山舍, 2006, p.94에서 참고함)

치 난의 원인에 대하여 위에 인용한 견해에 특별히 공감하고 동의하게 된다.

아카하치 난에 대한 검토에서 필자는 이 사건이 사건 이후 혹은 근대에 이르러 저항과 복속이라는 이분법적 관점에 의하여 사실과는 다른 방향으로 왜곡된 것으로 생각한다. 아카하치 자신이 야에야마(八重山) 지역에서의 독자적 세력 형성이라는 꿈을 가지고 움직였던 것이 사실이지만, 그가 슈리왕부(首里王府)와 처음부터 군사적으로 대결할 의사가 있었는지는 의문이다. 즉 슈리 왕부의 정치적 흐름에 민감하지 못했고 이때문에 왕부측의 적극적 군사 개입을 예상하지 못한 것이 아카하치 실패의 원인이 되었던 것이 아닌가 생각되기 때문이다. 왕부측은 야에야마 지역에 대한 군사행동의 정당화를 위하여 아카하치의 '반란 의지'를 극대화 시킨 측면이 있는 것이다.

왕부군과의 전투에서 보면 아카하치의 군사력은 보잘 것이 없었다. 슈리의 군이 잘 훈련된 전문 군사집단이었던 데 비하여 아카하치의 군사력은 민병 수준에 무기면에서도 비교가 되지 않았다. 슈리의 3천 군사가 아카하치를 압박했을 때 아카하치는 "중병(衆兵)을 거느리고 험한 곳을 등에 업고 대해(大海)에 면하여 진세(陣勢)를 펼쳤다"고 하지만, "부녀자 수 십인이 나뭇가지를 가지고 하늘을 부르고 땅을 부르며 주문을 외우는 것"이 가장 중요한 방어책이었다.[34] 전설에서도 방어병력의 부족을 그대로 드러내고 있다.[35] 때문에 전투는 일방적이었던 것이다.

---

34) 『球陽』 3, 상진왕 24년.

35) 전설에 의하면 아카하치는 정토군에 대한 방어책으로 이시가키(石垣)의 觀音堂 앞에서 大浜 동해안까지 6km에 걸쳐 물독을 세워 여기에 갓을 씌우고 弓矢를 장착하여 마치 군사가 방어태세를 갖추고 있는 것처럼 위장하였다고 한

아카하치가 슈리에 대한 반란을 일으켰다는 근거는 2, 3년 혹은 3, 4년 왕부에 대한 조공을 거부하였다는 왕부측 혹은 미야코지마(宮古島) 측 기록이 전부이다. 정확히는 '반란'이라고 말할 수 있는 단계에 이르기 전 단계의 상황이었다고 할 수 있다.[36] 선도(先島) 지역이 14세기 말 찰도왕대(察度王代) 이후로 조공을 바쳐왔다고 말하고 있지만, 슈리왕부와 정교한 복속 관계가 형성되어 있었던 것은 아니다. 조공은 부정기적인 것이었고 상진왕대에 이에 대하여 적극적인 정책을 펴면서 조공문제가 두드러지게 된 것 같다. 이점에 있어서 미야코지마(宮古島)와 이시가키지마(石垣島)의 방향이 달랐던 것이다. 나카소네(仲宗根豊見親)는 슈리왕부의 복속정책에 호응함으로써 대신 야에야마 지역에서의 자기 지배권을 확보해 나간 데 반하여 이시가키지마의 아카하치는 독자적으로 통합 권역을 추구해 갔던 것이다. 조공 혹은 내부통합은 방향은 서로 다르지만, 요컨대는 야에야마의 경제적 기반이 확충되는 배경 속에서 이루어진 변화였음에 틀림없다. 중국제의 자기류의 출토가 이를 뒷받침한다.

이상과 같은 점에서 볼 때 역시 아카하치 난의 가장 중요한 배경은 이시가키지마(石垣島)와 미야코지마(宮古島)를 중심으로 한 여러 호족들간의 경쟁에 있었고, 이같은 통합을 둘러싼 내부 갈등 속에서 미야코지마에 결탁된 슈리왕부가 개입함으로써 이른바 아카하치의 난이라는 역사적 사건으로 확대 되었다는 것이다. 이시가키지마와 미야코지마, 양도의 갈등 관계를 나카소네(仲宗根豊見親)는 슈리를 끌어들여 일거에 해결하

다.(『大浜村誌』, 2001, pp.187-188) 아카하치의 '지략'으로 인식되고 있지만, 내용적으로는 방어력의 한계를 보여주는 자료이다.

36) 安里 進 外, 『沖縄縣の歷史』(山川出版社, 2004, pp.93-96)에서는 아카하치 난을 '아카하치 사건'으로 명명하고 있다.

였으며, 이를 계기로 슈리왕부는 선도(先島) 지역에 대한 지배관계를 확실히 정립하게 된 것이다.

아카하치는 슈리의 입장에서 볼 때 반역자였다. 이 때문에 왕부의 편찬사서를 비롯한 문헌자료들은 모두 그를 '모반'의 인물, 반역자로 기록하고 있다. 그러나 근대에 이르러 그에 대한 평가는 크게 달라졌다. 슈리왕부(首里王府)의 지배정책에 대하여 정면으로 저항한 영웅적 인물로서의 평가가 그것이다. 지역적 차원을 넘어서 '자유 민권'이라는 보편 가치의 기준에서 극찬되는 평가도 나왔다. '자유민권의 반항'으로 아카하치 난을 높이 평가한 것이 그 예이다. "봉건시대의 강압에 반항하여 자유 민권을 주장하고 민중의 격분을 한 몸에 받아 슈리왕부의 반성을 촉구하고 장래 신앙의 자유를 염원하여 시체를 적에게 준 것이다."[37] 그러나 다른 한편으로 여전히 아카하치에 대한 부정적 평가도 일각에서 숨 쉬고 있다. 이러한 논쟁점을 압축하여 제기하고 있는 것이 오키나와 역사교과서이다. 학습주제의 제목이 〈오야케 아카하치는 반역자였는가〉이고, '역사를 탐구한다'는 별도의 칼럼난을 설치하여 이 문제에 대한 토론 자료를 제공하고 있다.[38]

1953년 4월 오하마(大浜)의 사키하라(崎原) 공원에 세워진 아카하치의 비 이후, 2000년 10월 이시가키시 오하마촌(大浜村) 현지에서 거행된 오야케 아카하치 5백년제 행사는 아카하치에 대한 긍정적 평가를 공식화하고 정리하는 중요한 계기가 되었다. 오하마촌(大浜村) 공민관(公民館)의 준공, 아카하치 동상 건립, 오하마촌지(大浜村誌) 발간 등의 부대 사

---

37) 喜舍場永珣, 『新訂增補八重山歷史』, 國書刊行會, 1975, p.111.

38) 新城俊昭, 『高等學校 琉球·沖繩史』, 東洋企劃, 2007, pp.63-68.

05 '오야케 아카하치―태양의 반란' 서울 공연(2013)

업을 포함한 이 사업을 위하여 3년간에 걸쳐 모금활동을 전개하면서 대대적으로 사업추진을 했기 때문이다.[39] 그러나 여전히 지역에서는 아카하치는 이시가키 혹은 선도(先島) 지역의 영웅으로서가 아니라, '오하마촌(大浜村)의 영웅'으로 좁혀져 있는 느낌이 있다. 아카하치에 대한 역사적 평가에도 불구하고, 1500년 당시의 지역적 헤게모니를 둘러싼 경쟁이라는 역사성이 아직도 그 근저에서 불식되지 않고 있는 것이다. 아카하치에 대한 평가에 야에야마(八重山) 지역과 미야코지마(宮古島) 간의 지역적 격차가 있다는 관견은 이같은 지역적 감도(感度)의 차이를 지적한 것으로 생각된다. "미야코지마 측은 이 사건을 자만사적(自慢史的)이라 하고, 야에야마(八重山) 측은 아카하치에 대하여 무언가 '안타까움'

---

39) 2000.10.14일자 행사자료에 의하면 이 사업에는 총액 1억 5400만엔이 투입되었는데, 모금액이 4400만엔에 이르렀다. 행사자료는 石垣市立圖書館에서 2011.9.8 열람함.

을 가지고 있다"는 것이다.[40]

4. 아카하치 관련 유적

1) 오하마(大浜) 사키하라공원(崎原公園)의 위령비

위령비는 1953년 히로다(廣田禎夫) 등 수 명이 발기하여 4월 16일자로
건립하였다. '오야케 아카하치지비(赤峰之碑)'라 하고, 이와는 별도의 돌에
비문을 지어 새겼다. 위령비의 비문 내용은 다음과 같다.[41]

> 오야케 아카하치(赤峰)는 일명 홍가와라라고도 칭했다. 호용(豪勇)함이
> 뛰어나 군웅할거 그 당시 오하마촌(大浜村)을 근거로 하여 추장(酋長)으로
> 올려졌다. 문명(文明) 18년(1486) 중산의 상진왕(尙眞王)은 사자를 야에야마
> (八重山)에 특파하여 이리키야마리신(伊里幾屋安眞理神)의 제사를 음사(淫祀)
> 사교(邪敎)로서 엄금하였고, 도민은 신앙에의 부당한 탄압이라고 해서, 크
> 게 분격하였다. 이에 아카하치는 도민(島民)의 선두에 서서 반기를 들고 조
> 공을 2, 3년 중단하여 중산의 반성을 촉구했지만, 상진왕은 대리(大里) 왕자
> 를 대장으로 부장(副將) 및 신녀(神女) 친베(君南風) 등과 함께 정예 3천인을
> 병선 46척으로 반란 진압에 파견하였다. 아카하치는 크게 방전분투하였지
> 만 중과부적으로 한을 머금고 소토바루(底原)의 이슬로 사라졌다. 때는 명
> 응(明應) 9년(1500), 지금으로부터 454년 전의 일이다. 아카하치는 봉건제도
> 에 반항하여 자유민권을 주장하고 도민을 위하여 억제할 수 없는 정의감

---

40) 山內玄三郎, 「八重山赤蜂の亂と宮古島」『沖繩文化』 66, 1986, p.26.

41) 『大浜村誌』, 2001, pp.187-188.

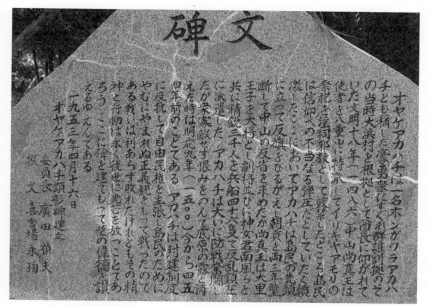

碑文

オヤケアカハチは一名ホンガフラアカハ
チとも稱した豪勇家で群雄割拠のそ
の當時大浜村を根據として四民に仰がれて
いた文明十八年(一四八六)中山尚眞王は
使者を八重山に特派してイリキヤアモリの
祭祀を淫祠邪教として禁じたところ島民
は信仰の不當なる弾圧だとしていたく憤慨
激…においてアカハチは島民の先頭
に立って反旗をひるがえし朝貢と三年
斷って中山の反省を求めたが尚眞王は大里
王子を大將とし副將並に神女君南風らと
共に精鋭三千人と矢舶四十六隻で反乱鎮圧
に派遣した アカハチは大いに防戦奮闘し
たが衆寡敵せず恨みをのんで底原の露と消
えた時は明応九年(一五〇〇)今から四五
四年前のことである アカハチは封建制度
に反抗して自由民權を主張し島民のために
やむにやまれぬ正義觀をもって戰ったので
ある戰いは利あらず敗れたけれどもその精
神と行動は永く後世に光…を放つことであ
ろう ここに碑を建ててその偉德を讃
えるゆえんである

一九五三年四月十六日
オヤケアカハチ頭彰碑建立
安員長 廣田 禎夫
撰文 喜舍場 永珣

06 아카하치 기념비 비문

을 가지고 싸운 것이다. 전투는 불리하여 패했지만 그 정신과 행동은 영원히 후세에 빛을 비출 것이다. 여기에 비를 세워 그 위덕(威德)을 기린다.

아카하치의 비석 옆에는 처 구이츠바(古乙姥)의 위령비가 자리하고 있다.[42] 서기 2000년에 500년 기념사업의 일환으로 건립한 것이다.

---

42) 아카하치 위령비의 비문은 원래 좀 더 구체적이었는데 비문의 초안에 대하여 장전대주의 집안에서 항의가 있어 수정한 것이라 한다. 구이츠바의 비도 처음 같이 세워 合祀할 생각이었으나 역시 장전대주의 집안에서 허락하지 않아 미루어졌던 것이라 한다. 遠藤庄治, 『八重山民話集』, 沖縄國際大學, 2000, p.184.

아카하치 위령비와 동상이 자리잡은 오하마(大浜)의 사키하라공원(崎原公園)은 사키하라촌(崎原村)이 자리하였던 사키하라 우타키(崎原御嶽) 유적 지역이다. 히르마쿠이 형제가 야에야마에서 처음으로 사츠마(가고시마현 川邊郡 坊津町)로부터 철제 농기구를 도입한 곳으로 〈팔중산도유래기(八重山島由來記)〉에 기록되어 있는 곳이다.[43]

2) 아카하치 동상

아카하치 500년 기념으로 2000년 10월 오하마의 공원(大浜 崎原公園)에 건립한 동상이다. 2m 높이의 대좌 위에 목장(木杖)을 쥐고 선 아카하치가 오하마(大浜) 남쪽 해안을 손가락으로 가리키며 오하마(大浜)의 사람들을 응시하고 있는 역동적인 인물상이다. 동상의 설명문은 다음과 같다.[44]

> 서기 1500년, 당시의 류큐왕부(琉球王府)에 연공(年貢)을 거부하고 반기를 든 경천동지(驚天動地)의 아카하치 난의 주인공 오야케 아카하치의 동상. 그 인물상은 몸집이 대단히 크고 발군을 힘을 가졌으며 머리카락은 붉은 색으로 일본인 같지 않은 정한(精悍)한 얼굴의 젊은이라고 전해지고 있다. 정의감이 강하고 도민 해방을 위해 선두에 서서 권력에 저항, 오하마촌(大浜村) 사람들로부터 태양처럼 받들어지는 신망을 한 몸에 받았다. 이후 지금까지 영걸(英傑) 오야케 아카하치의 유덕(遺德)은 오하마촌(大浜村) 사람들에게 '아카하치 정신'으로 이어지고 있다.

---

43) 大濱永亘,「フルスト原遺跡について」『八重山の考古學』, 先島文化研究所, 1999, pp.262-263.

44) 『大浜村誌』, 2001, pp.194-195.

07 이시가키 오하마 공원의 아카하치 동상(2000년 건립)

동상의 제작자는 밝혀져 있지 않으나, 제작비는 1천만 엔이 소요되었다.

3) 후루스트바루 유적(石垣市 大浜)

1973년 6월 채석으로 유물이 노출되어 시굴조사가 긴급히 시행된 후, 15세기 야에야마(八重山)의 세력 거점으로 추정되면서 1978년 국가 사적으로 지정되고, 1982~3년, 이시가키시 교육위원회에 의하여 발굴되었다.

오하마촌(大浜村)의 북측, 표고 약 25m 석회암 해안단구 일대에 남북 900m, 동서 140m 범위에서 석적벽(石積壁)의 일부, 방형의 석적(石積), 성문적(城門跡), 석적(石積)의 묘, 지석묘, 우타키(御嶽) 등이 확인되었다. 석루(石壘)는 15기가 확인되었는데 규모는 평균 25×15m이고, 두께 2m 전후의 견고한 석담으로 둘러 싸여, 이것이 방비를 전제로 한 건축물임을 짐작케 한다. 석루 안팎에서 다량의 중국제 자기류, 현지의 토기류, 뼈 화살촉, 유리 구슬, 철정 등이 출토되었는데 특히 생활용기, 식량잔재 등에 의하여 일상적 생활이 이루어진 공간이었던 것으로 추측된다.

토기는 파편으로 나왔는데 적다색으로 산호 알갱이를 많이 포함하고 있는 태토에 녹로를 사용하지 않고 만든 것이다. 모양은 발(鉢) 모양, 호(壺) 모양이다. 중국제 청자는 구연부와 저부 등의 파편인데 대부분 원(盌), 혹은 반(盤)으로 생각되는 물품이다. 백자는 완 편과 저부 편이 약간 출토되었다. 중국제 갈유도기는 대형의 옹 혹은 중소의 호(壺) 등인데 다량의 파편이 출토되었다. 색조는 암회갈색, 혹은 다흑색으로 철유를 시유한 것이다. 어깨에 '大吉(대길)'이라는 글자를 양각 스탬프로 찍은 자료도 있다. 유리구슬은 청색 불투명으로 직경 8mm, 두께 3mm, 구경 2.5mm의 구슬이다.[45]

이 유적이 주목되는 것은 유적의 시기가 대략 15세기로서, 아카하치의 거성(居城) 가능성이 제기되었기 때문이다. 발굴조사보고서에서도 이

---

45) 石垣市敎育委員會, 『フルスト原遺跡發掘調査報告書』, 1984; 大濱永亘, 『八重山の考古學』, 先島文化研究所, 1999, pp.175-183; 下地 傑, 「發掘された村·石垣島フルスト村」『村が語る沖繩の歷史』, 新人物往來社, 1999, pp.103-112 등을 참고함.

같은 구전이 일찍부터 있다는 것을 기록하고 있다. 그러나 구체적인 연결 관계는 확실하지 않은 상태이며, 아카하치와는 무관한 유적이라는 주장도 개진되고 있다.[46] 아카하치 거성(居城)으로서의 직접적인 연결은 무리한 것으로 보이지만, 아카하치 난과 유사한 시기의 유적이라는 점에서는 의미가 있다고 본다. 특히 중국 청자 등 자기류의 풍부한 출토는 이 시기 야에야마 지역의 교류와 경제적 위상을 입증하는 것이라 할 수 있고, 이 같은 배경 하에서 아카하치의 선도(先島) 지역 통합 구상도 가능하였을 것이다.

4) 아카하치의 출생지(竹富町 字波照間)

하데르마(波照間)의 중앙부에 스에이시발(据石原)이라는 마을터가 있는데 이곳에 '아카하치 집터'라 불리는 장소가 있다. 1973년 다케토미정(竹富町)의 사적으로 지정되었고 비석을 세웠다. 비석은 '아카하치 탄생지'라는 제목으로 '야에야마(八重山)의 영걸(英傑) 오야케 아카하치가 태어난 집터'라고 적혀 있다.[47] 이 유적에서는 중국제 도자기(청자, 染付, 褐釉)와 철재(鐵滓) 등이 확인되었으며 그 시기는 15세기 중엽부터 16세기, 아카하치의 시대와 대략 부합하고 있다.[48]

---

46) 大濱永亘, 「フルスト原遺跡について」『八重山の考古學』, 先島文化研究所, 1999, pp.266-269.

47) 『沖繩文化財百科』2(史跡・名勝), 那覇出版社, 1988, p.176.

48) 大濱永亘, 「八重山時代鍛冶遺跡傳承」『琉球弧の世界』, 小學館, 1992, p.559; 大濱永亘, 「フルスト原遺跡について」『八重山の考古學』, 先島文化研究所, 1999, pp.262-263.

맺는말

아카하치의 난은 류큐 왕조 중앙정부의 지배권의 확대 과정에서 야기된 역사적 사건이었다. 중앙과 지방의 권력이 충돌하는 현장이라는 점에서 다양한 논의가 이루어졌던 역사적 사실이다. 이에 대해서는 적지 않은 논고가 나왔지만 지역의 역사 연구자들의 논고가 많은 탓인지 논의가 산발적이고, 의외로 학문적 논의 과정과 성격이 명확하게 정리되어 있지 않다.

사료의 양도 제한적인데다 그나마 진압측이라 할 슈리왕부(首里王府), 혹은 미야코지마(宮古島)측 사료 일변도이고, 개인 신변에 대한 자료 또한 실제로는 매우 빈곤하다. 이 때문에 불확실하기는 하지만 현지의 각종 구전자료에 대해서도 주의를 기울이지 않을 수 없다. 다른 한편 1500년 당시 사건의 저변을 형성하고 있었던 지역 간의 경쟁이라는 지역 의식 혹은 가문의 존재가 여전히 사회의 일각에 온존하고 있다. 1953년 아카하치 기념비를 건립할 때 비문의 문구를 둘러싸고 어려움이 있었다는 것도 이같은 분위기를 반영하는 것이다.

그럼에도 불구하고 오키나와 역사에서 아카하치 난이 가지고 있는 역사적 의미는 적지 않다. 뿐만 아니라, 그것이 상징하고 암시하는 오키나와에 있어서의 역사적 상징성 또한 작지 않다. 때문에 이 문제는 앞으로도 오키나와 역사의 특성 속에서 확산성을 갖는 논점의 성격을 갖는 것이기도 하다. 이러한 점에서 1500년 아카하치의 난은 역사적 의미와 흥미, 그리고 시대적 상징성을 함께 갖는 특별한 사건이라고 말하고 싶다.

서기 1500년 3천의 군사를 파견, 아카하치 난을 진압하고 선도지역

(先島地域)에 대한 지배권을 확보한 슈리왕권은 1609년 사츠마 시마즈(島津)의 침입을 받아 복속하였다. 야에야마를 지배했던 그 역사가 사츠마에 의한 류큐 왕조의 지배로 1백여 년 만에 부메랑으로 돌아온 것이다. 일찍이 이하후유(伊波普猷)는 아카하치 난을 논하면서 바로 이 점을 지적하면서 역사적 '아이러니'로서 평한 바 있다.[49]

본고는 홍길동과의 관련설로 주목을 끌었던 1500년 아카하치의 난에 대하여 그동안의 논의와 논점을 정리하면서 아카하치의 인물, 난의 원인과 성격 등을 검토하고 이에 대한 나름의 의견도 덧붙였다. 우선 오야케 아카하치 홍가와라의 1인 혹은 2인설에 대하여 역사기록을 존중하여 아카하치와 홍가와라 2인으로 보아야 한다는 것, 불확실한 아카하치와 홍가와라의 관계에 대해서는 이주세력과 토착세력의 연합으로 해석하는 의견을 제안하였다. 그리고 아카하치 난의 핵심은 당시 야에야마 지역에 있어서 교역의 활성화에 따른 경제적 성장이 지역내 세력 경쟁과 통합 분위기를 조성하였고, 여기에 중앙집권책을 추구하는 슈리정부가 개입함으로써 확산된 사건이었다고 파악하였다. 이러한 맥락으로 볼 때, 이 사건과 관련 등장인물을 홍길동과 연결하려는 작업의 시도는 그 실마리를 찾기가 쉽지 않은 것으로 생각된다.

1771년 4월 24일(양, 음력 3월 10일) '세계사상 최격심의 쓰나미'[50]가 야

---

49) "아카하치를 주륙하고 空廣을 위압한 오키나와 위정자의 후예가 1세기도 되지 않은 사이에 島津씨에게 정복되어 先島人과 운명의 類似者가 된 것은 무언가 아이러니하다."(伊波普猷, 「仲宗根の豊見親の苦衷」『古琉球』, 琉球新報社, 1942, p.235)

50) 三好 壽, 「八重山の大津波の位置」『牧野清先生古稀記念論集』, 文獻出版, 1983, p.1.

에야마(八重山)를 휩쓸었다. 진도 7.4의 지진에 이어 쓰나미가 수반되면서 당시 이시가키지마(石垣島)에서는 인구 28,992인 중 익사자 9,813인으로 32.1%의 인명 손실이 초래되었다. 쓰나미 이후에도 기근과 역병 등으로 사망자가 속출하여 희생자가 8,633명에 이르러 결과적으로 17,946인의 인명이 목숨을 잃었다.[51] 이 쓰나미에 의하여 아카하치의 거점 오하마촌(大浜村), 그리고 이시가키 시내도 모두 궤멸되었다. 여러 수수께끼를 안고 있는 야에야마의 역사 자료 역시 이 대 쓰나미(大津波)에 모두 휩쓸려 가버린 것이다.

* 이 논문은 역사문화학회, 『지방사와 지방문화』 15-1, 2012에 실린 것임.

---

51) 喜舍場永珣, 『新訂增補八重山歷史』, 國書刊行會, 1975.

한국과 오키나와, 교류사 연표

1398	경상도 진양(晉陽)에 우거중인 류큐 산남왕(山南王) 온사도(溫沙道)가 올라와 하례하므로 태조가 의복과 양식을 내림
1401	명 영락제, 무령왕(武寧王)을 중산왕으로 책봉(최초의 책봉)
1406	쇼하시(尙巴志)가 중산왕통 무령(武寧)을 멸하다. 쇼시소(尙思紹)가 류큐 왕에 즉위함(제1 尙氏 왕조의 성립)
1409	중산왕 쇼시소(尙思紹)가 사신을 보내고 피로인 3인을 송환함
1410	중산왕 쇼시소가 피로인 14인을 보내옴
1416	전 호군(護軍) 이예(李藝)가 류큐에 팔려간 피로인 44인을 데려옴 쇼하시(尙巴志)에 의해 산북왕(山北王) 멸망함
1422	쇼하시(尙巴志), 중산왕에 즉위함
1427	슈리성(首里城)의 외원(外苑)을 정비하고, 인공지(人工池)인 용담(龍潭)을 조영함
1429	류큐인 15명이 강원도에 표착하여 본국으로 돌려보냄 쇼하시(尙巴志), 산남왕(山南王)을 멸하여 삼산(三山) 통일
1431	중산왕 쇼하시(尙巴志), 하례구(夏礼久)를 정사로 하여 사신을 파견함 류큐국에 대한 사신의 격을 서반 3품 반열로 평가하다
1434	류큐 사람이 만든 전함과 조선의 전함을 강에 띄어 비교 시험하다
1437	김원진(金元珍)이 류큐에 가서 표류인 6인을 찾아오다
1450	정년(鄭年) 등 6인 와사도(臥蛇島) 표착
1452	상금복왕(尙金福王), 나하의 해중도로(海中道路)와 장홍제(長虹堤)를 완성
1453	류큐국 사자 도안(道安)이 대장경을 요청하다 왕위 계승을 둘러싼 지로(志魯), 포리(布里)의 난으로 슈리성 정전 소실
1455	류큐국 사자 왜승 도안(道安)이 예물을 올림
1456	제주 선군(船軍) 양성(梁成) 등 구메지마(久米島) 표착
1457	조선의 표류민 한금광(韓金光) 등 11인을 송환함
1458	류큐 국왕의 사자 오라사야문(吾羅沙也文)이 조선 표류인을 데리고 오다 코사마루(護佐丸)와 아마와리(阿麻和利)의 난 일어남 상태구왕(尙泰久王)이 '만국진량(萬國津梁)의 종'을 만들어 슈리성(首里城) 정전에 설치

1461	초득성(肖得誠) 등 조선인 8인, 미야코지마(宮古島) 표착함
	류큐 중산왕이 보수고(普須古) 등을 보내 조선 표류인을 데리고 오다
1462	세조, 류큐 국왕(尙德王)에게 대장경을 내리다
1465	조선 세조, 원각사를 건립하다
1466	상덕왕(尙德王), 2천의 군을 이끌고 기카이지마(喜界島) 정복
1467	세조, 류큐 국왕(尙德王)에 법화경 등 기증
1468	류큐에서 올린 천축주(天竺酒)를 문신들에게 내리다
1470	가나마루(金丸), 즉위하여 상원왕(尙圓王)이 됨(제2 상씨왕조 성립)
1471	류큐 국왕의 사신이 입국할 때 상경할 수 있는 인원을 25명으로 정하다
1477	제주인 김비의(金非衣) 등 8인, 요나구니시마(與那國島) 표착
1483	류큐 국왕사 신사랑(新四郎) 내빙함
1488	조선 성종, 원각사 중수
1494	슈리(首里)에 원각사(圓覺寺) 건립
1500	이시가키지마(石垣島)에서 아카하치 홍가와라의 난이 일어나 왕부군(王府軍)에 의하여 진압됨
1501	상진왕(尙眞王), 왕릉인 세계유산 다마우동(玉陵) 조영
1502	원감지(圓鑑池) 조영, 경당(經堂) 건립하여 조선에서 받은 경판을 수납
1519	세계유산 소노향우타키(園比屋武御嶽) 석문(石門) 조영
1522	상진왕, 슈리성에서 나하항에 이르는 직통 도로, '진주도(珍珠道)'를 정비함
1546	슈리성(首里城) 동남측 성벽공사 완성, 계세문(繼世門) 조영
	오키나와 표류 조선인 박손(朴孫) 등 12명이 중국을 경유하여 귀환하다
1589	류큐국 상인 37명이 진도에 표착하여, 명(明)으로 이송함
1591	시마즈(島津義久), 조선 침입을 위하여 상녕왕(尙寧王)에게 7천 인의 병량미 10개월분과 나고야성 공사에 필요한 금, 은, 곡식의 조달을 명함
1592	토요토미 히데요시(豊臣秀吉), 조선 침입(임진왜란), 시마즈(島津) 참전, 류큐는 참전 회피

1593	류큐국, 조선 침입에 소요되는 군역을 대부분 부담, 시마즈(島津), 잔여분 조달을 명함
1594	상녕왕(尙寧王), 시마즈(島津)에게 군역 부담이 어려움을 호소
1597	시마즈(島津義久)의 남원성(南原城) 전투
1598	토요토미 히데요시(豊臣秀吉) 사망. 심당길, 박평의 등 조선 도공들이 사쓰마에 포로로 잡혀감
1603	도쿠가와 이에야스(德川家康)의 에도막부(江戶幕府)가 성립함
1605	노구니 총관(野國總官)이 복건성(福建省)에서 류큐에 고구마를 가져옴
1609	시마즈(島津)의 군, 슈리성(首里城) 점거하고 상녕왕을 연행함. 이후 류큐는 시마즈의 지배하에 두어짐
1610	상녕왕(尙寧王), 시마즈와 함께 순푸성(駿府城, 시즈오카)에서 이에야스(德川家康) 알현
1616	사쓰마의 조선 도공 장일륙(張一六), 안일관(安一官), 안삼관(安三官)이 사시키(佐敷) 왕자(尙豊王)와 함께 오키나와에 이름
1620	상풍왕(尙豊王)이 시마즈씨의 승인을 얻어 즉위
	상녕왕(尙寧王)이 '우라소에(浦添) 요도레'에 묻힘
1621	원감지(圓鑑池)의 장경각을 재건, '변재천당(弁財天堂)' 조영함
1650	류큐 역사서 〈중산세감(中山世鑑)〉 편찬
1660	슈리성(首里城) 소실
1662	김여휘(金麗輝) 등 32인 아마미대도(奄美大島) 표류, 이듬해 조선으로 돌아옴
1669	오키나와에 표류한 전라도 백성 입이(立伊) 등 21명이 일본을 거쳐 송환됨
1671	슈리성(首里城) 재건
1682	도자기 가마 3개소, 마키시촌(牧志村)에 이설
1698	류큐, 사쓰마(가고시마)에 고구마를 전함
1701	〈중산세보(中山世譜)〉(蔡鐸) 저술
1709	슈리성(首里城) 소실. 대기근으로 3,199인 사망

1715	슈리성(首里城) 재건
1716	류큐 표류민 진도의 백성 김서(金瑞) 등 9명이 청을 거쳐 들어옴
1723	사쓰마에서 고구마를 가져와 쓰시마에 식재함
1730	오키나와 도공 나간다가리(仲村渠致元)가 연수차 사쓰마에 파견됨
1741	제주 백성 21명이 표류하여 류큐국과 복건성에 머물다 4년 만에 귀국함
1745	류큐 역사서 〈구양(球陽)〉 편찬
1764	통신정사 조엄(趙曮)이 쓰시마에서 보낸 고구마가 부산에 처음 식재됨
1771	제주인 장한철(張漢喆) 등 호산도(虎山島)에 표류 거대한 쓰나미, 야에야마(八重山)에서 사망자 1만 1,141인 발생
1790	흥양현 삼도(三島)에 류큐인 7명이 표착함
1794	영암 이진(梨津)에 표착한 류큐 야에야마(八重山) 사람 3명을 본국으로 돌려 보냄
1797	제주 대정현에 표착한 류큐 나하(那覇) 사람 7명을 본국으로 돌려 보냄
1799	류큐 왕가(王家)의 별저(別邸) 정원인 시키나엔(識名園) 조영
1805	오오시마(大島)에 표류한 문순득(文淳得)이 오키나와 슈리 왕부와 필리핀, 중국을 거쳐 귀환함
1819	류큐 에라부지마(永良部島)를 출항하여 사쓰마로 가던 선박이 비인현 마량진에 표착함(〈조선표류일기〉의 저자 安田義方 승선)
1826	외나로도에 표류해온 류큐 상인 3명을 북경을 경유하여 돌려보냄
1831	제주 대정현에 표착한 류큐 나하(那覇) 사람 3명을 북경으로 보냄
1854	페리제독, 나하에 내항, 류미수호조약(琉美修好條約) 체결
1868	메이지유신(明治維新)
1872	류큐번(琉球藩) 설치
1879	류큐번을 폐하고 오키나와현(沖繩縣)을 설치, 일본에 통합
1880	현청 설치 장소를 슈리(首里)에서 나하(那覇)로 변경
1886	오키나와 도조 장일륙(張一六)의 비석 건립
1910	대한제국, 일본에 의하여 강점

1915	경주 분황사탑 수리 중 탑 내에 안치된 오키나와 산 조개 이모가이 확인
1931	만주사변 발발
1941	태평양전쟁 발발
1944	미군 함재기 나하시(那覇市) 공습, 궤멸(10.10 공습)
1945	미군의 오키나와 상륙. 일본항복으로, 2차대전 종식. 미군 주둔
1946	GHQ, 일본과 오키나와 행정 분리 선언
1948	대한민국 정부 수립
1950	6.25전쟁 발발
1953	아마미군도(奄美群島), 일본으로 병합
1958	주민 모금에 의하여 슈리성의 슈레이몬(守禮門) 복원
1968	원감지(圓鑑池)의 변재천당(弁財天堂) 복원
1972	오키나와현 일본으로 병합
1971	기노완시(宜野湾市) 가카즈다카이다(嘉數高台) 공원에 위령비 '청구(靑丘)의 탑' 건립
1975	오키나와 해양박람회 개최
1984	류큐대학 신캠퍼스, 슈리성으로부터 이전 완료
1986	세계유산 자키미(座喜味) 구스크, 복원 정비작업 완료
1989	우라소에 구스크(浦添城), 국가사적 지정
1992	슈리성(首里城) 복원
1995	1944년 소실된 '흥해 고려종' 복원(오키나와현립박물관 소장) KBS 〈홍길동은 오키나와로 갔다〉 방영
1996	후텐마(普天間) 미군기지 전면 반환 발표
1998	사가현 아리타정(有田町) 큐슈도자문화관에서 〈오키나와의 도자기〉 특별전 개최
1999	후텐마 기지, 헨나고(辺野古) 이설 결정
2000	류큐왕국의 구스크 및 관련 유산군 유네스코 세계유산 등재 아카하치란 500년 기념으로 이시가키시마(石垣島)에 아카하치 동상 건립

2003   오키나와 도시모노레일 개통

2006   요미탄촌(讀谷村)에 '아시아태평양전쟁 · 오키나와전쟁 피징발 조선반
         도출신자의 한(恨)의 비' 건립

2007   이토만시(絲滿市) 평화공원에 '한국인위령탑' 건립
         국립제주박물관에서 〈탐라와 유구왕국〉 특별전 개최
         오키나와현립박물관 · 미술관 신축 개관

2008   일본군 '위안부'를 추모하는 '아리랑 비 · 여자들에게'가 미야코지마(宮
         古島)에 건립됨

2009   KBS 역사추적 〈삼별초는 오키나와로 갔는가〉 다큐 방영
         곽의진의 창극 〈진도에 또 하나의 고려 있었네〉 나하에서 공연

2011   제주시 애월읍에 장한철(張漢喆) 기념비 건립

2012   국립해양문화재연구소에서 〈홍어장수 문순득, 아시아를 눈에 담다〉
         특별전 개최

2013   오키나와현 주최로 뮤지컬 '오야케 아카하치-태양의 반란' 서울에서
         공연

2014   세월호 침몰(세월호는 원래 가고시마-오키나와를 왕래하는 화물선 '나미노우에(波
         之上)'였음)
         오키나와현 한국사무소 개소
         원주시에 통신사 조엄(趙曮) 기념관 건립
         국립고궁박물관에서 〈류큐 왕국의 보물〉 특별전 개최

2017   부산 영도에 '조내기고구마 역사공원'이 완공됨
         국립제주박물관에서 특별전 〈삼별초와 동아시아〉를 개최함

2019   슈리성(首里城) 정전(正殿)이 전소됨

* 연표는 『沖縄縣の歷史』(山川出版社, 2004)의 연표 및 하우봉 외, 『조선과 류큐』(아
르케, 1999) 부록, 조선류큐관계 기사를 많이 참조하였음.

류큐왕(琉球王) 일람표(一覽表)

왕이름	재위	비고
순천왕통(舜天王統) 3대 73년		
1 순천왕(舜天王)	1187~1237	확인되지 않은 전승의 시대
2 순마순희왕(舜馬順熙王)	1238~1248	
3 의본왕(義本王)	1249~1259	
영조왕통(英祖王統) 5대 90년		
1 영조왕(英祖王)	1260~1299	우라소에 요도레 조영
2 대성왕(大成王)	1300~1308	
3 영자왕(英慈王)	1309~1313	
4 옥성왕(玉城王)	1314~1336	
5 서위왕(威西王)	1337~1349	
찰도왕통(察度王統) 2대 56년		
1 찰도왕(察度王)	1350~1395	
2 무령왕(武寧王)	1396~1405	찰도왕(察度王)의 장남
제1상씨왕통(第一尙氏王統) 7대 64년		
1 상사소왕(尙思紹王)	1406~1421	좌명천대주(佐銘川大主)의 장남
2 상파지왕(尙巴志王)	1422~1439	상사소왕(尙思紹王)의 장남
3 상충왕(尙忠王)	1440~1444	상파지왕(尙巴志王)의 2남
4 상사달왕(尙思達王)	1445~1449	상충왕(尙忠王)의 장남
5 상금복왕(尙金福王)	1450~1453	상파지왕(尙巴志王)의 5남
6 상태구왕(尙泰久王)	1454~1460	상파지왕(尙巴志王)의 7남
7 상덕왕(尙德王)	1461~1469	상태구왕(尙泰久王)의 3남

왕이름	재위	비고
제2상씨왕통(第二尙氏王統) 19대 410년		
1 상원왕(尙円王)	1470~1476	상직(尙稷)의 장남
2 상선위왕(尙宣威王)	1476~1477	상원왕(尙円王)의 동생
3 상진왕(尙眞王)	1477~1526	상원왕(尙円王)의 장남
4 상청왕(尙清王)	1527~1555	상진왕(尙眞王)의 5남
5 상원왕(尙元王)	1556~1572	상청왕(尙清王)의 2남
6 상영왕(尙永王)	1573~1588	상원왕(尙元王)의 2남
7 상녕왕(尙寧王)	1589~1620	상유형(尙維衡)의 증손
8 상풍왕(尙豊王)	1621~1640	상구(尙久, 尙元王의 3남)의 4남
9 상현왕(尙賢王)	1641~1647	상풍왕(尙豊王)의 3남
10 상질왕(尙質王)	1648~1668	상풍왕(尙豊王)의 4남
11 상정왕(尙貞王)	1669~1709	상질왕(尙質王)의 장남
12 상익왕(尙益王)	1710~1712	상순(尙純, 尙貞王의 장남)의 장남
13 상경왕(尙敬王)	1713~1751	상익왕(尙益王)의 장남
14 상목왕(尙穆王)	1752~1794	상경왕(尙敬王)의 장남
15 상온왕(尙溫王)	1795~1802	상철(尙哲, 尙穆王의 장남)의 2남
16 상성왕(尙成王)	1803.3~12	상온왕(尙溫王)의 장남
17 상호왕(尙灝王)	1804~1834	상철(尙哲, 尙穆王의 장남)의 4남
18 상육왕(尙育王)	1835~1847	상호왕(尙灝王)의 장남
19 상태왕(尙泰王)	1848~1879.3	상육왕(尙育王)의 2남

※ 田名眞之, 『沖縄, 琉球王国ぶらぶらあ散歩』, 新朝社, 2009

참고문헌

『고려사』『中山世譜』『球陽』『琉球國由來記』『琉球國舊記』『세종실록』『원사』『신원사』『세종실록지리지』『신증동국여지승람』『양촌집』『歷代寶案』『해동역사』『태조실록』『성종실록』『단종실록』『세조실록』『연산군일기』『명종실록』『濟州啓錄』『增補山林經濟』

김인겸, 최강현 역주, 『일동장유가』, 보고사, 2007
민족문화추진회 역, 『국역 해행총재』 7, 1975
송정규, 김새미오 · 김용태 역, 『해외문견록』, 휴머니스트, 2015
신안문화원, 『柳菴叢書』, 2005
원중거, 김경숙 역, 『乘槎錄-조선후기 지식인, 일본을 만나다』, 소명출판, 2006
장한철, 정병욱 역, 『표해록』, 범우사, 1979
정운경, 정민 역, 『탐라문견록, 바다 밖의 넓은 세상』, 휴머니스트, 2008
조엄, 박진형 · 김태주 역, 『해사일기』, 논형, 2018

강우방, 『법공과 장엄』, 열화당, 2000
고병익, 『동아교섭사의 연구』, 서울대학교출판부, 1970
고유섭, 『한국탑파의 연구』, 을유문화사, 1948
곽동해, 『범종』, 한길아트, 2006
김정호, 『잊혀진 조선피로인, 일본 나에시로가와 조선인 사회의 명암』, 민속원, 2018

김종,『삼별초, 그 황홀한 왕국을 찾아서』하, 바들산, 1994

김환대 외,『포항의 문화유적 알기』, 한국학술정보(주), 2010

노명호 외,『한국 고대 중세 고문서연구』상, 서울대출판부, 2000

다와다(多和田眞一郎),『琉球 · 呂宋 漂海錄 연구』, 조강희 역, 박문사, 2011

사에키(佐伯弘次),『조선전기 한일관계와 博多 · 對馬』, 손승철 · 김강일 역, 경인
        문화사, 2010

서규석,『잊혀진 문명 참파』, 리북, 2013

서미경,『홍어장수 문순득, 조선을 깨우다』, 북스토리, 2010

설성경 · 정철,『실존인물 홍길동』, 중앙M&B, 1998

설성경,『홍길동의 삶과 홍길동전』, 연세대학교출판부, 2002

설성경,『홍길동전의 비밀』, 서울대학교출판부, 2004

송정남,『베트남 역사 읽기』, 한국외국어대학출판부, 2010

신대현,『한국의 사리장엄』, 혜안, 2003

신형식 외,『중국 동남연해지역의 신라유적 조사』, 해상왕장보고기념사업회,
        2004

심정보,『한국 읍성의 연구』, 학연문화사, 1995

오세종,『오키나와와 조선의 틈새에서』, 손지연 역, 소명출판, 2019

원주시,『조엄 연구논총』, 2014

유인선,『베트남사』, 민음사, 1984

유재춘,『한국 중세 축성사 연구』, 경인문화사, 2003

윤용혁,『고려 대몽항쟁사 연구』, 일지사, 1991

윤용혁,『삼별초—무인정권 · 몽골, 그리고 바다로의 역사』, 혜안, 2014

윤용혁,『한국 해양사 연구』, 주류성, 2015

염영하,『한국종 연구』, 한국정신문화연구원, 1984

이영,『왜구와 고려 · 일본관계사』, 혜안, 2011

이호관,『범종』, 대원사, 1989

일본역사교육자협의회(송완범 등 역),『동아시아 역사와 일본』, 동아시아, 2005

장동익,『고려시대 대외관계사 종합연표』, 동북아역사재단, 2009

차용걸,『고려말 · 조선전기 대왜관방사 연구』, 충남대학교 박사학위논문, 1988

최성환, 『문순득 표류 연구』, 민속원, 2012

최영화, 『조선후기 표해록 연구』, 보고사, 2018

최응천 · 김연수, 『금속공예』, 솔, 2003

하우봉 외, 『조선과 유구』, 아르케, 1999

하우봉, 『조선시대 해양국가와의 교류사』, 경인문화사, 2014

한국역사연구회 편, 『역주 나말여초 금석문』 하, 혜안, 1996

호카마(外間守善), 『오키나와의 역사와 문화』, 심우성 역, 동문선, 2008

한성욱 외, 『흙으로 빚은 보물, 부안 청자』, 학연문화사, 2008

경북대학교 박물관, 『고려 지산동 44호분(대가야왕릉)』, 2009

국립광주박물관 · 백제문화개발연구원, 『해남 월송리 조산고분』, 1984

국립경주문화재연구소, 『남미질부성 지표조사보고서』, 1993

국립경주문화재연구소, 『포항 문화유적 분포지도』, 2002

국립경주문화재연구소, 『분황사 발굴조사보고서』 Ⅱ-3, 2015

국립김해박물관, 『지산동 고분과 대가야』, 2009

국립문화재연구소, 『한국의 범종』, 1996

국립문화재연구소, 『장도 청해진유적 발굴조사보고서』 Ⅱ, 2002

국립문화재연구소, 『오구라 컬렉션 한국문화재』, 2005

국립문화재연구소, 『강화 고려왕릉 -가릉.곤릉.능내리석실분』, 2007

국립제주박물관 편, 『항해와 표류의 역사』, 솔출판사, 2003

국립제주박물관, 『한국-일본 오키나와의 조개제품을 통한 선사시대 문화의 재
　　　발견』, 2005

국립제주박물관, 『탐라와 유구왕국』, 2007

국립중앙박물관, 『불사리장엄』, 1991

국립중앙박물관, 『井內功寄贈 瓦博圖錄』, 1990

국립해양문화재연구소, 『진도 명량대첩로 해역 수중발굴조사 보고서』, 2015

국립해양문화재연구소 · 목포대학교 도서문화연구원, 『동아시아 표해록의 문화
　　　사』(학술회의 자료집), 2012

국립해양유물전시관, 『신안선(본문)』, 2006

대가야박물관,『고령 지산동 대가야고분군』, 2015

동아대학교 박물관,『진해 제포 수중유적』, 1999

목포대학교 박물관,『진도 용장성』, 1990

목포대학교 박물관,『진도 용장성 왕궁지 발굴조사보고서』, 2019

문화공보부·문화재관리국,『경주 황오리 제1·33호, 황남리 제151호 고분 발굴
　　　　조사보고』, 1969

문화공보부·문화재관리국,『천마총』, 1974

문화재관리국 문화재연구소,『황남대총(남분)발굴조사보고서(본문편)』, 1994

부산대학교 박물관,『김해 예안리 고분군』Ⅱ, 1993

육군본부,『한국 군사사』14(성곽), 2012

인천광역시립박물관,『강도 고려왕릉전』, 2018

창원문화재연구소,『창원 가음정동 유적』, 1994

충남역사문화연구원,『부여 무량사 구지』1, 2005

충남역사문화연구원,『당진 안국사지』, 2006

포항시사편찬위원회,『포항시사』하, 1999

한글학회,『한국지명총람』6, 1979

해상왕장보고기념사업회,『해양사관으로 본 한국사의 재조명』, 2004

강봉룡,「몽골의 침략과 고려 무인정권 및 삼별초의 '도서해양전략'」『동양사학연
　　　　구』115, 2011

강문식,「권근의 생애와 교유인물」『한국학보』102, 2001

구산우,「나말여초의 울산지역과 박윤웅」『한국문화연구』5, 1992

구산우,「고려 말 성곽 축조와 향촌사회의 동향」『역사와 경계』75, 2010

김경옥,「18세기 장한철의 '표해록'을 통해 본 해외체험」『역사학연구』48, 2012

김경옥,「15–19세기 유구인의 조선 표착과 송환 실태」『지방사와 지방문화』15-
　　　　1, 2012

김경옥,「근세 동아시아 해역의 표류연구 동향과 과제」『명청사연구』48, 2017

김기섭,「14세기 왜구의 동향과 고려의 대응」『한국민족문화』9-1, 부산대학교
　　　　한국민족문화연구소, 1997

김나영, 「조선시대 제주도 표류·표도인을 통한 정보·지식의 유입 양상」『동아시아의 표류』, 해양수산부, 2019

김보한, 「동아시아 해역의 아웃로(Outlaw) −13·14세기 왜구활동과 그 원인」『일본역사연구』24, 2006

김보한, 「중세 왜구의 경계침탈로 본 한일관계」『한일관계사연구』42, 2012

김성범, 「장도 청해진 유적의 성격」『장보고대사의 활동과 그 시대에 관한 문화사적 연구』, 해상왕장보고기념사업회, 2007

김성범, 「중국 봉래수성 출토 고려선」『한국중세사연구』27, 2009

김영배, 「신원사석탑 사리구」『백제문화』10, 1977

김재승, 「고구마의 조선 전래」『동서사학』8, 2001

노성환, 「유구의 조선도공 장헌공 전승에 관한 연구」『일어일문학연구』91, 2014

노성환, 「동아시아의 고구마 전래자와 현창문화」『동북아문화연구』43, 2015

Nguyen Tuan Lam, 「베트남 19세기 초 대표 해안 방어시설 −후에 요새를 중심으로」『중세 동아시아의 해양 방어시설』, 국립해양문화재연구소, 2013

니시타니 타다시(윤용혁 역), 「고려·조선과 유구의 교류」『동아고고학』4, 충청문화재연구원, 2007

민덕기, 「중·근세 동아시아의 해금정책과 경계 인식 −동양삼국의 해금정책을 중심으로」『한일관계사연구』39, 2011

박경식, 「분황사 모전석탑에 대한 고찰」『신라문화제 학술발표회 논문집』20-1, 1999

박대남, 「사찰구조와 출토유물로 본 분황사 성격 고찰」『한국고대사탐구』3, 2009

방병선, 「임란 전후 피랍 도공 연구 −가고시마 나에시로가와 지역을 중심으로」『한국학연구』67, 2018

배용일, 「포항 중성리신라비의 발견경위와 고대의 포항과 흥해」『한국고대사연구』56, 2009

손승철, 「조선시대 한일 관계 사료의 소개」『한일관계사연구』18, 2003

송정남, 「쩐(陳)조의 대몽항쟁에 관한 연구」『부산사학』34, 1998

송정남, 「占城의 대몽항쟁에 관한 연구」『베트남연구』5, 2004

송정남, 「중세 베트남의 외교 −대몽항쟁을 소재로」『국제지역연구』10-1, 2006

시미즈(清水信行), 「개태사지 출토 명문와에 대한 일고찰」『백제연구』 28, 1998

심민정, 「한일해양관계사 연구의 현황과 전망」『동북아문화연구』 21, 2009

안성현, 「고려후기 경남지역 성곽연구」『한국중세사연구』 34, 2012

오인택, 「조선후기의 고구마 전래와 정착과정」『역사와 경계』 97, 2015

유홍식, 「분황사 가람 배치와 변천에 관한 고찰」『분황사 출토유물』, 국립경주문
　　　화재연구소, 2006

원효춘(袁曉春), 「중국 蓬萊水城 古船 발굴과 성과」『14세기 아시아의 해상교역
　　　과 신안해저유물』(신안선발굴 30주년 기념 국제학술회의 자료집), 국립
　　　해양유물전시관, 2006

윤용혁, 「14세기 초 동아시아 교역의 제문제 −신안선의 역사적 배경」『신안선과
　　　동아시아 도자교역』, 국립해양유물전시관, 2006

윤용혁, 「삼별초와 여일관계」『몽골의 고려・일본침공과 한일관계』, 경인문화사,
　　　2009

윤용혁, 「일본에 있어서 '元寇' 연구의 현황(1276-2011)」『도서문화』 41, 2013

윤용혁, 「여몽전쟁기 경상도에서의 산성・해도 입보 −경주 황룡사의 소실과 울
　　　산 연자도 입보 사례」『군사』 100, 2016

이민웅, 「해상방어체제의 정비와 수군」『한국군사사』 5(조선전기 1), 육군본부,
　　　2012

이병희, 「조선전기 원각사의 조영과 운영」『문화사학』 34, 2010

이상준, 「강화 고려왕릉의 구조와 성격」『고려 강도의 공간구조와 고고유적』(학
　　　술회의 발표자료집), 인천광역시립박물관・강화고려역사재단, 2016

이수진, 「조선 표류민의 유구 표착과 송환」『洌上古典硏究』 48, 2015

이영, 「고려말 왜구와 남조 −경신년(1380)의 왜구를 중심으로」『한일관계사연
　　　구』 31, 2008

이영, 「동아시아 국제질서의 변동과 왜구 −14세기 후반에서 15세기 초를 중심으
　　　로」『한일관계사연구』 36, 2010

이영, 「왜구의 단계별 침구양상과 고려의 대응」『동북아문화연구』 31, 2012

이원순, 「歷代寶案을 통해서 본 조선전기의 朝琉關係」『국사관논총』 65, 1995

이익주, 「14세기 후반 동아시아 국제질서의 변화와 고려−원・명・일본 관계」『진
　　　단학보』 114, 2012

이인숙, 「통일신라~조선전기 평기와 제작기법의 변천」 『한국고고학보』 54, 2004

이희환, 「정유재란시의 남원성 전투에 대하여」 『전북사학』 7, 2001

이케다(池田榮史), 「물질문화상으로 본 한국제주도와 유구열도의 교류」 『탐라문화』 19, 1999

이케다(池田榮史), 「유구에서 본 중세 동북아시아의 교역로와 교역품」 『14세기 아시아의 해상교역과 신안해저유물』(신안선 발굴 30주년기념 국제학술대회 자료집), 국립해양유물전시관, 2006

이케다(池田榮史), 「고려 · 조선과 琉球의 물질문화 교류」 『대구사학』 91, 2008

이케다(池田榮史), 「琉球國의 해양방어체제와 시설」 『중세 동아시아의 해양 방어 시설』, 국립해양문화재연구소, 2013

이형구, 「고대 조선과 유구와의 문화교류」 『두산김택규박사 화갑기념 문화인류학논총』, 1989

이형구, 「오키나와의 조선계 분청사기」 『역사와 실학』 14, 2000

이홍직, 「琉球에서 발견된 '고려와장' 재명와」 『고고미술』 9-7, 1968

이희봉, 「신라 분황사탑의 '모전석탑 설'에 대한 문제 제기와 고찰」 『건축역사연구』 20-2, 2011

임영진, 「오키나와 구스쿠의 축조 배경 −삼별초 세력의 이주 관련성」 『호남문화연구』 52, 전남대학교 호남학연구원, 2012

임영진, 「오키나와 구스크와 삼별초」 『계간 한국의 고고학』 47, 2020

임용한, 「고려후기 수군 개혁과 전술변화」 『군사』 54, 2005

임용한, 「조선 건국기 수군 개혁과 해상방어체제」 『군사』 72, 2009

정성일, 「해남 선비 김여휘의 유구 표류와 송환경로」 『한일관계사연구』 43, 2012

정영문, 「김비의 일행의 표류체험과 유구제도에 대한 인식」 『한국문학과 예술』 30, 2019

조흥국, 「근대 이전 한국과 동남아시아간 접촉에 대한 역사적 고찰」 『국제 · 지역연구』 8-1, 1999

주경미, 「한국 고대 이식의 착장방식 연구」 『역사민속학』 17, 2003

주경미, 「분황사석탑 출토 사리장엄구의 재검토」 『시각문화의 전통과 해석』(김리나교수 정년퇴임기념 미술사논문집), 예경, 2007

주경미, 「조선전기 왕실 발원종의 연구」『동양학』 42, 단국대학교 동양학연구원, 2007

차용걸, 「고려 말 왜구 방수책으로서의 진수와 축성」『사학연구』 38, 1984

채웅석, 「고려 말 권근의 유배·從便 생활과 교유」『역사와 현실』 84, 2012

최규성, 「고려기와 제작기술의 유구전래」『고문화』 52, 한국대학박물관협회, 1998

최종석, 「조선 초기 '읍성' 용어 출현의 배경과 읍성의 유형」『동방학지』 138, 2007

최종석, 「고려 말기 지역방어 체제와 그 시대성」『역사와 현실』 85, 2012

토다 유지(戶田有二), 「오키나와 우라소에성과 고려기와 문제」『초청 학술강연회 자료집』, 제주고고학연구소, 2012

하우봉, 「조선전기의 대유구관계」『국사관논총』 59, 1994

허인욱, 「삼국유사 황룡사 구층탑의 편년 검토」『사학연구』 113, 2014

홍종필, 「유구왕국의 도조가 된 조선인 장헌공에 대하여」『인문과학논총』 14, 명지대학교 인문과학연구소, 1996

홍종필, 「오키나와(沖繩)의 구국보였던 朝鮮鐘(흥해대사종)에 대하여」『인문과학연구논총』 16, 명지대학교, 1997

嘉手納町 野國摠管甘藷傳來400年祭實行委員會, 『甘藷と野國摠管』, 2005

岡本弘道, 『琉球王國海上交涉史硏究』, 榕樹書林, 2010

岡田輝雄, 『世界遺産, グスク紀行 -古琉球の光と影』, 琉球新報社, 2000

經世村恒任, 『宮古史傳』, 1937

高良倉吉, 『琉球の時代』, 筑摩書房, 1980

高良倉吉, 『新版琉球の時代』, 筑摩書房, 1989

谷川健一 外, 『琉球弧の世界』, 小學館, 1992

龜井明德 外, 『考古學による日本歷史』 10(對外交涉), 雄山閣, 1997

九州國立博物館, 『南の貝のものがたり』, 2006

九州國立博物館, 『うるま ちゅら島, 琉球』, 2006

九州の中の朝鮮文化を考える會 編, 『九州のなかの朝鮮』, 明石書店, 2002

宮里一夫,『沖繩, '韓國レポート』, ひるぎ社, 1998

根井 淨,『補陀落渡海史』, 法藏館, 2001

吉岡康暢 外,『日本の對外關係 3-通交・通商圈の擴大』, 2010

奈良文化財研究所 飛鳥資料館,『新羅鐘・高麗鐘 拓本實測圖集成』, 2004

那覇出版社,『沖繩文化財百科』1, 2, 1988

東恩納寬淳,『南島風土記-沖繩奄美大島地名事典』, 1950

琉球政府文化財保護委員會,『文化財要覽』1962年版, 1962

名嘉正八郎,『琉球の城』, 株式會社アドバイザー, 1993

多田孝正,『沖繩の宗敎と民俗』, 第一書房, 1988

多和田眞淳,『古稀記念多和田眞淳選集』(考古・民俗・歷史・工藝篇), 1980

大濱永亘,『八重山の考古學』, 先島文化研究所, 1999

大濱永亘,『オヤケアカハチ・ホンカワラの亂と山陽姓一門の人々』, 南山舍, 2006

大浜村誌編纂委員會,『大浜村誌』, 2001

大川 淸,『古代のかわら』, 窯業史博物館, 1996

島根縣立古代出雲博物館,『東アジア交流の盛華, 琉球の王國』, 2015

東恩納寬淳,『大日本地名辭書 續篇』, 富山房, 1967

東恩納寬淳,『黎明期の海外交通史』, 1941

柳 宗悅 編,『琉球の陶器』, 榕樹社, 1942

名幸芳章,『沖繩佛敎史』, 護國社, 1968

牧野 淸,『新八重山歷史』, 1972

木下尙子,『南島貝文化の研究 -貝の道の考古學』, 法政大出版局, 2013

北原狄一,『琉球城紀行 -城から見る沖繩の文化』, 三浦クリエイテイブ, 2003

比嘉春潮,『沖繩の歷史』, 沖繩タイムス社, 1959

榧本杜人,『朝鮮の考古學』, 同朋舍出版, 1980

砂川哲雄,『八重山歷史讀本』, 南山舍, 2004

山崎信二,『中世瓦の研究』, 奈良國立文化財研究所, 2000

山本達郎,『ベトナム中國關係史』, 山川出版社, 1975

上間貞俊 外,『大浜村の鄕土誌』, 1977

上里隆史,『尙氏と首里城』, 吉川弘文館, 2016

上原兼善, 『島津氏の琉球侵略』, 榕樹書林, 2009

三島 格, 『貝をめぐる考古學』, 學生社, 1977

石垣市教育委員會, 『フルスト原遺跡發掘調査報告書』, 1984

世界文化社, 『日本の傳說』18(沖繩), 1981

小田靜夫, 『壺屋燒が語る琉球外史』, 同成社, 2008

松本雅明, 『沖繩の歷史と文化-國家の成立を中心として』, 近藤出版社, 1971

新城德祐, 『琉球歷史年表』, 1960

新城俊昭, 『高等學校 琉球・沖繩史(新訂增補)』, 東洋企劃, 2007

新川 明・儀間比呂志, 『オヤケ・アカハチ物語, 南風よ吹け』, 琉球新報社, 2003

安里 進, 『グスク・共同體・村』, 榕樹書林, 1998

安里 進 外, 『沖繩縣の歷史』, 山川出版社, 2004

安里 進, 『琉球の王權とグスク』, 山川出版社, 2006

奧富敬之 監修, 『北條時宗の時代』, NHK出版, 2000

外間正幸・宮城篤正, 『日本のやきもの』1(沖繩), 淡交社, 1974

遠藤庄治, 『八重山民話集』, 沖繩國際大學, 2000

伊東忠太・鎌倉芳太郎, 『南海古陶瓷』, 寶雲舍, 1937

伊波普猷, 『沖繩考』, 創元社, 1942

伊波普猷, 『古琉球』, 靑磁社, 1942

伊波普猷, 『伊波普猷全集』1, 平凡社, 1974

田島信一, 『おやけ赤蜂の研究-おやけ赤蜂の血根素性を追う』, 大田印刷, 2007

田名眞之, 『沖繩, 琉球王国ぶらぶらあ散步』, 新朝社, 2009

田邊泰・巖谷不二雄, 『琉球建築』, 座右實刊行會, 1935

田中健夫, 『倭寇』, 敎育社, 1982

朝鮮總督府, 『朝鮮古蹟圖譜』第3冊, 1916

朝鮮總督府, 『朝鮮金石總覽』, 1919

朝鮮總督府, 『慶州金鈴塚・飾履塚發掘調査報告』(大正13年度 古蹟調査報告 第1冊), 1931

佐賀縣立九州陶磁文化館, 『沖繩のやきもの-南海からの香り』, 1998

周婉窈, 『圖說 臺灣の歷史』, 平凡社, 2007

池內 敏, 『近世日本人と朝鮮漂流民』, 臨川書店, 1998

知名定寬, 『琉球佛敎史の硏究』, 榕樹書林, 2008

塚田淸策, 『沖繩文化の硏究』, 曉育圖書株式會社, 1965

沖繩縣敎育委員會, 『沖繩の陶器類關係資料報告書』, 2002

沖繩縣立博物館, 『波照間島總合調査報告書』, 1998

沖繩縣立博物館, 『沖繩縣立博物館 綜合案內』, 1998

沖繩縣立博物館・美術館, 『博物館展示ガイド』, 2009

沖繩縣立博物館.美術館, 那覇市立壺屋燒物博物館, 『琉球陶器の來た道』, 2011

沖繩縣宜野灣市敎育委員會, 『大謝名ガンジャーガマ岩陰遺跡の鍛冶關聯遺物』,
　　　1998

波照間永吉 編, 『琉球の歷史と文化 －〈おもろさうし〉の世界』, 角川學藝出版,
　　　2007

坪井良平, 『朝鮮鐘』, 角川書店, 1974

浦添市敎育委員會, 『浦添城跡第二次發掘調査槪報』, 1984

浦添市敎育委員會, 『浦添城跡發掘調査報告書』, 1985

浦添市敎育委員會, 『浦添ようどれⅠ, 石積遺構編』, 2001

浦添市敎育委員會, 『浦添ようどれⅡ, 瓦溜り遺構編』, 2005

浦添市敎育委員會, 『 浦添ようどれの石厨子と遺骨－調査の中間報告』, 2005

浦添市敎育委員會, 『浦添ようどれⅢ, 金屬工房跡編』, 2007

浦添市敎育委員會, 『浦添城跡－內郭西地區・西側城壁』, 2009

浦添市敎育委員會, 『浦添城跡平成21年度發掘調査・城壁復元槪報』, 2010

浦添市敎育委員會, 『浦添城跡 －外郭西地區・外郭南地區』, 2011

浦添市敎育委員會, 『浦添市史』 6, 1986

浦添市敎育委員會, 『浦添原遺跡』, 2005

學習硏究社, 『沖繩決戰』, 2005

向坂好生 編, 『北條時宗』, NHK出版, 2001

和田久德, 『琉球王國の形成 －三山統一とその前後』, 榕樹書林, 2009

荒野泰田 等編, 『倭寇と日本國王』, 吉川弘文館, 2010

喜舍場永珣, 『新訂增補八重山歷史』, 國書刊行會, 1975

山東省文物考古研究所 外,『蓬萊古船』, 文物出版社, 2006

鄭福保,『歷代古錢圖說』, 齊魯書社, 2006

高瀨恭子,「琉球と朝鮮」『アジアの海の古琉球』, 榕樹書林, 2009

袴田光康,「'朝鮮王朝實錄'成宗朝の琉球漂着に關する考察」『淵民學志』24, 2015

關口廣次,「沖繩における造瓦技術の變遷とその間の事情−勝連城本丸跡出土古瓦
　　　　を中心として−」『考古學雜誌』62-3, 1976

龜井明德,「南西諸島における貿易陶磁器の流通經路」『上智アジア學』11, 1993

國分直一・盛園尚孝,「種子島南種子町廣田埋葬遺蹟調査概報」『考古學雜誌』43-
　　　　3, 日本考古學會, 1958

宮代榮一,「いわゆる貝製雲珠について」『駿台史學』76, 1989

宮城信勇,「オヤケアカハチ, ホンガワラは同一人の呼稱」『八重山文化論叢』, 1987

宮田俊彦,「琉球の方物の一つ螺殻に就いて」『海事史研究』20, 1973

崎山 直,「恩納親方の八重山渡海仕置をめぐる一考察−その史料的檢討」『八重山
　　　　文化』創刊號, 八重山文化研究會, 1974

吉岡康暢,「南島の中世須惠器」『國立歷史民俗博物館研究報告』94, 2002

多和田眞淳,「琉球列島における遺跡の土器.須惠器.磁器.瓦の時代區分」『文化財
　　　　要覽』, 琉球政府文化財保護委員會, 1961

多和田眞淳,「古都首里と古圖」『古稀記念 多和田眞淳選集』, 古稀記念選集刊行會,
　　　　1980

大濱永亘,「八重山時代鍛冶遺跡傳承」『琉球弧の世界』, 小學館, 1992

大川 淸,「琉球古瓦調査抄報」, 琉球政府文化財保護委員會,『文化財要覽』1962年
　　　　版, 1962

藤田亮策,「高麗鐘の銘文」『朝鮮學報』14, 1959

リチャード・ピアソン,「グスク時代の社會發展の諸過程」『琉球・東アジア人と文
　　　　化』(上)(高宮廣衛先生古稀記念論集), 高宮廣衛先生古稀記念論集刊行會,
　　　　2000

名嘉正八郎,「東アジアから見た沖繩の城」『歷史讀本』7, 1979

木下尙子,「韓半島の琉球列島産貝製品 −1-7世紀を對象に」『韓半島考古學論叢』
　　　　(西谷 正 編), すずさわ書店, 2002

山内玄三郎, 「八重山赤蜂の亂と宮古島」『沖繩文化』66, 1986

山本光朗, 「元使趙良弼について」『史流』40, 北海道教育大學 史學會, 2001

山本正昭, 「沖繩本島における高麗系・大和系瓦の生産と需要について」〈第41回 琉球大學史學會發表要旨集〉, 2008

山田尙二, 「甘藷南島普及」『南島史學』31, 1988

三島 格, 「韓國慶州芬皇寺のイモガイ」『アジア文化』11-13, 1975

三島 格, 「琉球の高麗瓦など」『鏡山猛先生古稀記念古文化論攷』, 1980

三好 壽, 「八重山の大津波の位置」『牧野淸先生古稀記念論集』, 文獻出版, 1983

上原 靜, 「高麗瓦と琉球史」『南島考古學』, 1989

上原 靜, 「沖繩諸島出土の高麗系瓦について」『讀谷村立歷史民俗資料館紀要』26, 2002

上原 靜, 「沖繩諸島における高麗瓦の系譜−韓國濟州島出土の高麗瓦との比較」 『南島文化』24, 沖繩國際大學南島文化研究所, 2002

西谷 正, 「高麗・朝鮮兩王朝と琉球の交流 その考古學的研究序說」『九州文化史研 究所紀要』26, 1981

西谷 正, 「九州・沖繩出土の朝鮮産陶磁器に關する豫察」『九州文化史研究所紀要』 28, 九州大學九州文化史研究所, 1983

西原榮正, 「極樂寺の變遷(龍福寺考)」『うらそえ文化財』2, 浦添市敎育委員會, 1982

嵩元政秀, 「中・近世考古學の動向 − グスク(城)」『考古學ジャ―ナル』182, 1980

安里 進, 「首里城以前の王城, 浦添城の調査」『日本歷史』585, 1997

安里 進, 「英祖王陵浦添ようどれの造營と改修の年代」『第11回琉中歷史關係國際 學術會議論文集』, 2007

安里 進・宮里信勇・木下秋海, 「琉球中山王陵・浦添ようどれ出土の漆器關係遺 物−唐櫃形漆龕の復元」『尙王家と琉球の美展』, MOA美術館, 2001

岸本義彥・島弘, 「沖繩における貝の集積遺構−ゴホウラ・イモガイを中心に」『沖 繩縣敎育委員會文化課紀要』2, 1985

永井昌文, 「貝輪」『立岩遺蹟』, 1977

六反田 豊, 「十九世紀濟州島民の海難と漂流−〈濟州啓錄〉の分析」『年報朝鮮學』 7, 九州大學朝鮮學研究會, 1999

尹龍爀,「韓國における最近三別抄遺跡の調査と研究」『韓國研究センター年報』,
　　九州大學 韓國研究センター, 2013

赤司善彦,「高麗時代の陶磁器と九州および南島」『東アジアの古代文化』130,
　　2007

田中健夫,「倭寇の登場」『週刊朝日百科 日本の歴史』15, 1985

池田榮史,「南島と古代の日本」『西海と南島の生活文化』(新川登龜男 編), 名著出
　　版, 1995

池田榮史,「球球における中世貿易陶瓷の様相」『九州史學』144, 2006

池田榮史,「琉球における港灣と都市」『中世東アジアの周緣世界』, 同成社, 2009

池田榮史,「沖繩における高麗瓦研究と今後の展望」『13세기 동아시아세계와 진도
　　삼별초』, 목포대학교 박물관, 2010

池田榮史,「長崎縣松浦市鷹島海底遺跡の發掘調査」『戰跡からみたモンゴル襲來』,
　　九州史學會, 2012

眞喜志瑤子,「琉球極樂寺と圓覺寺の建立について」(1)(2),『南島史學』27, 29,
　　1986, 1987

村井章介,「高麗の元寇, アジアの元寇」『週刊朝日百科 日本の歴史』9(蒙古襲來),
　　1986

下地 傑,「發掘された村・石垣島フルスト村」『村が語る沖繩の歴史』, 新人物往來
　　社, 1999

下地安廣,「高麗系瓦の制作技法考察」『南島考古』10, 1986

下地安廣,「高麗系古瓦について」『月刊考古學 ジャーナル』6月號, 1990

下地安廣,「朝鮮と琉球」『考古學による日本歴史』10(對外交渉), 雄山閣, 1997

찾아보기

• 윤용혁 尹龍爀

　　1952년 목포에서 출생하여, 광주고등학교와 공주사대 역사교육과를 졸업하였다. 고려대학교 대학원에서 석사와 박사학위를 받았고, 일본 쓰쿠바대학과 국립해양문화재연구소에 파견되어 각 1년간의 연구 경험을 가졌다. 1980년부터 2017년까지 공주대학교 역사교육과 교수로 재직하면서, 공주대의 박물관장 · 도서관장 · 대학원장 · 문화유산대학원장 및 호서사학회장, 한국중세사학회장, 국사편찬위원, 큐슈대학 객원교수를 역임하였다. 현재는 공주대 명예교수이며 충청남도와 세종시의 문화재위원장(2분과)을 맡고 있다. 저서로서는『충청 역사문화 연구』(2009),『가루베지온의 백제연구』(2010),『충남, 내포의 역사와 바다』(2016),『백제를 걷는다』(2017),『고려 대몽항쟁사 연구』(1991),『고려 삼별초의 대몽항쟁』(2000),『여몽전쟁과 강화도성 연구』(2011),『삼별초-무인정권 · 몽골, 그리고 바다로의 역사』(2014),『한국 해양사 연구』(2015) 등이 있다.

한국과 오키나와 　― 초기 교류사 연구

초판인쇄일　2020년 7월 17일
초판발행일　2020년 7월 20일
지 은 이　윤용혁
발 행 인　김선경
책 임 편 집　김소라
발 행 처　서경문화사
주　　소　서울시 종로구 이화장길 70-14(204호)
전　　화　743-8203, 8205 / 팩스 : 743-8210
메　　일　sk8203@chol.com
신 고 번 호　제1994-000041호
ISBN　　978-89-6062-224-1　93910
ⓒ 윤용혁 · 서경문화사, 2020

　정가 22,000